Ghost Nature

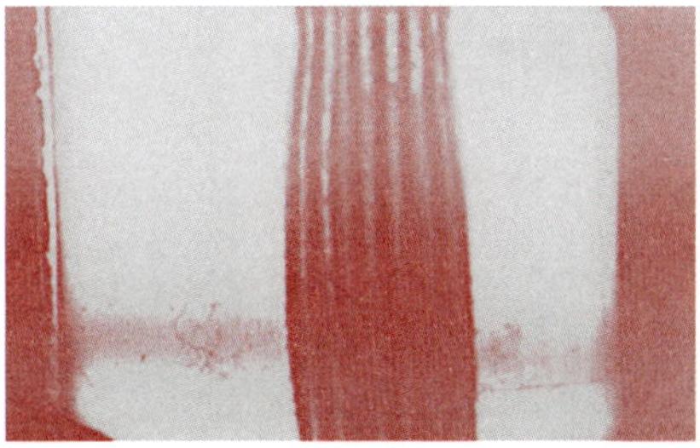

Table of Contents

Table des matières

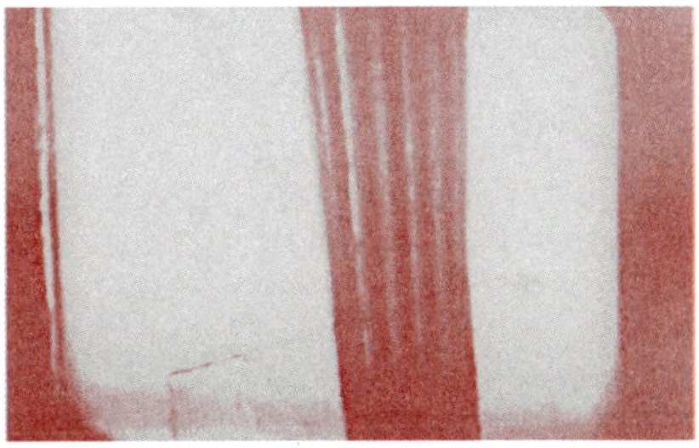

Érik Bullot

Érik Bullot is a filmmaker and theorist. His most recent books are Renversements 2 *(Paris: Paris Experimental, 2013) and* Sortir du cinéma. Histoire virtuelle des relations de l'art et du cinéma *(Geneva: Mamco, 2013). He was a visiting professor at the State University of New York at Buffalo (USA, 2009 – 2011). Currently he teaches film at the École nationale supérieure d'art de Bourges (France) and is director of the postgraduate program "Document and contemporary art" at the European School of Visual Arts (Poitiers-Angoulême, France).*

Érik Bullot est cinéaste et théoricien. Il a publié récemment Renversements 2. Notes sur le cinéma *(Paris, Paris Expérimental, 2013) et* Sortir du cinéma. Histoire virtuelle des relations de l'art et du cinéma *(Genève, Mamco, 2013). Il fut professeur invité à l'Université de New York à Buffalo (États-Unis, 2009 – 2011). Il enseigne actuellement le cinéma l'École nationale supérieure d'art de Bourges et dirige le post-diplôme « Document et art contemporain » à l'École européenne supérieure de l'image (Poitiers-Angoulême).*

Translated by
Traduit par

Jean-François Caro

Lives and works in Brussels. A DEA graduate in American Literature (Université Paris 7 – Denis Diderot), he has translated eight books and a number of texts in various fields (anthropology, literature, art, design), including works by David Antin, Bruce Bégout, John Berger, Ray Bradbury, Paul Morley and Simon Reynolds. He is also the co-publisher, with Marie Lécrivain, of Les Éditions de la Houle, a Brussels-based publishing structure devoted to artists' books and literature.

Vit et travaille à Bruxelles. Détenteur d'un DEA de littérature américaine (Université Paris 7 – Denis Diderot), il a traduit huit ouvrages et de nombreux textes dans des champs variés (anthropologie, littérature, art, design), parmi lesquels des œuvres de David Antin, Bruce Bégout, John Berger, Ray Bradbury, Paul Morley et Simon Reynolds. Avec Marie Lécrivain, il codirige les Éditions de la Houle, structure éditoriale bruxelloise consacrée aux livres d'artiste et à la littérature.

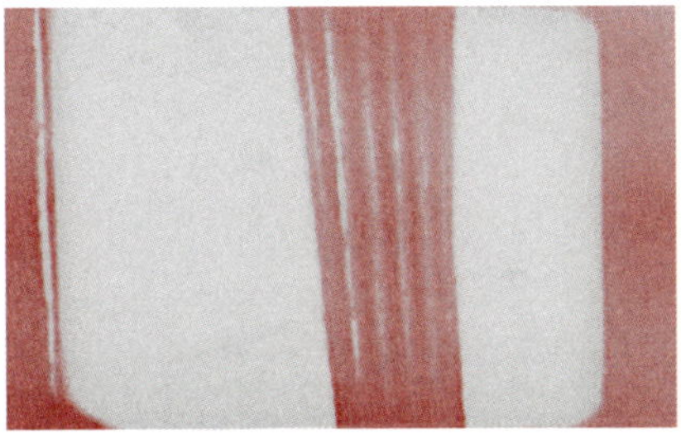

Introduction
ANIMAL MACHINE

Artificially extending life, suspending a critical condition, placing a synthetic organ in the human body, grafting a face, observing the difference between clinical and brain death: all of these situations define new biological boundaries. Their main concern engages not only the concept of life as such, but also the desire to postpone the inevitable, to wake up from a coma, to revive the dying, and ultimately challenge the thin, inconclusive threshold separating us from death. Where has the limit of life relocated? The end of life, Alzheimer's disease, genetic manipulation, stem cells, cloning. A relative suddenly loses their memory, suffers recognition disorder, loses track of time and thereby transforms before us to such an extent that s/he becomes someone else altogether, a stranger we can no longer recognize. The dividing line between life and death is endlessly displaced and turned upside down Has post-mortem become our current condition? Are we still alive?

I have always felt that life is never given to anyone once and for all; rather it is something we have to perform. To effectively kill any deadness living inside of us. It takes time for us to become really alive, and we have to activate life as a resource or stoke it as a hearth. During a lecture given in the United States in 1934, Gertrude Stein spoke these enlight-

Introduction
ANIMAL MACHINE

Prolonger la vie de manière artificielle, suspendre un état critique, implanter un organe synthétique dans le corps humain, greffer un visage, observer la différence entre mort clinique et mort cérébrale sont autant de situations qui définissent de nouvelles frontières biologiques. En un sens, leur enjeu principal concerne moins le fait de vivre lui-même que de temporiser, de sortir du coma, de réanimer le mourant, d'inquiéter ce seuil mince et indécidable qui nous sépare du trépas. Où passe désormais la limite du vivant ? Fin de vie, maladie d'Alzheimer, manipulations génétiques, cellules souches, clonage. Un proche perd soudain la mémoire, souffre d'un trouble de la reconnaissance, oublie la notion du temps et se transforme sous nos yeux au point de devenir tout autre, étranger, méconnaissable. La ligne de démarcation entre le vivant et le mort ne cesse de se déplacer et de se renverser à loisir. Le post mortem est-il notre condition ? Sommes-nous encore toujours vivants ?

Il m'a toujours semblé que le vivant ne nous était pas donné une fois pour toutes mais que nous devions le performer. Tuer le mort en nous. L'animation suppose la réanimation. Nous mettons longtemps à être vraiment vivants, et nous devons activer la vie comme une ressource ou un foyer. Lors d'une conférence donnée en 1934 aux États-Unis, l'écrivaine ening words: "And it is necessary if you are to be really and truly alive it is necessary to be at once talking and listening, doing both things not as if they were one thing, not as if they were two things, but doing them, well if you like, like the motor going inside the car moving, they are part of the same thing."[1] If you are to be really, truly alive, she wrote, you need to combine two situations or two states, not successively but simultaneously: listening and talking, being at once the motor and the vehicle, impulse and motion. You need to listen while speaking, like a ventriloquist. Ventriloquism is usually perceived as a natural gift, a particular physical aptitude, yet it is a mere artifact. While we know that the tricks of the ventriloquist rely on subterfuge, we are sometimes under the impression that we are being confronted with life, even in a puppet that moves and expresses itself. Is life, then, the product of a removal, of an artifice? Shall we ourselves become ventriloquists? Shall we use a fetish, and by way of that duality fully experience life? "Really and truly alive," Stein curiously wrote. Does this mean our lives could be make-believe? Could we be falsely alive, and whisper, like Valdemar in Edgar Allan Poe's short story, "The Facts in the Case of M. Valdermar," these unutterrable, terrible words: "I am dead"?

When the definition of life finds itself displaced or upturned, our

Gertrude Stein énonce ces propos lumineux : « [...] Et c'est nécessaire si vous voulez être vraiment et réellement vivant. C'est nécessaire d'être à la fois le causeur et l'auditeur, de faire les deux, pas comme si ce n'était qu'une chose, pas comme si c'étaient deux choses, mais de les faire, si vous voulez, comme le moteur mis à l'intérieur et la voiture en marche, qui font partie de la même chose.[1] » « Si vous voulez » écrit-elle, « être vraiment et réellement vivant », vous devez conjuguer non pas successivement mais simultanément deux situations ou deux états : l'écoute et la parole, le moteur et le véhicule, l'impulsion et le mouvement. Écouter tout en parlant, tel le ventriloque. On pense communément que la ventriloquie est un don naturel, une propriété physique particulière, alors qu'il s'agit plus simplement d'un artefact. Tout en sachant que les facéties du ventriloque relèvent d'un subterfuge, nous éprouvons pourtant l'impression profonde d'être en présence de la vie même face à la marionnette qui s'anime et s'exprime. La vie relève-t-elle d'un truc, d'un escamotage, d'un artifice ? Devons-nous devenir ventriloques à notre tour, recourir à un fétiche, en passer par ce dédoublement pour éprouver le vivant dans toute sa plénitude ? « Réellement vivant », écrit curieusement Gertrude Stein. Cela revient-il à dire que nous pourrions être en vie pour de faux, faussement vivants, et

1. Gertrude Stein, "Portraits and Repetition," *Lectures in America* (Boston: Beacon Press, 1957), 170.

1. Gertrude Stein, «Portraits et répétition», trad. Cl. Grimal, in *Lectures en Amérique*, Paris, Christian Bourgois, 2011, p. 134.

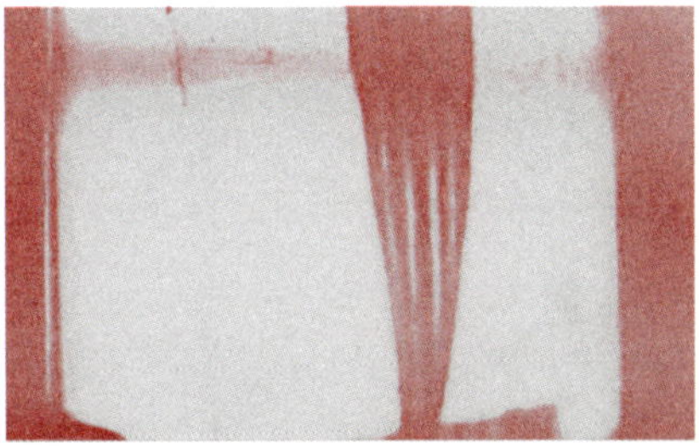

relation to nature shifts. The animal is one of its critical terms. Today, we note how the animal's position challenges the boundaries of the human community through contemporary ethological research and our recent awareness of the suffering we are inflicting on animals. Is the animal a subject, an individual, a person? Are we creating "hybrid communities" with animals, to quote philosopher Dominique Lestel? Are we to envision "a continuum between the artifact and the human in which animals are included"? [2] Like Kleist's puppets, torn between gravity and grace, our avatars, the machine and the animal, convey a renewed relationship, between falsity and deliverance, to nature in progress.

chuchoter, comme le personnage de Valdemar dans la nouvelle d'Edgar Allan Poe, « La Vérité sur le cas de M. Valdemar », ces phrases imprononçables et terribles : « Je suis mort » ?

Dès lors que la définition du vivant se voit l'objet d'un déplacement ou d'un renversement, notre relation à la nature s'en trouve transformée. L'animal en est l'un des termes critiques. On peut remarquer aujourd'hui combien sa place inquiète les frontières de la communauté humaine à travers les travaux de l'éthologie contemporaine et notre conscience récente de la souffrance que nous lui infligeons. Est-il un sujet, un individu, une personne ? Formons-nous avec lui des « communautés hybrides », pour reprendre les termes du philosophe Dominique Lestel ? Devons-nous envisager « un continuum entre l'artefact et l'humain au sein duquel se placent les animaux [2] » ? À l'instar des marionnettes de Kleist partagées entre la pesanteur et la grâce, nos avatars, la machine et l'animal, disent notre relation renouvelée, entre facticité et délivrance, à une nature toujours en construction.

2. Dominique Lestel, *L'Animal singulier*, (Paris: Seuil, 2004), 110.

2. Dominique Lestel, *L'Animal singulier*, Paris, Seuil, 2004, p. 110.

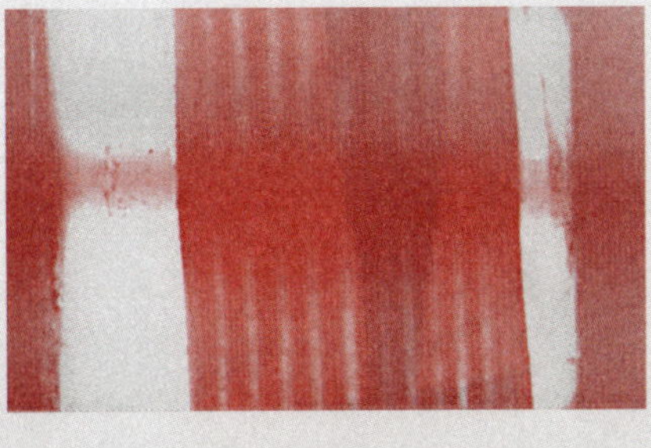

Jamila Woods

Jamila Woods is a Pushcart-nominated poet, vocalist, and teaching artist from Chicago, IL. She is currently the Associate Artistic Director of Young Chicago Authors, where she works as a teaching artist in Chicago Public Schools. Her first chapbook of poetry, entitled The Truth About Dolls *was released in 2012 on New School Poetics Press. Jamila is also the frontwoman of the Chicago-based alternative-soul duo M&O. "pigeon/man" first appeared in* Radius: From the Center to the Edge *on December 7th, 2012.*

Jamila Woods est une poète nominée au prix Pushcart, vocaliste, artiste et professeur vivant à Chicago. Directrice artistique associée de l'association Young Chicago Authors, elle intervient en tant qu'artiste enseignante dans le réseau des écoles publiques de Chicago. The Truth About Dolls, *son premier recueil de poésies, a paru en 2012 chez New School Poetics Press. Jamila est également à la tête du duo de soul alternative M&O. « pigeon/man » a initialement été publié dans Radius: From the Center to the Edge, le 7 décembre 2012.*

Translated by
Traduit par

Jeanne Trombetta

A graduate in Art, Culture and Journalism in France, Trombetta has been living in the USA for nine years. She now lives in San Francisco where she works for the Alliance Française de San Francisco as a teacher and translator. A member of the NCTA (Northern California Translator Association), she has been doing translation for the past five years in different areas.

Diplômée en art, culture et journalisme, elle vit aux États-Unis depuis neuf ans. Elle vit actuellement à San Francisco où elle travaille à l'Alliance Française de San Francisco en tant que professeure et traductrice. Membre de la NCTA (Northern California Translator Association), elle jouit d'une expérience de cinq ans dans la traduction.

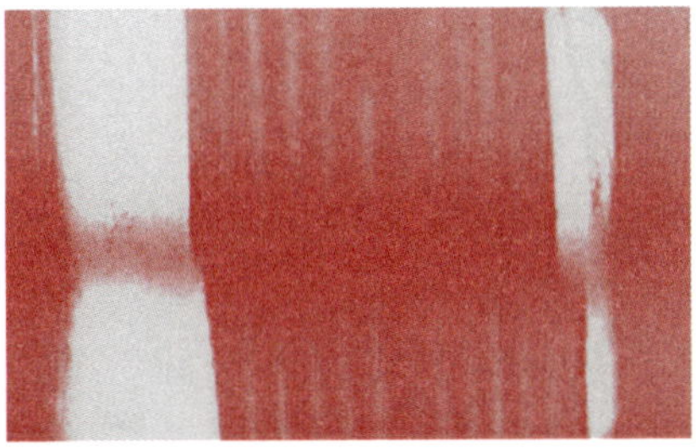

Jamila Woods

pigeon / man

ever since I cracked my egg, ever since I was a squab
people been jackin' nickels, jackin' nickels from my couch
cushions that's why my fluff that's why my feathers tousled
see my eyes ? they wasn't born like this no they was born grey
like my brothers' but the smoke the smoke turned 'em orange

people been litterin' in my house. their sunflower seed scabs
fall off their plastic fingers. french fries hot dog buns granola
crumbs that's my breakfast that's my breakfast but this this
is my house. that spot you're sittin' in right now ? I've shat
in that spot five times five times that spot was my bathroom
before you sat there. it's still gonna be my bathroom after

you ever seen a pigeon ass up close ? jackson pollock ain't got shit
on my ass I dropped a mural in the foyer I call it my Fowl Welcome
Mat. speakin' of ass you ever seen a pigeon man sweet talk a lady ?
our whole necks swell up like a sparkly indigo scrotum balloon
and they run away. that's how we know they like it

we watch their scaly pink legs scuttle past, bouncin' like bubble gum
red noodles the color of flamingo sex

NICE LEGS ! ! !

it's a compliment, but pigeon/ladies wouldn't know a bouquet
from a dandelion a mirror from a clean glass window if it hit
em' in the nose. you know how pigeon/ladies are, finicky feathers
beaks in the air all offended like they ain't strut past my burnt
cantaloupe eyes on purpose. speakin' of struttin'

somebody put a boot in my spleen. yesterday somebody put their boot
in my spleen, like I was a rock or soda can or piece of shit but this
is my house, know what I'm sayin ? this is my I'm not a football
I live here, people should see me see my eyes ? they wasn't born like this
my eyes were the color of clean cement before people with their smoke

Jamila Woods

in my house turned my eyes to this tangerine mush so when I say hello
ladies roll their eyes away like silver marbles like I'm contagious or
invisible so I say

HEY YOU SWEETY
PIE YOU LOOK
GOOD FINE SEXY LEGS NICE THIGHS
I SEE YOU

and they run away so I chase I say hey
wait I ain't mean that in a bad way baby
come on look at my apricot cellulite eyes
my dirty couch chest look look at my city shit
feathers look how shiny nickel ball blue
i make my neck swell up just for you baby just for you

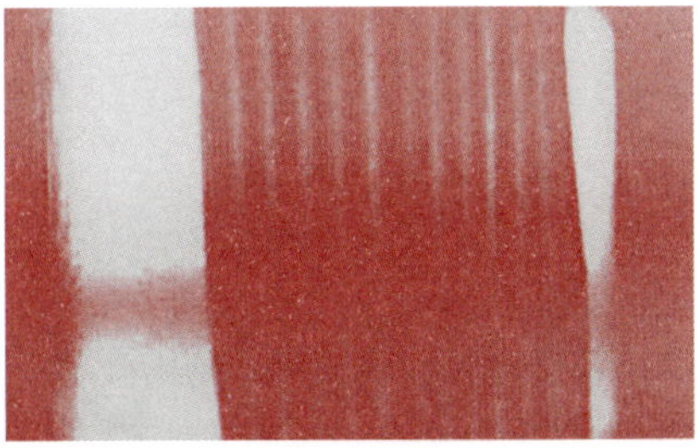

Jamila Woods

pigeon / homme

depuis le moment où j'ai brisé ma coquille, depuis le moment où j'étais un pigeonneau
les gens arrêtent pas de piquer des pièces, piquer des pièces dans les coussins
d' mon canapé c'est pour ça qu'mon duvet c'est pour ça qu'mes plumes sont en pagaille
t'as vu mes yeux ? ils étaient pas nés comme ça non ils étaient nés gris
comme ceux de mes frangins mais la fumée la fumée les a rendu orange

les gens arrêtent pas de jeter des ordures dans ma maison. leur graine de tournesols des croûtes
tombent de leurs doigts en plastique. des frites des bouts de hot dog des miettes
de granola c'est mon p'tit déj c'est mon p'tit déj mais ici c'est
ma maison. cet endroit où t'es assis en ce moment ? J'ai chié
à cet endroit cinq fois cinq fois cet endroit était mes chiottes
avant que tu t'assoies là. Ce sera toujours mes chiottes après.

t'as déjà vu le cul d'un pigeon de près ? jackson pollock a que dalle sur
moi j'ai lâché une peinture murale dans l'entrée je l'ai appelée mon Paillasson Bienvenue
à la Volaille. en parlant de cul t'as déjà vu un homme pigeon baratiner une lady ?
tout notre cou enfle comme un ballon-scrotum indigo étincelant
et elles s'enfuient. c'est signe qu'elles aiment

on regarde leurs jambes roses et squameuses détaler devant nous, rebondissant comme des
boules de chewing-gum
des nouilles rouges de la couleur du sexe flamenco

BELLES JAMBES ! ! !

c'est un compliment, mais les pigeons / femmes savent pas reconnaître un bouquet
d'un pissenlit un miroir d'une fenêtre propre si elles en prennent une
en pleine face. tu sais comment sont les pigeons / femmes, fines bouches plumes
becs dans l'air toutes offensées comme si elles s'étaient pavanées devant mes yeux
cantaloupe brûlée exprès. en parlant de se pavaner

Jamila Woods

quelqu'un a mis une botte dans ma rate. hier quelqu'un a mis sa botte
dans ma rate, comme si j'étais une pierre ou une cannette de soda ou de la merde
mais c'est
ma maison, tu piges ? c'est ma Je suis pas un ballon de football J'habite
ici, les gens devraient me voir voir mes yeux ? ils étaient pas nés comme ça
mes yeux étaient de la couleur du ciment propre avant que les gens avec leur
fumée
dans ma maison changent mes yeux en cette bouillie de clémentine alors quand
je dis bonjour
les femmes roulent leurs yeux au ciel comme des billes d'argent comme si j'étais
contagieux ou
invisible alors je dis

HÉ TOI MON CHOU T'ES BIEN
ROULÉE BELLES JAMBES SEXY BELLES CUISSES
JE TE VOIS

et elles s'enfuient alors je cours après je dis hé
attend j'ai pas dit ça méchamment bébé
allez regarde mes yeux abricot cellulite
ma poitrine canapé sale regarde regarde mes plumes
de merde de la ville la brillance nickel balle bleue
je fais enfler mon cou juste pour toi bébé
juste pour toi

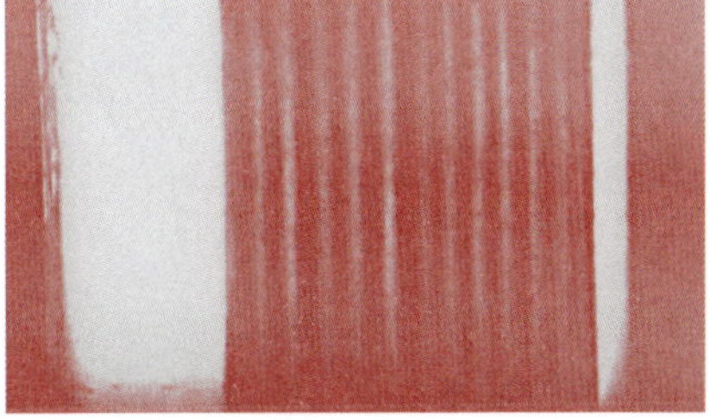

Timothy Morton

Timothy Morton is Rita Shea Guffey Chair in English at Rice University. He is the author of many books, including The Ecological Thought *and* Ecology without Nature*; the University of Minnesota Press just released his latest book,* Hyperobjects: Philosophy and Ecology After the End of the World. *He blogs frequently at* Ecology without Nature.

Timothy Morton occupe la chaire Rita Shea Guffey de littérature à Rice University. Il est l'auteur de nombreux ouvrages, dont The Ecological Thought *et* Ecology without Nature. *L'University of Minnesota Press vient de publier son dernier ouvrage,* Hyperobjects: Philosophy and Ecology After the End of the World. *Il contribue régulièrement au blog* Ecology without Nature.

Translated by
Traduit par

Sophian Bourire

Sophian Bourire is a French translator who studied translation from English and Spanish into French at the Institute of Translators and Interpreters (Isti) in Brussels. He lived in London and in Seville, and has been living in Brussels for almost six years.

Sophian Bourire est un traducteur français diplômé de l'Institut Supérieur de Traducteurs et Interprètes (Isti) à Bruxelles, et traduit de l'anglais et de l'espagnol vers le français. Il a vécu à Londres et à Séville, et vit à Bruxelles depuis près de six ans.

Timothy Morton

Transmission from the Uncanny Valley

As we know more about biology, evolution, ecology and climate change, the stranger things become. In no sense are we demystifying anything at this point. In a peculiar way things are becoming weirder the more we know about them.

For instance, the more we know about how environments are made up of lifeforms and their extended phenotypes — spiders and their webs, beavers and their dams, bacteria and their oxygen, bacteria and their iron — the less we can hold on to some idea of Nature or "environment" that isn't reducible to just these lifeforms and their phenotypes. Global warming would be a poignant example of the extended phenotype of Homo sapiens. That's why some scientists want us to call the current era the Anthropocene.

Traditionally environment and Nature have served as backgrounds for meaningful activity. For instance, we talk about the weather at bus stops. This talk is redundant in terms of content but socially useful. We acknowledge a shared neutral space. But in an age of global warming, you hesitate to even talk about the weather. Or one of you brings up global warming. Or you skirt around the issue, bringing it up anyway by your silence. The lack of a background such as "environment" or "Nature" means that traditional ways we have of picturing things become questionable, even irrelevant, possibly even dangerous or distorting.

Global warming is not a neutral background. It's a gigantic, colossal entity that's massively distributed in time and space. It occupies a high dimensional phase space so you can't see it directly if you're a human being. You have to use computers to model it. And yet it's as real as a boiled egg. And we're inside it, like Jonah inside the Whale. In my work I call global warming a *hyperobject*. This idea of the hyperobject is very helpful for thinking about entities that really exist yet transcend our normal scales of time and space. It's sort of like adjusting your vision to see a magic eye picture. Once you can see it, things become a lot easier to understand. But not less strange.

When you see a magic eye picture, you realize that all the little squiggles that you thought were individual squiggles are actually distributed pieces of a higher dimensional object that seems to emerge when you do that crossing your eyes thing. In the same way, global warming is an object of which many things are distributed pieces : the raindrops falling on my head in northern California. The tsunami that pours through the streets of Japanese towns. The increasing earthquake activity based on changing pressure on the ocean floor.

Like the image in a magic eye picture, global warming is real, but it involves a massive counter-intuitive perspective shift to see it. Convincing some people of its existence is like convincing some 2D Flatland people of the existence

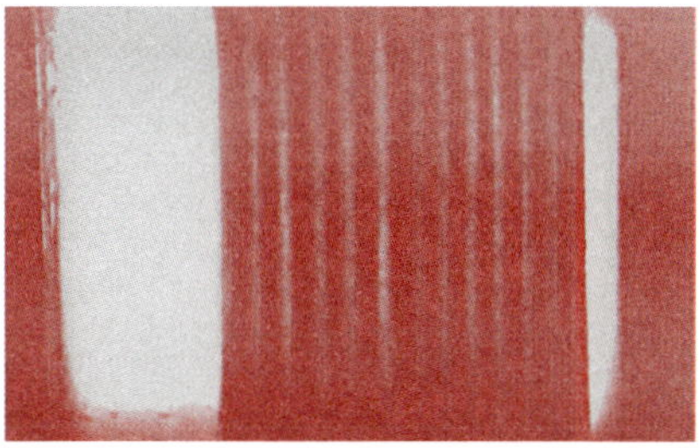

of apples, based on the appearance of a morphing circular shape in their world. We need to get out of the persuasion business and start getting into the magic business, or the catalysis business, or the magnetizing business, or whatever you want to call it. Using reason isn't wrong. But with an object this huge, this massively distributed, this counter-intuitive, this trans-dimensional, it's not enough simply to use art as some kind of candy coating on top of facts. We can't just be in the PR business. Percy Shelley put it beautifully when he wrote "We [lack] the creative faculty to imagine that which we know." That was back in 1820 and it's only gotten worse.

The other trouble with the candy approach, or the reason-only approach (its twin in many ways, really), is that human beings are currently in the denial phase of grief regarding their role in the Anthropocene. It's too much to take in at once. Not only are we waking up inside of a gigantic object, like finding ourselves in the womb again, but a toxic womb — but we are responsible for it. And we know that really we are responsible simply because we can understand what global warming is. We don't really need reasons — in fact reasons inhibit our responsible action, or seriously delay it. No neonatal or prenatal infant is responsible for her mother's toxic body. Yet that is the situation we find ourselves in — on the one hand terrifyingly regressing, on the other hand, infuriatingly implicating.

Art in these conditions is grief work. We are losing a fantasy — the fantasy of being immersed in neutral or benevolent Mother Nature — and a person who is losing a fantasy is a very dangerous person. In no sense then should art be a kind of PR for climate change. Have you ever considered the possibility of doing PR for a relentless army of zombies? (Maybe they pay well...)

Our increasing knowledge of climate change ends all kinds of ideas, but it begins other ones. The essence of these new ideas is the notion of coexistence — that is after all what ecology profoundly means. We coexist with human life forms, nonhuman lifeforms, and non-lifeforms, on the insides of a series of gigantic entities with whom we also coexist: ecosystem, biosphere, climate, planet, Solar System. A multiple series of nested Russian dolls. Whales within whales within whales.

Coexistence is in our face: it *is* our face. We are made of nonhuman and nonsentient and nonliving entities. When you consider lifeforms, you realize that the boundary between life and nonlife becomes vague and ambiguous. That's what evolution means. After all, life can be traced back to replicating molecules, yet those replicating molecules are not strictly alive. Science does not do away with ghosts. Rather, it multiplies them. As the human–nonhuman boundary and the life–nonlife boundary collapse, more and more specters emerge.

It's a commonly known phenomenon in CGI design that if you build figures who look too much like humans, you are at risk of crossing a certain threshold and falling into the uncanny valley. In the uncanny valley, beings are strangely familiar and familiarly strange. The valley seems to explain racism quite well, because the kind of dehumanization suffered by victims of racism makes them more uncanny to the racist than say a dog or a faceless robot. Hitler was very fond of his dog Blondi and dehumanized Jews and others.

That's the trouble with some kinds of environmentalist language : they skip blithely over the uncanny valley to shake hands with beings on the other side. But as I'm going to argue there is only another side if you are holding on to some fictional idea of humanness, an idea that ecological awareness actually refutes. The uncanny valley, in other words, is only a valley if you already have some quite racist assumptions about lifeforms.

Now with ecological awareness there is no "healthy person" on the other side of the valley. Everything in your world starts to slip into the uncanny valley, whose sides are infinite and slick. It's more like an uncanny charnel ground, a sort of ER room full of living and dying and dead and newly born people, some of whom are humans, some of whom aren't some of whom are living, some of whom aren't. Everything in your world starts to slip into this charnel ground situation, *including your world*.

Darwin opened the sluice gate. Reason, jumping to a dimension at which emergent forces such as evolution could be discerned, was the power that opened it. When one collapses the life–nonlife boundary, and relaxes the human–nonhuman boundary, all kinds of spectral creatures start to be seen, nightmarish beings that scuttle about. They are not susceptible to categorization. Yet they exist. They look like nightmare beings because of the extreme pressure they exert on existing frames of reference, existing categorical boxes.

But when the boxes dissolve, are these beings intrinsically horrifying ? Is the Gothic view of these beings the only view, for the rest of time, or is it a temporary effect of the pressure that such beings place on categories such as life and nonlife ? The spectral realm is an uncanny valley into which more and more beings begin to slide. But what happens when everything is in the uncanny valley ? In other words, when the valley is no longer a valley, but has transmogrified itself into a gigantic charnel ground with no center and no edge ?

The valley is uncanny because it is familiar and strange, and strangely familiar — and familiarly strange — all at the same time. Beings we recognize — a human, a fruit fly — start to flit around outside the categorial boxes of human versus nonhuman, and of life versus nonlife.

The uncanny valley is precisely not a void. One of the things under pressure in the modern period is precisely the empty container, the void, in which things sit. Such empty spaces fill us with dread (Pascal), they are the objective

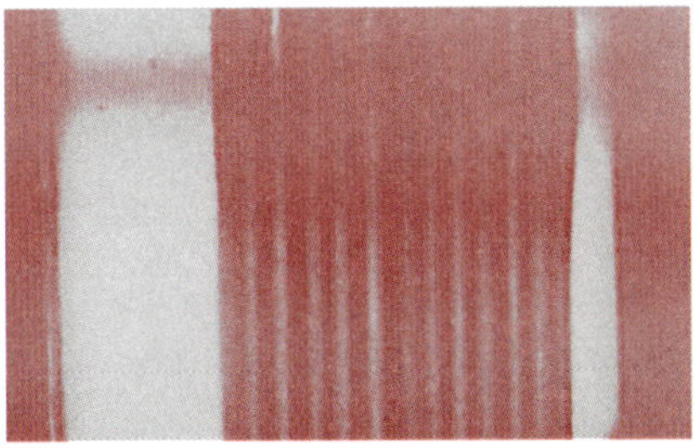

correlative of Cartesian reason, and are inferred by Newtonian laws. This kind of void is objectively present. If I could just put it in its most paradoxical form, this kind of void lacks nothingness. It is not void enough, in a sense.

A feature of beings in the uncanny valley is nothingness. We should draw a strong distinction between nothingness and void. This distinction emerged in the long history of the assimilation of Kant, that fragmentary distorted echo of the start of the Anthropocene. Kant opened up the Pandora's box of nothingness, by discerning an irreducible gap between a thing and its phenomena.

We are now in a position to try to answer whether or not horror is truly the most adequate attunement to the discoveries of the Anthropocene. The Pascalian dread of the infinite void is perhaps, we might surmise, only a temporary reaction to the discovery of spectral beings and the uncanny valley. If we replace the void with nothingness, we may need to replace horror. Nothingness is not intrinsically horrible. It is intrinsically *weird*.

If the initial reaction to this fact is horror, then it is only because one's habitual conceptual frame has been pointed out in its narrowness and arbitrariness. Horror is the feeling of void giving way to nothingness — of premodernity giving way to modernity. But what happens after modernity? If we act to reduce carbon emissions, we will never know whether global warming science was totally accurate or not. Futurality. Unverifiability is built into the theory of global warming. There is a weird dance between science and mystery, which we are not expecting. We were expecting science to demystify. But reason itself finds itself driven slightly mad.

It's not a cozy situation, it's a spooky uncanny situation. We find ourselves in an endless spectral valley.

Isn't it strange that we can admire comets, black holes and suns — entities that would destroy us if they came within a few miles of us — and we can't get a handle on global warming? Isn't it the case that global climate is now in the uncanny valley? Doesn't this mean something to do with art? Because when you look at the stars and imagine life on other planets, etc., you are looking through the spherical glass screen of the atmosphere at objects that appear to be behind that glass screen — for all the developments since Ptolemy, in other words, you still imagine that we exist on the inside of some pristine glass sphere. The experience of cosmic wonder is an aesthetic experience, a sort of 3D surround version of looking at a picturesque painting in an art gallery. So Jane Taylor's Romantic period poem "The Star" is about seeing stars through the atmosphere, in which they seem to twinkle, twinkle.

Now the trouble with climate change is that it's right here. It's not behind a glass screen. It *is* that glass screen, but it's as if the glass screen starts to extrude itself towards you in a highly uncanny, scary way that violates the normal aesthetic propriety, which we know about from philosophers such as Kant. The propriety in which there should be some kind of Goldilocks distance between you and the art object, not too close, not too far away. Global warming plays a very mean trick. It comes very close, crashing onto our beaches and forcing us to have cabinet meetings underwater to draw attention to our plight; and yet withdrawing from our grasp in the very same gesture, becoming very weird and strange and ungraspable, except by computers with terabytes of RAM processing speed. The whale that Jonah is inside is a higher dimensional being than ourselves, like an apple relative to stick people. It's even *more real* than the wet stuff falling on my head in northern California, because that stuff is now a local manifestation of this high dimensional entity, a hyperobject, climate change.

This is spooky uncanny stuff: the picture frame starts to melt and extrude itself towards us, it starts to burn our clothing. This is not what we paid twelve bucks to see when we entered the art gallery. Human art, in the face of this melting glass screen, is in no sense PR. It has to actually *be* a kind of science, part of science, part of cognitively mapping this thing. Art has to be part of the glass itself, because everything inside the biosphere is touched by climate change.

Art objects — glass, ceramic, celluloid, oil, colored powder, pixels, software code, Intel processors — start to speak independently of what we want them to say. Instead of making these objects fit our story, we need to start tuning ourselves to them. This is quite acceptable, understandable art theory and practice, but it's slightly twisted from normal. Normal being late eighteenth century aesthetic theories of the sublime and the beautiful and the kitsch and the disgusting. We are still inside that aesthetic pinball machine if we talk about the importance of the human meaning of art. We need to take more of a cue from the Romantics themselves, who began in their most experimental stuff to pioneer the way out of the pinball machine, the machine in which they themselves were heavily invested.

Instead of trying to find the perfect human attitude, we could simply tune to nonhumans: violin strings, the sound of a bamboo forest, starlight reflected on the surface of a poisoned lake, ultraviolet radiation inscribed in skin. JLiat is a sound artist, maybe he would call himself a non-music composer. So on his webpage he has collected recordings of four hydrogen bomb tests in the Pacific. This is truly hyperobject art but it's so horrifying I'm afraid I can't listen to more than ten seconds of it without pulling the headphones out.

There's something about hearing that sound, that actual sound, sampled and translated of course into an MP3, but still, it's a sample of a real sound of a real object, a massive bomb. Hearing it rather than seeing it in a tiny movie image on YouTube behind the aestheticizing glass screen of your computer. Something

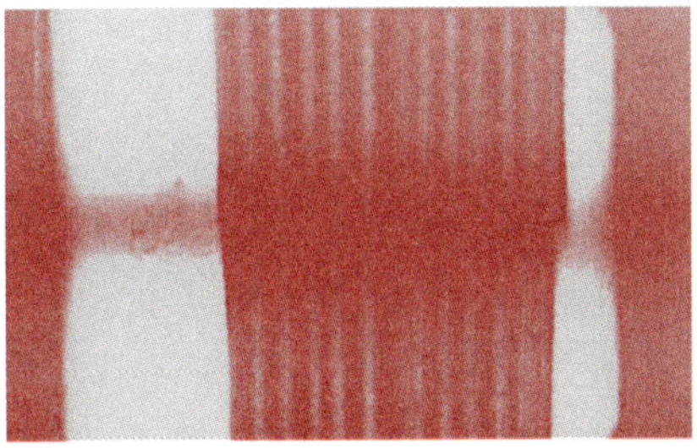

about that sound that restores to the aesthetic dimension a trauma and a pain that we edit out at our peril. Global warming desperately needs an art that tunes to its massively distributed causal effects, that acknowledges that we are inside it. Art that keeps us in the uncanny valley. Art that makes us see that this valley has no exit—that actually it's an emergency room full of horror, surprise, compassion and weirdness. That's what we need.

Rice University

Timothy Morton

Retransmission depuis la vallée dérangeante

À mesure que nos connaissances en matière de biologie, d'évolution, d'écologie, et de changement climatique s'étendent, les choses deviennent de plus en plus étranges. En aucun cas nous ne démystifions quoi que ce soit à ce stade. Étonnamment, les choses deviennent de plus en plus bizarres à mesure que nous en apprenons davantage.

Plus nous savons que les environnements sont constitués de formes de vie et de leur phénotype étendu – les araignées et leurs toiles, les castors et leurs barrages, les bactéries et leur oxygène ou leur fer – moins nous parvenons à nous accrocher à une certaine idée de Nature ou d'« environnement » que l'on ne puisse réduire à ces formes de vie et à leur phénotype. Le réchauffement climatique pourrait constituer un exemple pertinent du phénotype étendu de l'Homo sapiens. Ainsi, certains scientifiques voudraient que l'on qualifie notre ère d'Anthrophocène.

L'environnement et la Nature servent traditionnellement d'arrières-plans pour des activités sensées. Nous parlons par exemple de la météo en attendant le bus. Même si ces conversations sont répétitives sur le plan du contenu, elles sont utiles socialement. Nous reconnaissons un espace neutre partagé. Mais en ces temps de réchauffement climatique, nous hésitons à aborder le sujet du temps. De deux choses l'une, ou l'on évoque le réchauffement climatique, ou l'on évite le sujet, ce silence en disant tout de même long.

En l'absence de terrain de base comme l'« environnement » ou la « Nature », les outils traditionnels nous permettant de situer les choses sont remis en question, non pertinents, voire dangereux ou déformants.

Le réchauffement climatique n'est pas un terrain neutre. Il s'agit d'une entité géante, colossale, distribuée massivement dans le temps et l'espace. Il occupe un espace dimensionnel des phases élevées, si bien qu'il est à première vue invisible à l'œil humain. Il faut en effet recourir à l'informatique pour le révéler. Il est pourtant bien réel, et nous y sommes piégés, comme Jonas dans la baleine. Dans mes recherches, je qualifie le réchauffement climatique d'hyperobjet. Cette notion est très utile pour envisager des entités qui existent bel et bien tout en dépassant nos échelles normales de temps et d'espace. C'est un peu comme ajuster son regard pour révéler une image stéréoscopique. Une fois que l'on peut la voir, tout est beaucoup plus compréhensible, mais pas moins étrange pour autant.

On se rend compte que tous les petits motifs que l'on croyait individuels sont en fait les pièces d'un objet dimensionnel plus grand qui semble émerger lorsqu'on louche. De même, le réchauffement climatique est un objet à partir duquel sont répartis de nombreux éléments : les gouttes de pluie qui tombent

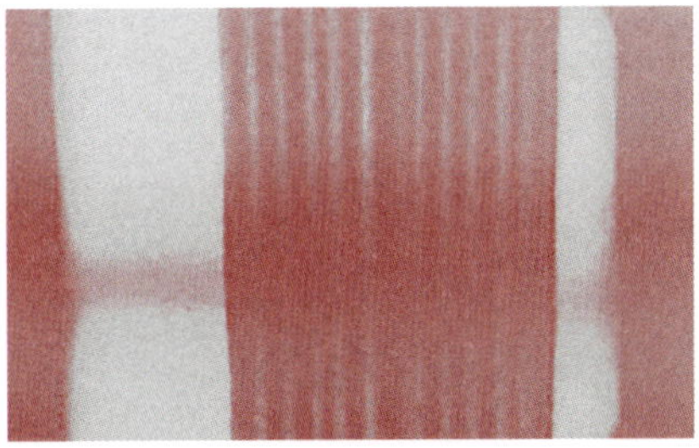

sur ma tête dans le nord de la Californie. Le tsunami qui se répand dans les rues japonaises. L'activité sismique grandissante due aux pressions variables dans les fonds marins.

Tout comme l'image stéréoscopique, le réchauffement climatique est bien réel, mais il convient d'adopter une perspective extrêmement contre intuitive pour l'apercevoir. Convaincre certaines personnes de son existence revient à convaincre des habitants bidimensionnels de Flatland de l'existence des pommes en se basant sur l'apparence d'une forme circulaire en mutation appartenant à leur monde.

Il nous faut cesser de nous évertuer à convaincre et nous atteler à la magie, à la catalyse, ou encore au magnétisme, appelez cela comme bon vous semble. Faire appel à la raison n'est pas une mauvaise chose. Mais avec un objet d'une telle ampleur, massivement distribué, contre-intuitif, inter-dimensionnel, il n'est pas suffisant de recourir à l'art simplement pour napper les faits. On ne peut se contenter de verser dans les relations publiques. Percy Shelley l'a magnifiquement exprimé en écrivant : « Il nous manque la faculté créatrice pour imaginer ce que nous savons. » C'était en 1820, et les choses n'ont fait qu'empirer depuis.

L'autre problème que présente l'approche du « nappage », ou celle uniquement fondée sur la raison (en bien des points similaires), est que les êtres humains se trouvent actuellement dans une phase de déni quant à leur responsabilité dans l'Anthropocène. Ils sont complètement submergés. Non seulement nous nous réveillons au sein d'un objet gigantesque, comme si nous nous retrouvions de nouveau dans le ventre de notre mère, mais nous en sommes responsables. Et nous le savons tout simplement parce que nous comprenons ce qu'est le réchauffement climatique. Nous n'avons pas vraiment besoin de raisons ; à vrai dire, les raisons inhibent nos actions responsables, ou les retardent significativement. Aucun enfant, dans le ventre de sa mère ou après la naissance, n'est responsable du caractère toxique du corps de sa génitrice. C'est pourtant la situation dans laquelle nous nous retrouvons ; il s'agit d'une part d'une régression terrifiante, et d'autre part d'une implication exaspérante.

Dans ces conditions, l'art constitue un travail de deuil. Un fantasme nous échappe, celui d'être immergé dans une dame nature neutre ou bienveillante ; or une personne à laquelle un fantasme échappe est une personne très dangereuse. L'art ne doit donc en aucun cas servir de relais de communication du réchauffement climatique. Avez-vous déjà envisagé la possibilité de vous charger des relations publiques d'une armée de zombies acharnés ? (Cela dit, ils payent peut-être bien...)

Notre connaissance du changement climatique toujours plus étendue met fin à toute une série d'idées, mais elle en déclenche de nouvelles. L'essence de ces idées nouvelles tient dans la notion de coexistence; c'est après tout ce que l'écologie signifie réellement. Nous coexistons avec des formes de vie humaines, non humaines, des formes inanimées, à l'intérieur d'une série d'entités géantes avec lesquelles nous coexistons également: les écosystèmes, la biosphère, le climat, la planète, le système solaire. Plusieurs séries de poupées russes. Des baleines à l'intérieur de baleines à l'intérieur de baleines.

La coexistence est tout près de nous, elle fait partie de nous. Nous sommes composés d'entités non humaines, inconscientes et inanimées. En observant les formes de vie, nous nous rendons compte que la limite entre vie et non-vie devient vague et ambiguë. C'est là ce que signifie l'évolution. Après tout, on situe l'apparition de la vie à la multiplication des molécules, et pourtant, ces molécules ne sont pas exactement vivantes.

La science n'écarte pas les fantômes. Au contraire, elle les multiplie. Alors que les frontières entre l'humain et le non humain d'une part et la vie et la non-vie d'autre part se désagrègent, de plus en plus de spectres émergent.

Dans le domaine de l'image de synthèse, il est communément admis que créer des personnages ressemblant trop à des humains présente le risque de franchir une certaine limite et de tomber dans la vallée dérangeante. Dans cette vallée, les êtres sont étrangement familiers et familièrement étranges. Elle semble fournir une très bonne explication du racisme étant donné que le type de déshumanisation enduré par ceux qui en sont victimes les rend plus étranges aux yeux du raciste qu'un chien ou un robot sans visage par exemple. Hitler adorait son chien Blondi mais a déshumanisé les Juifs, entre autres.

Tel est le problème auquel se heurtent certains types de langages environnementalistes: ils ignorent avec insouciance la vallée dérangeante pour serrer la main à des êtres de l'autre côté. Mais comme je vais l'avancer, l' « autre côté » n'existe que si l'on s'accroche à une certaine conception fictive de l'humanité, une idée qu'en réalité la conscience écologique réfute. La vallée dérangeante, en d'autres termes, n'est telle que si l'on a déjà des hypothèses racistes concernant des formes de vie.

Dans la conscience écologique, il n'existe pas de «personne saine» de l'autre côté de la vallée. Tout dans votre monde commence à glisser dans la vallée dérangeante, dont les côtés sont infinis et glissants. Cela se rapproche davantage d'un terrain charnier mystérieux, une sorte de salle des urgences pleine de vivants, de mourants, de morts, de nouveau-nés, dont certains sont humains et dont certains sont inanimés. Tout dans votre monde se met à glisser dans cette situation charnière, y compris votre monde.

Darwin a ouvert les vannes. La raison, passant dans une dimension dans laquelle des forces émergentes telles que l'évolution pourraient être distinguées,

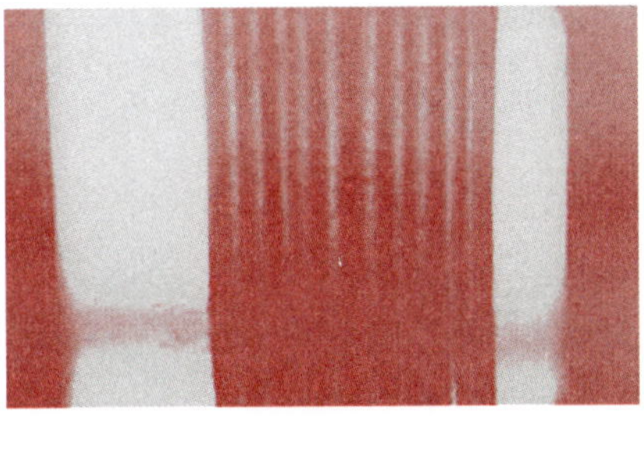

fut la force qui les ouvrit. Lorsque l'on détruit la limite entre la vie et la non-vie et qu'on laisse s'échapper la limite entre l'humain et le non humain, tous les types de créatures spectrales commencent à être visibles, des êtres cauchemardesques en fuite. Ils ne sont pas sujets à une catégorisation. Et pourtant, ils existent. Ils ressemblent à des êtres cauchemardesques en raison de la pression extrême qu'ils exercent sur des cadres de référence existants, des cases catégoriques.

Mais lorsque les boîtes se dissolvent, ces êtres sont-ils intrinsèquement horrifiants ? La vision gothique de ces êtres constitue-t-elle l'unique vision, à jamais, ou s'agit-il d'un effet temporaire de la pression que ces êtres placent sur des catégories telles que la vie ou la non-vie ? Le royaume spectral est une vallée dérangeante dans laquelle de plus en plus d'êtres sont absorbés. Mais que se passe-t-il lorsque tout se trouve dans la vallée dérangeante ? En d'autres termes, lorsque la vallée n'en est plus une mais s'est métamorphosée en un gigantesque charnier sans centre et sans bord ?

La vallée est dérangeante parce qu'elle est à la fois familière et étrange, étrangement familière et familièrement étrange. Les êtres que nous reconnaissons—un humain, une mouche— échappent aux catégories de l'humain par opposition au non humain, et de la vie par opposition à la non-vie.

La vallée dérangeante n'est précisément pas un vide. L'un des éléments sous pression dans la période moderne est précisément le conteneur vide, le vide dans lequel les choses sont logées. De tels espaces nous remplissent de craintes (Pascal), ils sont le corrélatif objectif de la raison cartésienne et sont inférés par les lois de Newton. Ce genre de vide est objectivement présent. Si je pouvais simplement le replacer dans sa forme la plus paradoxale, je dirais qu'il manque de néant. Il n'est quelque part pas assez vide.

Dans la vallée dérangeante, le néant constitue une caractéristique des êtres. Nous devrions établir une distinction claire entre le néant et le vide. Cette distinction a émergé au cours de la longue histoire de l'assimilation de Kant, cet écho partiellement déformé du début de l'Anthropocène. Kant a ouvert la boîte de Pandore du néant, en discernant un écart irréductible entre un objet et son phénomène.

Nous sommes désormais en mesure de tenter de déterminer si l'horreur tient véritablement dans l'harmonisation des découvertes de l'Anthropocène. Nous pourrions supposer que la crainte pascalienne du vide infini est peut-être une simple réaction à la découverte d'êtres spectraux et de la vallée dérangeante. Si nous remplaçons le vide par le néant, nous pourrions avoir à remplacer l'horreur. Le néant n'est pas intrinsèquement horrible. Il est intrinsèquement étrange.

Si la réaction initiale à ce fait est l'horreur, ce n'est alors uniquement parce que notre cadre conceptuel habituel est souligné dans son étroitesse et dans son caractère arbitraire. L'horreur est le sentiment de vide laissant la place au néant – ou la pré-modernité laissant la place à la modernité. Mais qu'advient-il après la modernité ?

Si nous agissons pour réduire les émissions de dioxyde de carbone, nous ne saurons jamais si la science du réchauffement climatique était exacte ou non. Futurologie. L'impossibilité de vérification est ancrée dans la théorie du réchauffement climatique. Il existe un ballet étrange entre la science et le mystère auquel nous ne nous attendons pas. Nous attendons de la science une démystification. Mais la raison elle-même est quelque peu mise à mal.

Ce n'est pas une situation confortable mais étrange et inquiétante. Nous nous retrouvons dans ce que les spécialistes de la robotique et de l'image de synthèse appellent la vallée dérangeante.

N'est-il pas étrange que nous puissions admirer des comètes, des trous noirs et le soleil – entités qui nous détruiraient si elles se trouvaient à quelques kilomètres de nous – mais que nous ne parvenions pas à maîtriser le réchauffement climatique ? Le réchauffement climatique n'est-il pas désormais situé dans la vallée dérangeante ? Cela n'a-t-il pas quelque chose à voir avec l'art ? Lorsque l'on observe les étoiles en imaginant de la vie sur d'autres planètes, on regarde, à travers l'écran de verre sphérique de l'atmosphère, des objets qui semblent se trouver derrière cet écran ; en d'autres termes, en dépit de toutes les avancées depuis Ptolémée, nous imaginons encore que nous existons à l'intérieur d'une sphère immaculée. L'expérience de l'émerveillement cosmique est une expérience esthétique, une sorte de version en trois dimensions dont on disposerait pour admirer une peinture pittoresque dans une galerie d'art. Ainsi, dans son poème de la période romantique, « The Star », Jane Taylor évoque des étoiles dans l'atmosphère, dans lequel celles-ci semblent scintiller.

L'ennui avec le changement climatique est son caractère imminent. Aucun écran de verre ne nous en protège. En réalité, le réchauffement climatique est précisément cet écran, mais l'écran de verre semble sortir et se diriger vers nous de façon tout à fait étrange et inquiétante, violant les convenances esthétiques standard portées à notre connaissance par des philosophes comme Kant. Les convenances dans lesquelles devrait exister une certaine distance à l'image du choix de Boucle d'or, entre nous et l'objet d'art ; ni trop près, ni trop loin. L'opération du réchauffement climatique est particulièrement sournoise. Il s'approche de très près, s'écrasant sur nos plages et nous obligeant à tenir des réunions gouvernementales sous-marines pour attirer l'attention sur notre état de détresse, tout en perdant prise dans le même geste, rendant la situation extrêmement étrange et insaisissable, excepté par des ordinateurs super puissants. La baleine dans laquelle se retrouve Jonas est disproportionnée par rapport à lui,

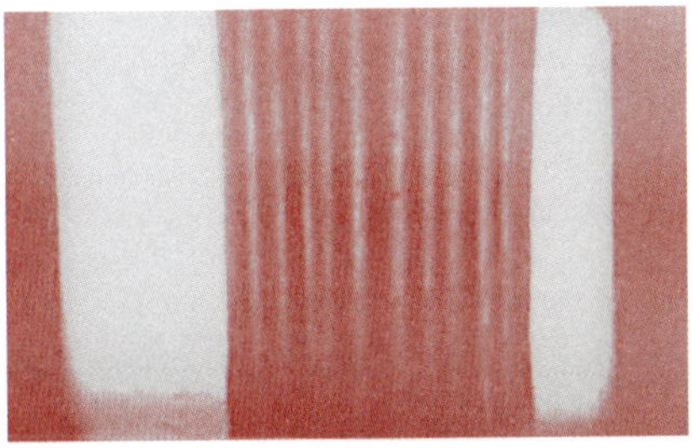

comme une pomme comparée à un bonhomme allumette. C'est encore plus réel que la substance liquide qui tombe sur ma tête en Californie du Nord, parce qu'il s'agit d'une manifestation de cette entité immense, de cet hyperobjet qu'est le changement climatique.

Il s'agit d'une matière étrangement inquiétante : le cadre commence à fondre et à se diriger vers nous, il se met à brûler nos vêtements. Nous n'avons pas payé notre billet d'entrée dans la galerie pour assister à ce spectacle. L'art humain, au vu de cet écran de verre fondant, n'a rien d'une opération de relations publiques. Il doit en réalité s'agir d'une sorte de science, une partie de science, une partie permettant de cartographier cognitivement cette chose. L'art doit faire partie du verre puisque tout dans la biosphère est atteint par le changement climatique.

Les objets d'arts – le verre, la céramique, la cellulose, le pétrole, la poudre colorée, les pixels, les codes logiciel, les processeurs Intel – se mettent à s'exprimer indépendamment sur des sujets que nous voulons entendre. Plutôt que d'adapter ces objets à notre histoire, il nous faut nous tourner vers eux. C'est une théorie et une pratique d'art plutôt acceptable et compréhensible, bien qu'elle diverge sensiblement de la norme. La « norme » étant les théories esthétiques du sublime et du beau, du kitsch et de l'abjection, de la fin du XVIIIe siècle. En matière d'importance du sens humain de l'art, nous sommes toujours confinés dans le flipper esthétique. Il nous faut percevoir davantage le signal des romantiques eux-mêmes qui ont commencé leurs pièces les plus expérimentales pour tailler une brèche hors du flipper, machine sur laquelle ils se sont eux-mêmes beaucoup investis.

Plutôt que d'essayer de trouver l'attitude humaine parfaite, nous pourrions simplement nous accorder aux choses non humaines : des cordes de violon, le son d'une forêt de bambous, la lumière des étoiles reflétée sur la surface d'un lac empoisonné, la radiation d'ultraviolets inscrite sur la peau. JLiat est un artiste du son, il se qualifierait peut-être de compositeur de non musique. Sur sa page web, il a rassemblé des enregistrements de quatre essais nucléaires dans le Pacifique. Il s'agit véritablement d'art d'hyperobjet mais il s'avère tellement épouvantable que je ne peux en écouter plus de dix secondes sans être obligé de retirer les écouteurs.

Il se produit quelque chose en écoutant ce son en lui-même, samplé et bien sûr converti au format MP3, mais tout de même, il s'agit d'un échantillon du véritable son produit par un véritable objet, une gigantesque bombe. Il vaut mieux l'écouter que de le voir dans le cadre étriqué d'une vidéo YouTube derrière l'écran esthétisant de votre ordinateur. À certains égards, ce son restaure la dimension esthétique d'un traumatisme et d'une douleur que nous modifions à nos risques et périls.

Le réchauffement climatique a désespérément besoin d'un art qui s'accorde à ses liens de causalité massivement distribués, d'un art permettant de reconnaître que nous sommes au cœur de ce réchauffement. D'un art qui nous maintienne dans la vallée dérangeante. D'un art nous permettant de voir que cette vallée est sans issue, qu'il s'agit en réalité d'une salle d'urgence remplie d'horreurs, de surprises, de compassion et d'étrangeté. C'est de cela dont nous avons besoin.

Rice University

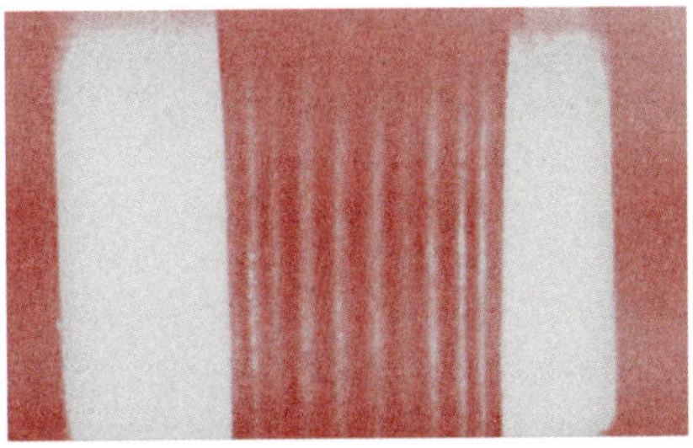

Graham Harman

Graham Harman is Distinguished University Professor at the American University in Cairo. He is the author of eleven books, most recently Bells and Whistles: More Speculative Realism *(2013). He is also the editor of the Speculative Realism series at Edinburgh University Press and (with Bruno Latour) co-editor of the New Metaphysics series at Open Humanities Press.*

Graham Harman est professeur éminent à L'Université américaine du Caire. Il est l'auteur de onze ouvrages, dont le plus récent s'intitule Bells and Whistles: More Speculative Realism *(2013). Il anime également la collection « Speculative Realism » au sein d'Edinburgh University Press et codirige (avec Bruno Latour) « New Metaphysics », nouvelle collection d'Open Humanities Press.*

Translated by
Traduit par

Jean-François Caro

Graham Harman

Badiou's Horses and Baudelaire's Cats

The French philosopher Alain Badiou is best known for two major works published almost two decades apart: *Being and Event* (1988) and *Logics of Worlds* (2006).[1] What dominates both books is the notion of relatively rare *events* as the site of truth. An event breaks with the banal routine of a given situation and gives rise to a "subject" (not necessarily an individual person) who remains faithful to a specific truth. If not for such truth-procedures, we would be officially condemned to what Badiou sees as the miserable "democratic materialism" of our time, which recognizes the existence of nothing but bodies and languages.[2] In Badiou's own words: "there are only bodies and languages, *except that there are truths*."[3]

It has not yet been noticed that Bruno Latour made a similar complaint in *We Have Never Been Modern*, which defined modernism as a taxonomy that splits the world into two *kinds* of beings: rigid physical bodies ruled by mechnical determinism on the one side, and human thought with its arbitrary projections of culture and value on the other.[4] Despite the obvious similarity with the bodies/languages pair, there are two significant differences between Badiou's and Latour's respective diagnoses. The first is that Badiou concedes that without the third category of truth there *would really be* nothing but bodies and languages, while Latour makes no such concession, and replaces the bodies/languages dualism from the start with a monism of *actors*. Entities are defined solely by what they "modify, transform, perturb, or create,"[5] not by whether they seem at first glance to belong to the human or nonhuman sphere. Second, there is no category of "truths" in Latour that allows us to make direct contact with a reality beyond the jostling networks of actors. Stated differently, there are two separate reasons why Latour could never agree with Badiou's statement that "there are only bodies and languages, except that there are truths." (1) Latour does not agree that there are only bodies and languages, but dissolves both into the wider category of actors. (2) Latour does not recognize the existence of "truths" beyond the various networks of actors, but sees truth as the result of a well-made network, not as a rare exception to it. These differences are worth mentioning insofar as Badiou and Latour seem destined to serve as the godfathers of two emergent warring factions in the future of continental philosophy. In today's younger generation of thinkers, there are the rationalists who follow Badiou (including Quentin Meillassoux) who hold that there is some privileged way to gain access to the real world. And there are the anti-rationalists (including me) who may be described as friends of truth but greater friends of *reality*: a reality that is too real to unveil itself directly in the shape of truth.

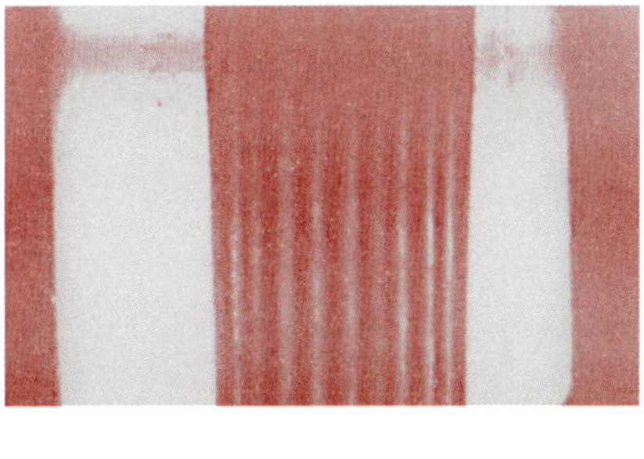

1. Alain Badiou, *Being and Event*, trans. O. Feltham. (London: Continuum, 2005) and *Logics of Worlds*, trans. A. Toscano. (London: Continuum, 2009).
2. Badiou, *Logics of Worlds*, 1.
3. *Ibid.*, 4.
4. Bruno Latour, *We Have Never Been Modern*, trans. C. Porter (Cambridge, MA: Harvard University Press, 1993) 122.

1. Badiou's Horses

Truths for Badiou appear in one of four distinct areas, which he claims to have gleaned from a long tradition without giving a convincing account of why there are these four in particular: science, love, politics, and art. In *Logics of Worlds* Badiou also includes mathematics under the heading of scientific events, and indeed draws his examples primarily from mathematics. The entire operation is explicitly carried out under Plato's flag: "Starting from any situation whatever, one indicates, under the progressively clear name of Idea, that there is indeed something other than bodies and languages. For the Idea is not a body in the sense of an immediate given... nor is it a language or a name..."[6] Only Plato can save us from democratic materialism, as can be seen from Badiou's distaste for every form of historicism. For Badiou, what appears in historical events is a certain *invariant* that recurs through the most diverse possible situations. Let's briefly recount Badiou's examples of such trans-historic truths in science, love, and politics before moving to our chief interest at the moment: Badiou's theory of art.

For his example of a scientific event, Badiou draws on the much easier case of mathematics, which lends itself more freely to invariant truths than does a science such as physics, with its frequent overturning of previously rock-solid theories. There are infinitely many prime numbers, but the ancient Greeks who discovered this truth had no modern conception of infinity at their disposal, and thus phrased the situation in terms of endless sequences rather than inifinities. Here as usual, Badiou wants to slay the historicist beast:

> As you can see, this might lend credence to the notion that anthropological relativism should extend to the purported truth of mathematics. Given that there are only languages [for the relativist], it will be affirmed that in the final analysis 'prime numbers' does not have the same meaning in Euclid's Greek language as it does in ours, since an ancient Greek could not even comprehend what is said about prime numbers in the modern language.[7]

Badiou's manner of slaying the beast is to point to an invariant in prime numbers that lies deeper than their modern infinity. "The key point is that the truth underlying the infinity of prime numbers is not so much this infinity itself, as what it allows one to decipher about the structure of numbers: namely, that they are all composed of prime numbers, which are like the 'atomic' (indecomposable) constituents of numericality."[8] Thus the apparent historicism of prime numbers is a deception, since "an eternal truth is enveloped by different conceptual and linguistic contexts," or different "worlds."[9] Furthermore, "a subject of the same

6. *Logics of Worlds*, *op. cit.*, 9.
7. *Ibid.*, 12.
8. *Ibid.*, 12.
9. *Ibid.*, 12.

type finds itself implicated in the demonstrative procedure [in both the ancient and modern cases]."[10] If the human race became extinct or fell into a new epoch of illiterate barbarism, the discovery of prime numbers might take place once again under some future regime, human or otherwise.

In love we have the invariant event of the amorous, non-social couple. The democratic materialism of bodies and languages is blamed for "[relying] on historical relativism, [disputing] the universality of love, [reducing] the form of sexed relations to entirely discrete cultural configurations."[11] When it comes to love, Badiou strikes us as part libertine and part conservative. For in one respect he treats conjugal, matrimonial life with disdain, since love is among those truths whose consequences necessarily follow regardless of other considerations. The love of Tristan and Isolde is not the example he treats at greatest length, but is still one of the most emblematic. If you happen to fall in love with the bride of your king, then you must accept the consequences of this love and pay no heed to the considerable social consequences, for love is a kind of truth. But viewed from a different angle, Badiou looks like an establishment conservative, since he is no great admirer of the so-called Sexual Revolution of the 1960s. The freedom to express one's own sexuality, so central to progressive ideologies in recent decades, is viewed by Badiou as just another form of democratic materialism, that arouses and flatters the body without expressing any deeper truth. And now, keep your eye on the scare quotes when Badiou tries to use the sexual frustrations of *Lysistrata* to prove, against historicism, that the ancient Greeks cared for women too: "even a distracted reading of the searing subjective effects on men of the sexual strike of their spouses, as imagined by Aristophanes' *Lysistrata*, or *The Assembly of Women*, allows one to conclude straightaway — if it were necessary! — that so-called 'heterosexual' desire and pleasure are universal."[12] The scare quotes around the word "heterosexual" cannot hide the fact that Badiou means it literally and holds, so differently from the progressive attitudes of our time, that love really is heterosexual at root. Are practicing homosexuals, then, merely democratic materialists too focused on the body and its pleasures to become subjects of truth in amorous life? That would seem to be Badiou's position.

In politics, no one will be surprised to find Badiou endorsing "the communist invariant." He compares two political texts, both from China yet separated by two millennia in time: the *Discourses on Salt and Iron* from 81 B.C., and Mao's reflections on the failures of Stalin from 1975 A.D. Despite the historical gulf lying between these two writings, Badiou reads them as texts concerned with the same invariant. Whereas the Confucians (in ancient times) and Stalin (in the 1950s) showed a conservative tendency, refusing to go all the

10. *Ibid.*, 12.
11. *Ibid.*, 28.
12. *Ibid.*, 28.

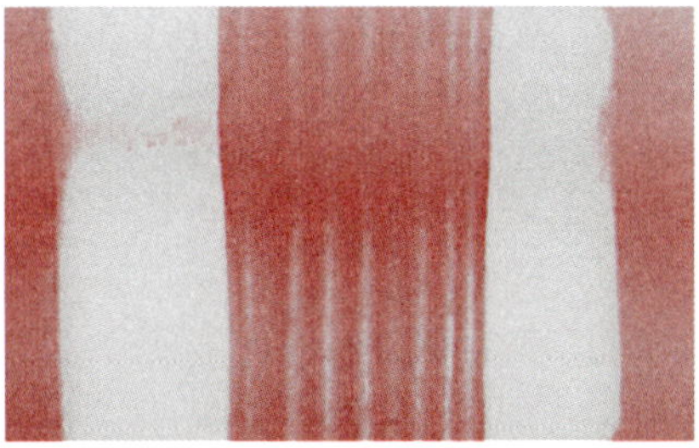

way in trusting the peasantry, the Legalists and Chairman Mao scorned the caution shown by their respective rivals. What Badiou most values in politics, of course, is "the radical will that aims at an emancipation of humanity as a whole,"[13] as opposed to pragmatic calculation and compromise. This leads him to four basic political principles: "will (against socio-economic necessity), equality (against the established hierarchies of power or wealth), confidence (against anti-popular suspicion or the fear of the masses), authority or terror (against the 'natural' free play of competition)."[14] Among Badiou's heroes of this political will are Robespierre, Lenin, and Mao — not a list for the faint-hearted.

What I have tried to show is that each of these three truth-procedures is controversial in its own way. In love and politics, the Badiouian event is discomforting mostly due to its judgmental conclusions. His theory of love entails a critique of conventional marriage along with both sexual liberation and homosexuality. The winners of this theory are passionate heterosexuals who throw previous commitment to the winds whenever love appears. Badiou's theory of politics will offend in the usual way that hard Left politics offend: both liberals and conservatives fail to will human emancipation all the way to the end, and must therefore be subjected to a reign of terror by some revolutionary authority. In short, both theories are dangerous primarily for cautious conservatives suspicious of allowing unchecked freedom in love or revolution to shatter the carefully assmbled order of things.

By contrast, the main problem with Badiou's example of a "scientific" event is that he uses the relatively easy mathematical case of prime numbers, which is not especially difficult to imagine as an historical invariant. But we are not given the chance to see how Badiou would find an "invariant" in more difficult cases such as the replacement of Newtonian gravity with Einstein's General Relativity. Would Badiou lean towards a "structural realist" theory of theory change in the sciences, so that some mathematical invariant remains stable at the core even when Newton's theory gives way to Einstein? My wager would be "yes." But we cannot be sure, since Badiou chooses the less thorny case of an enduring discovery in mathematics, whose revolutions (unlike those of the sciences) tend to expand rather than overthrow what came before.

The problem concerning Badiou's theory of art-events is somewhat different. The question here is whether he grasps the point of art adequately at all. My thesis is that Badiou's theory of art is too Platonist to be successful. And not because Badiou reflects Plato's suspicion of art as the making of images: quite the contrary, since one of Badiou's most admirable moves is found in his reversal of Plato's theory of art as the crafting of mere images: "This is what Plato

13. *Ibid.*, 27.
14. *Ibid.*, 27.

feigns not to see: the image, here, is the opposite of the shadow. It attests the Idea in the varied invariance of its pictorial sign. Far from being the descent of the Idea into the sensible, it is the sensible creation of the Idea."[15] He continues: "'This is a horse'—that is what the Master of the Chauvet cave says. And since he says it at a remove from any visibility of a living horse, he avers the horse as what exists eternally for thought."[16]

The horse-paintings of the Chauvet cave appear in Badiou's book by way of a clever comparison with Picasso's own paintings of horses. Unlike the well-known paintings at Lascaux, the Chauvet paintings found by cave explorers in 1994 cannot possibly have influenced Picasso, already dead in 1973. Here again Badiou sees an "invariant" at work in the horses of the unknown Master of Chauvet and those of the celebrity genius Picasso. With the meandering tone of an art catalog, Badiou reports as follows:

> Picasso manipulates primitive 'naivety'—including that of pre-historical models—to the horse into the sign of a decorative power, rearing up and almost wrenched away from its vital evidence. Whence the contradictory combination of the beasts' raised heads, which seem to strain after some celestial rescue, and the systematically ponderous power of their rumps and hooves. They are like angelic percherons. And they respond, in their 'rearing,' as slow as it is violent, to a kind of desperate call.[17]

The description of Chauvet's horse runs differently:

> The horses of the Chauvet-atelier are on the contrary icons of submission. Hunter's images, without doubt: all the horses lower their heads, as though captive, and what at once imposes itself on the gaze is their vast forehead, just below the mane... It is tempting to say that they are arranged in keeping with a mysterious hierarchy, which is that of stature—the heads diminish from left to right—but also of tint (from clear to black), and especially of the gaze: we move from a kind of sleepy stupor towards the fixed intensity of the smallest one. And it is indeed this exposed, submitted and intensely visible demeanour which is essential and not, as in Picasso, the gestures that tell the story of a conflict or call.[18]

The difference in the two sets of horse paintings might seem to be completely historicizable, given the vast difference between the Chauvet tribes huddled in their cave

15. *Ibid.*, 19.
16. *Ibid.*, 19.
17. *Ibid.*, 17.
18. *Ibid.*, 17.

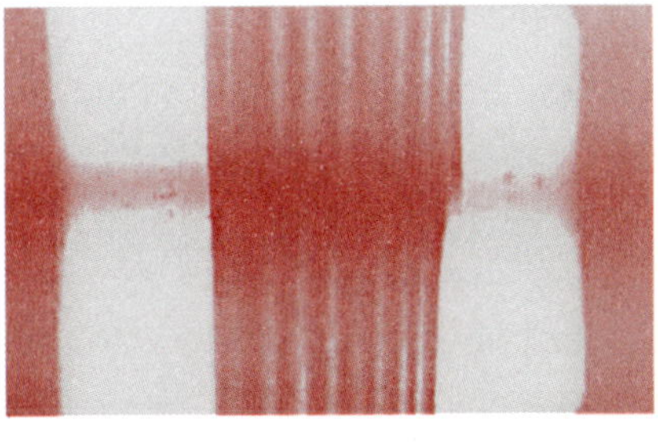

amidst penury and Picasso, the millionaire success story of the electrified twentieth century. Nonetheless, Badiou sees an invariant here in the horse-form itself:

> Suppose that you entertain a relation of thought to animals that makes them into stable components of the world under consideration: there is the horse, the rhinoceros, the lion... Now suppose that the empirical and vital diversity of individual living beings is subordinated to this stability. The animal is then an intelligible paradigm and its representation is the clearest possible mark of what an Idea is. That is because the animal as type (or name) is a clear cut in the formless continuity of sensorial experience. It brings together a flagrant organic unity with the always recognizable character of its specific form.[19]

What guides Badiou's theory of art, like his theory of everything else, is an ongoing duel between the empirical diversity of individuals on the one hand and the intelligible paradigm of the idea on the other. It perfectly parallels his theory of the opposition between situations and events, with the former representing nothing but minor change and mediocre bourgeois governance. There is also a third term for Badiou, which is the *appearance* of truth in a given world—indeed, this third term makes up the very subject matter of *Logics of World*. If Christ is God-become-man, then Badiou's horses are idea-become-image, and all horse-paintings participate in the same idea of horseness.

But in this way, Badiou's Platonism seems to have wider consequences than he realizes. He does not just strike against the historicism that would relativize the historical conditions of different periods of art. Instead, he also makes it difficult to distinguish between painters of the same epoch who both paint horses (such as Picasso and his older friend/rival Matisse), and even hard to distinguish between two horse paintings by Picasso himself. Beneath all the variations in these that one could describe in the dense prose of the art historian, the Badiouian verdict is that we find an invariant horse-form beneath them all. It is a strange theory, since it suggests that the point of art were pedagogical, as if it were teaching us something about horses as a biological type. Each (successful) artwork contains a universal form, and the diverse painted horses in the history of art acquire their diversity only from their immersion in the various empirical life-worlds of different historic painters. Individuality is always *empirical* individuality, so that we cannot escape the empirical without also abandoning individual horses in favor of a unique horse-form shared by all horse-art.

But let's play Aristotle to Badiou's Plato, and consider the objects depicted in artworks not as trans-historic forms, but as individuals.[20] Instead of

19. *Ibid*., 19.
20. The comparison of my philosophy to an Aristotelianized Badiou was first made by Professor Bill Martin of DePaul University, following my lecture at DePaul on January 11, 2013. Although biographically untrue (Badiou is not among my greatest influences) there is something useful about the analogy.

the historical, empirical individuals that Badiou disdains, they will be entities deeper than any empirical contact we might make with them. In order to consider this possibility, let's turn away from horses for the moment, and consider the cats of Charles Baudelaire's poetry by contrast with those of his successor and near-contemporary Paul Verlaine.

2. Baudelaire's Cats

In Verlaine's 1866 debut collection *Poèmes saturniens* (published less than a decade after Baudelaire's 1857 *Les Fleurs du mal*), we find a poem entitled "*Femme et chat*," or "Woman and Cat." The first stanza runs in French as follows:

> Elle jouait avec sa chatte ;
> Et c'était merveille de voir,
> La main blanche et la blanche patte
> S'ébattre dans l'ombre du soir.

While C.F. MacIntyre has his critics as a translator of French verse (I am not among them), he gives a wonderful English rendering here:

> She was playing with her cat,
> and it was marvelous to see
> white hand and white paw, pitty-pat,
> spar in the evening sportively.[21]

MacIntyre's "pitty-pat" is nowhere to be found in the French, but succeeds due to a drollery that we recognize as even more Verlainean than the original, suggesting that an author's *style* looms before us even when the original poem does not capture it perfectly, since translator sometimes outdoes author. Furthermore, MacIntyre replaces Verlaine's *s'ébattre* ("frolic") with "spar sportively," which has more combative overtones and also preserves the rhyme between lines 2 and 4 while eating up additional syllables, thus requiring him to truncate the French *dans l'ombre du soir* ("in the shadow of the evening") to the English "in the evening." Translators must constantly make such trade-offs, but especially in verse, where one's word count is limited by the small scope of a line.

But of greater interest to us here is a remark made by MacIntyre in the endnotes to his collection: "Notice that while the cats of Baudelaire are statuesque, sphinxine, and electric, this of Verlaine is more playful and diabolic..."[22] Thus we have a Verlainean cat on the one hand and a Baudelairean cat on the other, each of them apparently capable of appearing in numerous different poems. This

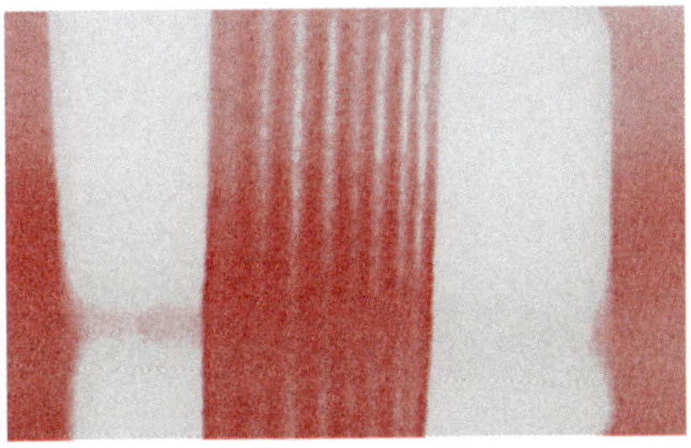

21. Paul Verlaine, *Selected Poems*, trans. C.F. MacIntyre. (Berkeley, CA: University of California Press, 1948).
22. MacIntyre, in Verlaine, *Selected Poems*, *op. cit.*, 205.

is already something, since it allows us to challenge Badiou's Platonizing notion of art as dealing with historical invariants such that Picasso's horses and those of prehistoric cave dwellers both express something enduring about horseness. Having already considered a portion of one of Verlaine's cat poems, let's look briefly at two stanzas from the poem in Baudelaire's *Les Fleurs du mal* entitled "Cats":

Baudelaire's French:

> Ils prennent en songeant les nobles attitudes
> Des grands sphinx allongés au fond des solitudes,
> Qui semblent s'endormir dans un rêve sans fin;
>
> Leurs reins féconds sont pleins d'étincelles magiques,
> Et des parcelles d'or, ainsi qu'un sable fin,
> Etoilent vaguement leurs prunelles mystiques.

Richard Howard's English:

> Dozing, all cats assume the svelte design
> of desert sphinxes sprawled in solitude,
> apparently transfixed by endless dreams;
>
> their teeming loins are rich in magic sparks,
> and golden specks like infinitesimal sand
> glisten in those enigmatic eyes.[23]

Howard's rendering might give the impression that Baudelaire is indeed following Badiou in proposing a universal truth about cats: "all cats assume the svelte design of desert sphinxes sprawled in solitude." But the French simply refers to the cats as "they," without explicitly quantifying an intended number of cats. If there is anything "invariant" here, it does not come from Baudelaire telling us "this is a cat," as Badiou unconvincingly held that the Chauvet painter is telling us "this is a horse." If anything, Baudelaire is drawing on our familiarity with cats as a crutch to enable him to leave certain things unsaid. Notice what happens if we make a vulgar substitution, replacing the cat with a less universally familiar monster from Dungeons & Dragons games:

> Dozing, all displacer beasts assume the svelte design
> of desert sphinxes sprawled in solitude,
> apparently transfixed by endless dreams;

23. Charles Baudelaire, *Les Fleurs du mal*, trans. R. Howard. (Boston: Godine, 1982).

their teeming loins are rich in magic sparks,
and golden specks like infinitesimal sand
glisten in those enigmatic eyes.

If the poem now seems merely stupid or bizarre to veteran players of Dungeons & Dragons, it is incomprehensible to someone who has no prior familiarity with a displacer beast. But we can also make the poem comical by replacing cats with a known animal whose familiar features do not seem to fit those of the poem:

Dozing, all moose assume the svelte design
of desert sphinxes sprawled in solitude,
apparently transfixed by endless dreams;

their teeming loins are rich in magic sparks,
and golden specks like infinitesimal sand
glisten in those enigmatic eyes.

This fails, both because moose seem so out of place in *Les Fleurs du mal* and because we cannot bring ourselves to picture moose as svelte sphinxes transfixed by endless dreams. While this point does signal that a minimal amount of truth about cats is necessary to make the poem work, it is worth noting that Badiou's theory cannot handle the obviously metaphorical aspects of the poem. To say that the "teeming loins [of cats] are rich in magic sparks" is hardly an invariant proposition about all cats. Instead, it is true only of the cat described in this particular poem, or (arguably) of cats in the whole of Baudelaire's written corpus. In other words, the poem is creating a specific cat, not describing a universal one. But even the specific cat created by Baudelaire is not a bundle of definite statements, since one can vary the poem to some extent without fundamentally changing it. Watch the second stanza here:

Dozing, all cats assume the svelte design
of desert sphinxes sprawled in solitude,
apparently transfixed by endless dreams;

their teeming fur is rich in magic charge,
and purple specks like infinitesimal lilies
glisten in those enigmatic eyes.

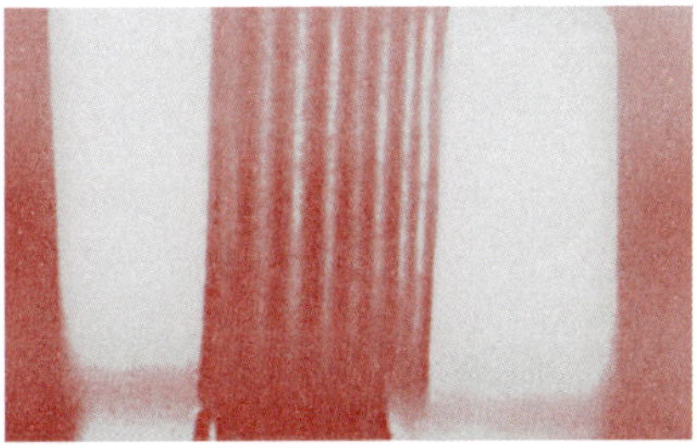

Here the loins are replaced by fur, the sparks with charge, the golden with purple, and the sand with lilies, without any significant change in the poem. There is still an “invariant” behind these changes : that of a sphinx-like cat who dreams, filled with electricity and carrying deep meaning in its eyes. Which is not to say that we are unable to ruin the invariants. The following is perhaps a different poem from the original altogether :

> Dozing, all cats assume the thirsty design
> of desert camels sprawled in solitude,
> apparently transfixed by endless needs ;
>
> their teeming brains are rich in dark regrets,
> and empty specks like infinitesimal worries
> glisten in those despondent eyes.

These cats are no longer “statuesque, sphinxine, and electric,” but lifeless sad sacks whose neediness repels us. That such a poem about cats is possible suggests again that Badiou’s model is wrong. The only way he could escape this predicament is by claiming that this poem is a failure, and a failure precisely because it does not capture the invariant form of cats. Yet it is hard to see this poem as “wrong,” which is what Badiou’s theory would require. At most, we can say that the cat it depicts is distinctly un-Baudelairean, and thus a *different* cat from the one who appears in Baudelaire’s original poem. And neither is it too much to speak of specific cats as Baudelairean or un-Baudelairean. We can look briefly at some stanzas from other cat poems in *Les Fleurs du mal*. These come from the poem entitled “The Cat” :

> When my fingers freely caress
> your head and supple spine,
> and my hand thrills to the touch
> of your electric fur,
>
> my mistress comes to mind. Her gaze —
> cold and deep as yours,
> my pet — is like a stab of pain,
>
> and from head to heels
> a subtle scent, a dangerous perfume,
> rises from her brown flesh.

Is this cat as "statuesque, sphinxine, and electric" as the ones who dozed with golden specks in their eyes? I for one am convinced. Here is another passage, from "Cat," also in *Les Fleurs du mal*:

> And when my spellbound eyes at last
> relinquish worship of
> this cat they love to contemplate
> and look inside myself,
>
> I find to my astonishment
> like living opals there
> his fiery pupils, embers which
> observe me fixedly.

The electric fur is not gone (it is mentioned elsewhere in the poem), but more at stake here are the deep, burning eyes containing almost supernatural secrets. These are invariant features of Baudelairean cats, not of cats-in-themselves as Badiou's treatment of painted horses would suggest.

We can summarize as follows. Our sole point of agreement with Badiou is that the singularity of the art-object is not that of the empirical things of everyday life. But whereas Badiou thinks art consists in a de-individualizing move towards the eternal (he cites André Malraux in defense of this notion[23]), we are compelled to distinguish solely between two kinds of individuals: one of them the familiar empirical individual (any arbitrary cat found on earth), and the other the individuality *produced* by an individual art-object (the individual cat of an individual poem or an individual style at work in multiple poems). Here we side firmly with Aristotle in holding that the primary substances are the real things, with the Platonic ideas (such as those of Badiou) being nothing but a secondary substance or abstraction. Art goes beyond empirical individuals by producing aesthetic individuals, not by teaching us about invariants that transcend all individuals.

23. Badiou, *Logics of Worlds*, *op. cit.*, 19.

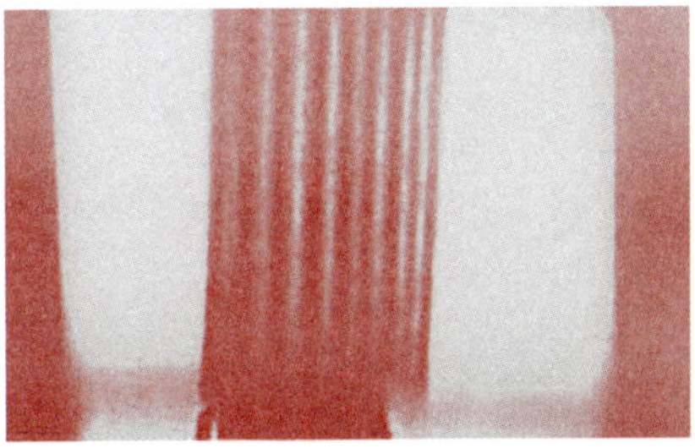

Graham Harman

Les chevaux de Badiou et les chats de Baudelaire

Le philosophe Alain Badiou doit une grande partie de sa renommée à deux ouvrages essentiels, publiés à près de deux décennies d'intervalle : *L'Être et l'événement* (1988) et *Logiques des mondes* (2006)[1]. Ces deux livres sont dominés par la notion d'événements comme sites de vérité. Occurrence relativement rare, l'événement vient briser le banal et la routine pour donner naissance à un « sujet » (qui n'est pas nécessairement une personne individuelle) demeurant fidèle à une vérité spécifique. Sans ces procédures de vérité, nous serions officiellement condamnés à ce que Badiou nomme le sinistre « matérialisme démocratique » de notre temps, qui ne reconnaît l'existence de rien d'autre que les corps et les langages[2]. Pour citer le philosophe, « il n'y a que des corps et des langages, sinon qu'il y a des vérités[3] ».

Sans qu'on l'ait remarqué, Bruno Latour a formulé des reproches similaires avec *Nous n'avons jamais été modernes*, ouvrage dans lequel il apparente le modernisme à une taxinomie distinguant deux sortes d'êtres : d'une part des corps physiques rigides, gouvernés par un déterminisme mécanique, et d'autre part la pensée humaine accompagnée de ses projections arbitraires que sont la culture et la valeur[4]. Malgré la similarité flagrante avec le couple corps/langages, on note deux différences de taille entre les diagnostics respectifs de Badiou et Latour. Tout d'abord, Badiou concède que sans une troisième catégorie, soit la vérité, il *n'y aurait vraiment* rien d'autre que des corps et des langages, tandis que Latour ne se fend pas d'une telle concession et replace immédiatement le dualisme corps/langages par un monisme d'*acteurs*. Les entités sont uniquement définies par ce qu'elles modifient, transforment, perturbent ou créent[5] », et non pas en déterminant si elles appartiennent à la sphère humaine ou non humaine. Ensuite, Latour n'établit pas une catégorie de « vérités » permettant d'établir un contact direct avec une réalité située au-delà des réseaux turbulents formés par les acteurs. Pour le formuler différemment, il existe deux raisons pour lesquelles les positions de Latour divergent de la formule de Badiou : (1) Chez Latour, il n'y a pas uniquement des corps et des langages : ces deux éléments intègrent la catégorie plus vaste des acteurs. (2) Latour ne reconnaît pas l'existence d'une « vérité » au-delà des différents réseaux d'acteurs mais conçoit celle-ci comme le produit d'un réseau bien construit, et non comme une exception à cela. Il convient de faire état de ces différences dans la mesure où Badiou et Latour semblent en passe de devenir les chefs de file de deux écoles de pensée émergentes et adverses : d'un côté les rationalistes, adeptes de Badiou (dont fait partie Quentin Meillassoux), pour qui on accède au monde réel par une voie privilégiée. De l'autre, les antirationalistes (dont je fais partie), que l'on peut décrire comme les amis de la vérité, mais encore

1. Alain Badiou, *L'Être et l'événement*, Paris, Seuil, 1988 ; *Logiques des mondes*, Paris, Seuil, 2006.
2. Alain Badiou, *Logiques des mondes*, *op. cit.*, p. 9.
3. Alain Badiou, *Ibid.*, p. 12.
4. Bruno Latour, *Nous n'avons jamais été modernes, essai d'anthropologie symétrique*, Paris, La Découverte, 1991.
5. Bruno Latour, *L'Espoir de Pandore—pour une version réaliste de l'activité scientifique*, traduit de l'anglais par Didier Gille, Paris, La Découverte, 2001, p. 127.

davantage comme les amis de la réalité : une *réalité* trop réelle pour se dévoiler directement sous la forme d'une vérité.

1. Les chevaux de Badiou

Pour Badiou, les vérités surviennent au sein de quatre domaines distincts, qu'il affirme avoir établis en s'inspirant d'une longue tradition, sans pour autant convaincre lorsqu'il tente de justifier leur nombre : la science, l'amour, la politique et l'art. Dans *Logiques des mondes*, il inclut également les mathématiques dans la rubrique des événements scientifiques, et ses exemples sont en effet principalement tirés de cette discipline. Toute sa démarche s'inspire explicitement de Platon : « À partir d'une situation quelconque, on pointe, sous le nom progressivement clair d'Idée, qu'il y a précisément autre chose que des corps et des langages. Car l'Idée n'est pas un corps au sens du donné immédiat [...], ni non plus un langage ou un nom[6]. » Platon est le seul qui puisse nous sauver du matérialisme démocratique, comme le démontre la répugnance de Badiou à l'endroit de toute forme d'historicisme. Les événements historiques révèlent selon lui un certain *invariant* qui se reproduit dans les situations les plus diverses. Décrivons brièvement les exemples qu'il emploie pour illustrer ces vérités transhistoriques dans le domaine des sciences, de l'amour et de la politique, avant de nous tourner vers le sujet qui nous intéresse plus précisément ici : sa théorie de l'art.

En guise d'exemple d'un événement scientifique, Badiou puise dans les mathématiques, une solution facile dans le sens où elles se prêtent plus librement à des vérités invariantes qu'une science comme la physique, qui tend souvent à invalider des théories antérieures, jusque-là tenues pour irréfutables. S'il existe une quantité virtuellement infinie de nombres premiers, les Grecs de l'Antiquité qui découvrirent cette vérité n'avaient cependant aucune conception moderne de l'infinité à leur disposition ; ils formulaient donc ce constat en termes de séquences sans fin plutôt que d'infinités. Ici, comme de coutume, Badiou a pour ambition de pourfendre la bête historiciste :

> Il y a, on le voit, de quoi soutenir que le relativisme anthropologique doit s'étendre à la prétendue vérité absolue des mathématiques. Comme il n'y a que des langages [pour le relativiste], on affirmera que « nombres premiers » n'a finalement pas le même sens dans le langage grec d'Euclide que dans le nôtre, puisqu'un Grec ne pourrait pas même comprendre ce qui est dit en langage moderne[7].

Pour parvenir à ses fins, Badiou désigne un invariant propre aux nombres premiers davantage enraciné que la conception moderne d'infinité. « Le point clef

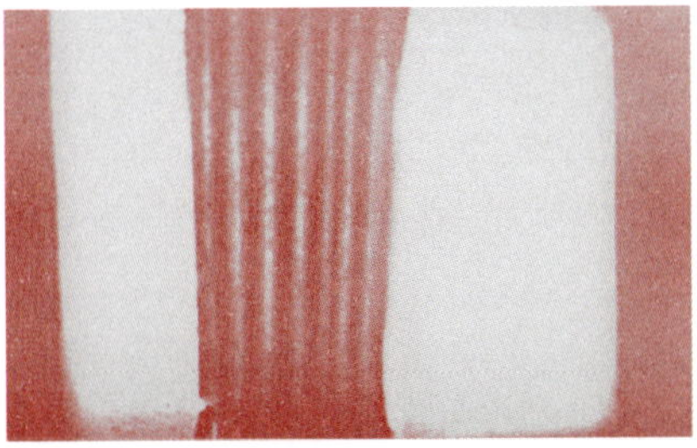

6. Alain Badiou, *Logiques des mondes*, *op. cit.*, p. 17.
7. *Ibid.*, p. 20.

est que la vérité sous-jacente à l'infinité des nombres premiers n'est pas tant cette infinité elle-même que ce qui s'y déchiffre quant à la structure des nombres : soit qu'ils sont tous composés de nombres premiers, lesquels sont les constituants “atomiques” – indécomposables – de la numéricité[8]. » L'historicisme apparent des nombres premiers n'est donc qu'un leurre, étant donné qu'une « vérité éternelle est enveloppée dans des contextes langagiers et conceptuels différents », ou des « mondes » différents[9]. De plus, « un sujet du même type se trouve impliqué dans la procédure démonstrative [aussi bien antique que moderne][10] ». Si la race humaine venait à s'éteindre ou sombrait dans une nouvelle ère de barbarie et d'ignorance, la découverte des nombres premiers pourrait à nouveau survenir au sein d'un régime futur, humain ou autre.

Dans le domaine de l'amour, Badiou invoque l'événement invariant du couple amoureux et non social. Il reproche au matérialisme démocratique des corps et des langages de « [s'appuyer] constamment sur le relativisme historique, [de contester] l'universalité de l'amour, [et de renvoyer] la forme des relations sexuées à des configurations culturelles entièrement distinctes[11] ». Dans ce domaine, Badiou se dévoile à la fois comme un libertin et un conservateur. Tout d'abord, il dédaigne la vie conjugale et matrimoniale, étant donné que l'amour fait partie des vérités dont on accepte invariablement les conséquences, quoi qu'il advienne. S'il n'est pas le plus développé, l'exemple de l'amour de Tristan et Iseult demeure l'un des plus emblématiques de la démonstration du philosophe. Si vous tombez amoureux de l'épouse du roi, vous devez accepter les conséquences de cet amour sans tenir compte de ses retombées sociales considérables, car l'amour est une forme de vérité. Mais si l'on adopte un autre point de vue, Badiou, par son mépris de la prétendue révolution sexuelle des années 1960, se rapproche d'un conservateur fidèle à l'*establishment*. La liberté d'exprimer sa propre sexualité, notion si centrale dans les idéologies progressistes de ces dernières décennies, est perçue par Badiou comme une forme de matérialisme démocratique parmi tant d'autres, une excitation et une flatterie corporelles qui n'expriment pas la moindre vérité plus profonde. Portez maintenant votre attention sur les guillemets que Badiou emploie lorsqu'il évoque les frustrations sexuelles de *Lysistrata* afin de prouver, en réplique à l'historicisme, que les Grecs de l'Antiquité se souciaient aussi des femmes : « [...] une lecture, même distraite, des effets subjectifs foudroyants sur les mâles de la grève sexuelle des épouses, imaginée par Aristophane dans *Lysistrata* ou l'*Assemblée des femmes*, permet aussitôt de conclure – s'il en était besoin ! – à l'universalité du désir et du plaisir dits “hétérosexuels”[12]. » Les guillemets qui enserrent ce dernier mot ne sauraient cacher le fait que Badiou le prend ici au pied de la lettre, et soutient, dans une posture radicalement opposée aux idées progressistes de notre temps, que l'amour est fondamentalement hété-

8. *Ibid.*, p. 21.
9. *Ibid.*, p. 21.
10. *Ibid.*, p. 21.
11. *Ibid.*, p. 37.
12. *Ibid.*, p. 37.

rosexuel. Les homosexuels pratiquants ne sont-ils donc eux aussi que de simples matérialistes démocratiques, trop captivés par le corps et ses plaisirs pour devenir des sujets de vérité dans la vie amoureuse ? C'est ce que Badiou semble affirmer.

Dans le domaine politique, il n'est pas étonnant de voir Badiou endosser « l'invariant communiste ». Il compare deux traités politiques, qui proviennent tous deux de Chine, quoique séparés par deux millénaires ; la *Dispute sur le sel et le fer*, qui date de 81 av. J.-C., et les réflexions de Mao sur les erreurs de Staline, de 1975 apr. J.-C. Malgré le fossé historique qui les sépare, Badiou analyse ces deux textes en tant que documents concernés par le même invariant. Là où les confucéens (dans l'Antiquité) et Staline (dans les années 1950) trahissent un certain conservatisme dans leur refus d'accorder une confiance aveugle à la paysannerie, les légistes et le président Mao vilipendent la méfiance de leurs rivaux respectifs. Bien sûr, ce que Badiou estime plus que tout en politique est « la volonté radicale d'une émancipation de l'humanité tout entière[13] », par opposition aux calculs et aux compromis pragmatiques. Il en tire quatre déterminations politiques fondamentales : « [...] la volonté (contre la nécessité économico-sociale), l'égalité (contre les hiérarchies établies, de pouvoir ou de richesse), la confiance (contre la suspicion anti-populaire ou la peur des masses), l'autorité ou la terreur (contre le libre jeu "naturel" des concurrences). Tel est le noyau générique d'une vérité politique de ce type[14] ». Parmi les héros de cette volonté politique, Badiou cite Robespierre, Lénine et Mao – âmes sensibles s'abstenir.

Nous avons tenté de démontrer que chacune de ces procédures de vérité porte sa propre part de controverse. En amour comme en politique, l'embarras que suscite l'événement badiouien naît principalement des jugements de valeur du philosophe. Sa théorie de l'amour engage une critique du mariage conventionnel, de la libération sexuelle et de l'homosexualité. Les grands gagnants sont les hétérosexuels passionnés qui rejettent tous leurs engagements dès qu'ils tombent amoureux. Sa théorie politique dérange comme le ferait d'ordinaire l'extrême gauche : libéraux comme conservateurs ne souhaitent pas une émancipation humaine absolue ; il faut donc les soumettre à un régime de terreur exercé par une autorité révolutionnaire. En résumé, ces deux théories mettent principalement en danger les conservateurs avisés craignant que l'amour sans entrave ou la révolution ébranle la précieuse architecture de l'ordre établi.

A contrario, le principal problème posé par l'exemple d'un événement « scientifique » tient à ce que Badiou a recours au cas relativement simple des nombres premiers, concept que l'on peut facilement apparenter à un invariant historique. Mais nous n'avons pas l'occasion de voir comment Badiou procéderait pour dégager un « invariant » d'un cas de figure plus complexe tel que le remplacement de la loi de la gravitation de Newton par la théorie de la relativité

13. *Ibid.*, p. 36.
14. *Ibid.*, p. 36.

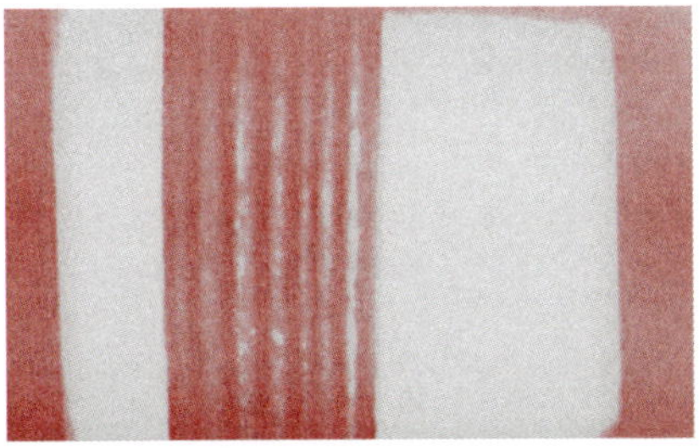

générale d'Einstein. Badiou favoriserait-il une théorie « structurelle-réaliste » pour illustrer les changements théoriques dans le domaine des sciences, pour dégager un invariant mathématique demeurant stable et fondamental tandis que la théorie de Newton cède la place à celle d'Einstein ? Je serais tenté de répondre par l'affirmative. Cependant rien n'est moins sûr, étant donné que Badiou préfère à cet exemple le cas moins problématique d'une découverte mathématique imprescriptible, dont les révolutions (à la différence de celles des sciences) tendent à s'inscrire dans le prolongement des théories antérieures plutôt qu'à les renverser.

Le problème posé par cette théorie des événements artistiques s'avère quelque peu différent. Badiou est-il seulement capable de saisir les enjeux de l'art ? À mon sens, sa théorie de l'art se révèle par trop platonicienne pour être pertinente. Non pas parce que Badiou se fait l'écho d'un Platon soupçonnant l'art de n'être qu'une fabrication d'images, bien au contraire : l'une des approches les plus admirables de Badiou tient même dans son renversement de la théorie platonicienne : « C'est ce que Platon feint de ne pas voir : l'image, ici, est le contraire de l'ombre. Elle atteste l'Idée dans l'invariance variée de son signe pictural. Elle est, non pas du tout la descente de l'Idée dans le sensible, mais la création sensible de l'Idée[15]. » Il poursuit : « "Ceci est un cheval", voilà ce que dit le Maître de la grotte de Chauvet. Et comme il le dit en dehors de toute visibilité d'un cheval vivant, il *avère* le cheval comme ce qui existe éternellement pour la pensée[16]. »

Dans l'ouvrage de Badiou, les peintures rupestres de la grotte de Chauvet apparaissent au gré d'une comparaison perspicace avec les peintures de chevaux réalisées par Picasso. À la différence des célèbres peintures de Lascaux, il est impossible que les peintures de Chauvet, découvertes par des spéléologues en 1994, aient influencé Picasso, mort en 1973. Une fois encore, Badiou perçoit un « invariant » dans les chevaux du Maître inconnu de Chauvet et dans ceux de l'illustre Picasso. Avec un style nébuleux digne d'un catalogue d'exposition, Badiou décrit les toiles de Picasso :

> [...] Picasso instrumente la « naïveté » primitive – y compris les modèles préhistoriques – pour faire du cheval le signe d'une puissance cabrée décorative, quasiment arrachée à son évidence vitale. De là la combinaison contradictoire entre les têtes levées des bêtes, qui semblent chercher un secours céleste, et la puissance systématiquement alourdie de leurs croupes ou de leurs sabots. Ce sont comme d'angéliques percherons. Et ils répondent, dans leur « cabrure » aussi lente que violente, à une sorte d'appel désespéré[17].

15. *Ibid.*, p. 27.
16. *Ibid.*, p. 27.
17. *Ibid.*, p. 25.

Badiou réserve aux chevaux de Chauvet un traitement quelque peu différent :

> Les chevaux de l'atelier-Chauvet sont au contraire des icônes de la soumission. Images de chasseurs, sans doute : tous les chevaux baissent la tête, comme s'ils étaient captifs, et du coup, ce qui s'impose au regard, c'est leur vaste front, juste en dessous de la crinière. [...] On les dirait rangées selon une hiérarchie mystérieuse, qui est celle de la taille – les têtes diminuent de la gauche vers la droite – mais aussi du coloris (du clair vers le noir), et surtout du regard : on va d'une sorte de stupeur endormie vers l'intensité fixe du plus petit. Et c'est bien cette allure exposée, soumise, intensément visible ; qui est l'essentiel, et non pas, comme chez Picasso, les gestes qui racontent l'histoire d'un conflit ou d'un appel [18].

Il peut sembler tout à fait possible de lier ces deux ensembles de chevaux à la même histoire au vu du fossé qui sépare les tribus de Chauvet, blotties dans leur grotte en des temps de pénurie, et Picasso, artiste millionnaire et célébré d'un XXe siècle électrifié. Badiou perçoit néanmoins un invariant dans la forme même du cheval :

> Supposons que vous ayez aux animaux un rapport de pensée qui en fait des composantes stables du monde considéré : il y a le cheval, le rhinocéros, le lion... Et supposons que la diversité empirique et vitale des individus vivants soit subordonnée à cette stabilité. Alors l'animal est un paradigme intelligible, et sa représentation est la marque la plus claire qui soit de ce que c'est qu'une Idée. Car l'animal comme type (ou comme nom) est une découpe claire dans l'informe continuité de l'expérience sensible. Il combine une unité organique flagrante avec, justement, le caractère toujours reconnaissable de sa forme spécifique [19].

À l'instar de ses homologues décrites plus haut, la théorie de l'art de Badiou, est guidée par un duel permanent entre la diversité empirique des individus et le paradigme intelligible de l'idée. Ce duel offre un parallèle parfaitement symétrique à sa théorie opposant les situations et les événements, les premières ne représentant rien de plus que des changements mineurs et une gouvernance bourgeoise et médiocre. Badiou emploie également un troisième terme, celui de l'*apparence* de vérité dans un monde donné – terme sur lequel repose en effet le sujet même de *Logiques des mondes*. Si le Christ est l'incarnation de Dieu sous forme humaine, les chevaux de Badiou sont donc l'incarnation picturale

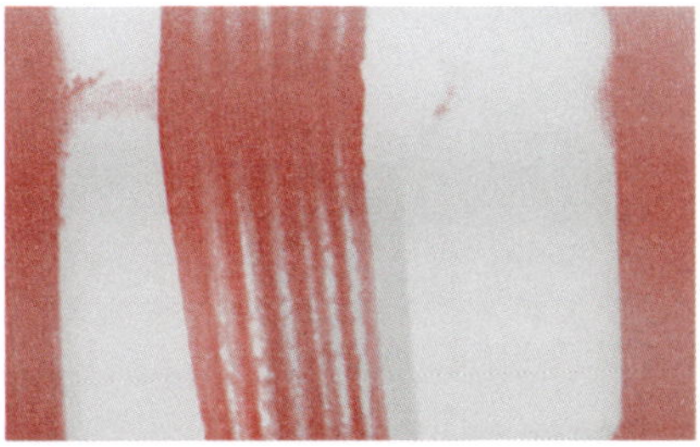

18. *Ibid.*, p. 25-26.
19. *Ibid.*, p. 27.

d'une idée, et toutes les peintures de chevaux participent de la même idée de la caballéité.

En cela, cependant, les implications du platonisme de Badiou semblent plus vastes qu'il ne l'imagine. Non content de s'attaquer à un historicisme qui relativiserait les conditions historiques de différentes périodes artistiques, il brouille également la distinction entre des peintres de la même époque qui ont tous deux peint des chevaux (tels que Picasso et son ami et rival plus âgé, Matisse), voire entre deux chevaux réalisés par Picasso lui-même. Dans sa prose complexe, Badiou l'historien de l'art conclut que derrière toutes ces variations se cache une forme invariante de la caballéité. Curieuse théorie, en ce qu'elle suggère que l'art a une vocation pédagogique, censée nous dispenser un enseignement sur les chevaux en tant que type biologique. Chaque œuvre d'art (réussie) contient une forme universelle, et les différents chevaux que l'on rencontre au fil de l'histoire de l'art n'acquièrent leur diversité qu'à travers leur immersion dans les différents mondes empiriques de peintres issus de différentes périodes. L'individualité est toujours empirique, de sorte que nous ne pouvons échapper à l'empirique sans abandonner les chevaux individuels au profit d'une forme chevaline unique, commune à toutes les œuvres d'art ayant évoqué cet animal.

Mais posons-nous en Aristote face au Platon de Badiou, et penchons-nous sur les œuvres non pas en tant que formes transhistoriques, mais en tant qu'instances individuelles[20]. Contrairement aux individus historiques et empiriques dédaignés par Badiou, celles-ci formeront des entités plus profondes que tout contact empirique envisageable avec eux. Afin d'envisager cette possibilité, détournons-nous momentanément des chevaux pour considérer les chats des poèmes de Baudelaire par opposition à ceux de son successeur et quasi contemporain, Paul Verlaine.

2. Les chats de Baudelaire

Dans les *Poèmes saturniens*, premier recueil de poèmes de Verlaine paru en 1866 (soit moins de dix ans après *Les Fleurs mal* de Baudelaire, publié en 1857), figure un poème intitulé « Femme et chat ». En voici la première strophe :

> Elle jouait avec sa chatte ;
> Et c'était merveille de voir,
> La main blanche et la blanche patte
> S'ébattre dans l'ombre du soir.

Si ses traductions de poèmes français ont leurs détracteurs (dont je ne fais pas partie), la restitution de cette strophe en anglais par C.F. MacIntyre est fabuleuse :

20. Le professeur Bill Martin, de la DePaul University fut le premier à comparer ma philosophie à une version aristotélicienne de Badiou, à la suite d'une conférence que j'ai donnée à DePaul le 11 janvier 2013. Bien qu'erronée sur le plan biographique (Badiou ne figure pas parmi mes influences principales), cette analogie s'avère néanmoins utile à certains égards.

She was playing with her cat,
and it was marvelous to see
white hand and white paw, pitty-pat,
spar in the evening sportively [21].

On ne trouve aucune trace du « *pitty-pat* » (« à petits pas ») de MacIntyre dans le poème original, choix qui s'avère cependant judicieux, au point même d'instaurer une drôlerie plus verlainienne encore que dans le français. Cela suggère que le style d'un auteur peut se manifester au lecteur alors même que le poème original échoue à le saisir à la perfection, et que le traducteur peut parfois surpasser l'auteur. De plus, MacIntyre remplace le « s'ébattre » de Verlaine par « *spar sportively* » (« attaque avec entrain »), aux connotations plus belliqueuses, tout en conservant les rimes du deuxième et du quatrième vers et en élidant des syllabes supplémentaires, ce qui le pousse à tronquer « dans l'ombre du soir » et à le remplacer par « *in the evening* » (« le soir venu »). Les traducteurs doivent constamment opérer ce genre de négociations, tout particulièrement en poésie, où la brièveté des vers limite le nombre de mots.

Un commentaire rédigé par MacIntyre et figurant dans les notes de fin du recueil nous intéresse encore davantage : « On remarque que là où les chats de Baudelaire rappellent des statues et des sphinx parcourus d'électricité, l'animal de Verlaine est une figure plus joueuse et diabolique [...] [22]. » Nous voilà donc face à deux types de chats : le chat verlainien et le chat baudelairien ; tous deux semblent apparaître dans un grand nombre de poèmes différents. Ce seul constat s'avère non négligeable, car il nous permet de contester la conception platonicienne de l'art de Badiou, au gré de laquelle des invariants historiques voient par exemple les chevaux de Picasso et ceux des troglodytes de la préhistoire véhiculer une expression pérenne de la caballéité. Après avoir envisagé un extrait d'un des poèmes de chats de Verlaine, tournons-nous brièvement sur deux strophes de « Chats », poème tiré des *Fleurs du mal* :

Ils prennent en songeant les nobles attitudes
Des grands sphinx allongés au fond des solitudes,
Qui semblent s'endormir dans un rêve sans fin ;

Leurs reins féconds sont pleins d'étincelles magiques,
Et des parcelles d'or, ainsi qu'un sable fin,
Étoilent vaguement leurs prunelles mystiques.

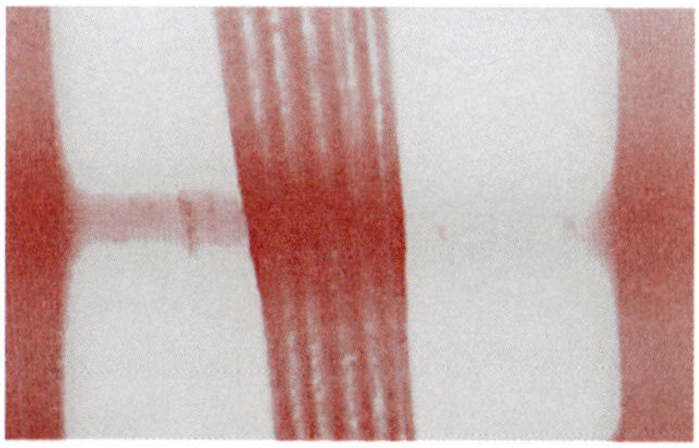

21. Paul Verlaine, *Selected Poems*, traduit du français par C.F. MacIntyre, Berkeley, CA., University of California Press, 1948.
22. *Ibid.*, p. 205.

Traduction anglaise de Richard Howard :

> Dozing, all cats assume the svelte design
> of desert sphinxes sprawled in solitude,
> apparently transfixed by endless dreams ;
>
> their teeming loins are rich in magic sparks,
> and golden specks like infinitesimal sand
> glisten in those enigmatic eyes[23].

La version d'Howard laisse à penser que les chats de Baudelaire adhèrent bel et bien au concept de vérité universelle cher à Badiou : « Tous les chats (*all cats*) prennent les nobles attitudes des grands sphinx allongés au fond des solitudes. » Mais le poème original emploie le seul pronom « ils », qui ne renvoie pas explicitement à un nombre de chats précis. S'il y a un « invariant » ici, celui-ci ne provient pas de Baudelaire nous affirmant « ceci est un chat », à la manière d'un Badiou soutenant sans convaincre que le peintre de Chauvet nous dit « ceci est un cheval ». Au mieux, nous pourrions dire de Baudelaire qu'il s'inspire de notre lien de familiarité avec les chats pour se permettre de laisser certains éléments en suspens. Imaginons le résultat d'une substitution vulgaire, et remplaçons le chat par un monstre tiré du jeu *Donjons et dragons*, une créature moins universellement connue :

> Tous les cœurls prennent en songeant les nobles attitudes
> Des grands sphinx allongés au fond des solitudes,
> Qui semblent s'endormir dans un rêve sans fin ;
>
> Leurs reins féconds sont pleins d'étincelles magiques,
> Et des parcelles d'or, ainsi qu'un sable fin,
> Étoilent vaguement leurs prunelles mystiques.

Si ce poème semble désormais tout bonnement idiot, ou à la rigueur curieux pour des joueurs chevronnés de Donjons et Dragons, il s'avère incompréhensible pour quiconque ignore ce qu'est un cœurl. Nous pourrions également produire un effet comique en remplaçant les chats par un animal connu dont les caractéristiques ne correspondent pas à celles décrites par le poème :

> Tous les élans prennent en songeant les nobles attitudes
> Des grands sphinx allongés au fond des solitudes,
> Qui semblent s'endormir dans un rêve sans fin ;

23. Charles Baudelaire, *Les Fleurs du mal*, traduit du français par Richard Howard, Boston, David R. Godine, 1982.

Leurs reins féconds sont pleins d'étincelles magiques,
Et des parcelles d'or, ainsi qu'un sable fin,
Étoilent vaguement leurs prunelles mystiques.

Le résultat est un échec, à la fois parce que la présence d'un élan dans le bestiaire des *Fleurs du mal* est une anomalie et parce qu'il nous est impossible de rapprocher cet animal à un sphinx endormi dans un rêve sans fin. Si ce constat signale que le poème doit transmettre un tant soit peu de vérité sur les chats pour fonctionner, il convient toutefois de remarquer que la théorie de Badiou n'a aucune prise sur les aspects expressément métaphoriques du poème. Affirmer que les « reins féconds [des chats] sont pleins d'étincelles magiques » est loin de constituer une proposition invariante propre à tous les chats ; elle n'est vraie que pour le chat décrit dans ce poème spécifique ou (sans doute) pour les chats de toute l'œuvre écrite de Baudelaire. En d'autres termes, plutôt que de décrire un chat universel, le poème façonne un chat spécifique. Cependant, le chat spécifique créé par Baudelaire n'est pas non plus constitué d'affirmations définies, étant donné qu'on décèle des variations relatives d'un poème à l'autre sans toutefois relever de transformations fondamentales. Observons la deuxième strophe :

Ils prennent en songeant les nobles attitudes
Des grands sphinx allongés au fond des solitudes,
Qui semblent s'endormir dans un rêve sans fin ;

Leur fourrure féconde est pleine d'une aura magique,
Et des parcelles pourpres, ainsi qu'un lys fin,
Étoilent vaguement leurs prunelles mystiques.

Ici, les reins laissent place à de la fourrure, les étincelles à une aura, la couleur dorée au pourpre. Un « invariant » demeure cependant en dépit de toutes ces modifications : celui d'un chat-sphinx qui rêve, parcouru d'électricité, dont le regard cache une signification profonde. Nous ne sommes pas pour autant incapables de saboter les invariants. La transformation suivante peut s'envisager comme un tout autre poème que l'original :

Ils prennent en songeant les attitudes assoiffées
Des grands chameaux allongés au fond des solitudes,
Qui semblent s'endormir dans des requêtes sans fin ;

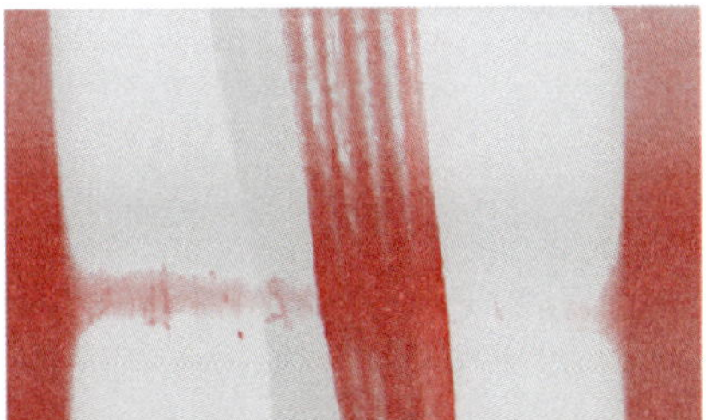

Leurs esprits féconds sont pleins de sombres regrets,
Et des parcelles vides, ainsi qu'un souci fin,
Étoilent vaguement leurs prunelles abattues.

Ces chats n'ont plus rien de statues et de sphinx électriques, mais s'apparentent désormais à de tristes engeances amorphes dont la dépendance nous répugne. Qu'un tel poème au sujet des chats puisse exister suggère à nouveau que le modèle de Badiou est erroné. La seule parade à ce problème consiste à soutenir que ce poème échoue dans son objectif, précisément parce qu'il ne parvient pas à saisir la forme invariante des chats. Et pourtant, on peut difficilement parler d'un « échec », condition nécessaire pour valider la théorie de Badiou. Nous pourrions tout au mieux avancer que le chat dans ce poème est manifestement non baudelairien, et qu'il s'agit par conséquent d'un *chat différent* de celui qui apparaît dans le poème original. Il n'est pas plus exagéré de parler de chats spécifiques en ce qu'ils se rapprochent ou s'éloignent du modèle baudelairien. Examinons brièvement quelques strophes d'un autre poème dédié au même thème, toujours tiré des *Fleurs du mal*, et intitulé « Le Chat » :

Lorsque mes doigts caressent à loisir
Ta tête et ton dos élastique,
Et que ma main s'enivre du plaisir
De palper ton corps électrique,

Je vois ma femme en esprit. Son regard,
Comme le tien, aimable bête,
Profond et froid, coupe et fend comme un dard,

Et, des pieds jusqu'à la tête,
Un air subtil, un dangereux parfum,
Nagent autour de son corps brun.

Ce chat est-il aussi sculptural, sphingien et électrique que ses congénères aux yeux parcellés d'or ? J'en suis convaincu. Voici un autre passage des *Fleurs du mal*, tiré du poème « Chat » :

Quand mes yeux vers ce chat que j'aime
Tirés comme par un aimant,
Se retournent docilement
Et que je regarde en moi-même,

Je vois avec étonnement
Le feu de ses prunelles pâles,
Clairs fanaux, vivantes opales,
Qui me contemplent fixement.

La fourrure électrique n'a pas disparu (elle est mentionnée ailleurs dans le poème), mais ces yeux profonds, brûlants, qui renferment des secrets quasi surnaturels, constituent l'enjeu plus immédiat. Il s'agit de traits invariants des chats baudelairiens, et non pas, comme le suggère la description des peintures de chevaux par Badiou, des chats en tant que tels.

En définitive, notre unique point d'accord avec Badiou touche à la singularité de l'objet d'art en ce qu'elle diffère de la singularité des aspects empiriques de la vie quotidienne. Mais là où Badiou estime que l'art consiste en une manœuvre universaliste tournée vers l'éternel (il cite André Malraux pour appuyer cet argument[24]), nous sommes contraints à ne distinguer que deux sortes d'individus : l'individu empirique familier (n'importe quel chat de ce monde), et l'individualité *produite* par un objet d'art individuel (le chat individuel d'un poème individuel, ou un style individuel identifiable dans plusieurs poèmes). Ici, nous campons fermement sur nos positions aux côtés d'Aristote, et considérons les substances premières comme étant les choses réelles, tandis que les idées platoniciennes (à l'instar de celles de Badiou) sont reléguées au rang de substance ou d'abstraction secondaires. C'est en produisant des individus esthétiques que l'art dépasse les individus empiriques, et non pas en nous enseignant des invariants qui transcendent tous les individus.

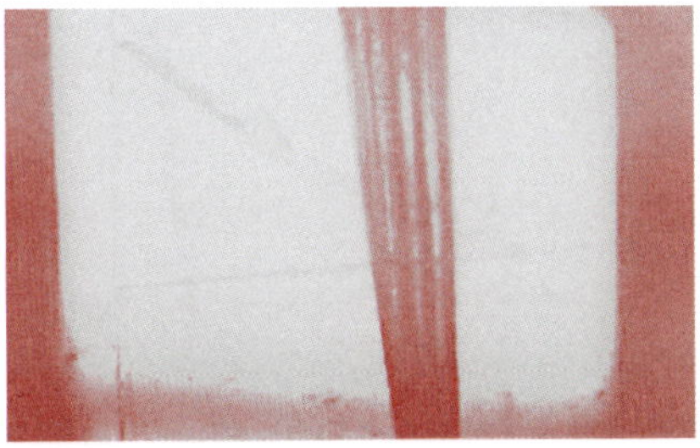

24. Alain Badiou, *Logiques des mondes*, *op. cit.*, p. 28.

Caroline Picard

Caroline Picard is a Chicago-based artist, writer, and curator who founded The Green Lantern Press, a slow-media paperback publishing house in 2005. Recent short stories, essays, and comics can be seen, or are forthcoming, in Paper Monument, Rattapallax, The Coming Envelope, MAKE Magazine, *and* Diner Journal*; other books include* Psycho Dream Factory *(Holon Press, 2011) and* The Chronicles of Fortune *(Radiator Comics, 2015).*

Caroline Picard est une artiste, auteure et curatrice basée à Chicago, fondatrice en 2005 de Green Lantern Press, structure éditoriale slow media. *Ses nouvelles, essais et bandes dessinées récents et à paraître figurent dans* Paper Monument, Rattapallax, The Coming Envelope, MAKE Magazine, *et* Diner Journal*; parmi ses autres ouvrages figurent* Psycho Dream Factory *(Holon Press, 2011) et* The Chronicles of Fortune *(Radiator Comics, 2015).*

Translated by
Traduit par

Sophian Bourire
Jean-François Caro

Caroline Picard

Curatorial Statement

The galaxy we inhabit is comprised of a furious multitude of colliding, irregular and uncoordinated parts. Its constituents exist simultaneously over a vast range of scales, and conditions, each with its own set of proclivities. Some bodies are plastic, others vegetal, atomic, muscular, or planetary. Each occupies its own temporal cycle : mushrooms live as little as a day, while dogs achieve adolescence after two years ; stars, meanwhile, the far extreme, can take several billion before they even begin to die. Within that teeming multiplicity, humanity has struggled to establish and maintain a sense of order, patrolling categories of plant, animal, and human in a hierarchical anecdote for progress. According to that hierarchy, living things are privileged over non-living materials and Nature has emerged as a Romantic ideal — an advertisement for the sublime, far away from the industrial undertow of human culture and capital production. In *The Ecological Thought* (Harvard University Press, 2010), Timothy Morton critiques such strident differentiation, emphasizing instead the constant flux of our environmental assemblage, wherein humankind's participation is as significant as any other species, living or inert. According to Morton, "Nature" as a remote, over yonder, nonhuman

Note d'intention

Notre galaxie est composée d'une incroyable multitude de collisions, de zones irrégulières et discordantes. Ses composants existent simultanément sur une vaste gamme d'échelles et de conditions, chacune avec son propre lot de propensions. Certains corps sont plastiques, d'autres végétaux, atomiques, musculaires ou planétaires. Chacun occupe son propre cycle temporel : les champignons peuvent ne vivre qu'un jour tandis que les chiens atteignent l'adolescence au bout de deux ans de vie ; à l'autre extrémité, les étoiles, elles, n'entrent dans une phase de disparition qu'après plusieurs milliards d'années. Dans cette multiplicité tumultueuse, l'humanité lutte pour instaurer et maintenir un certain ordre, classifiant les plantes, les animaux et les êtres humains pour établir une histoire hiérarchique et avancer. Dans cette hiérarchie, les êtres vivants sont avantagés par rapport aux matières inanimées et la Nature a émergé dans un idéal romantique, vitrine du sublime, loin des relents industriels de l'homme et de la logique de production capitaliste. Dans son ouvrage *The Ecological Thought* (Harvard University Press, 2010), Timothy Morton dénonce cette différentiation stridente et cherche plutôt à mettre l'accent sur le flux constant de notre assemblage environnemental, dans lequel la partici-

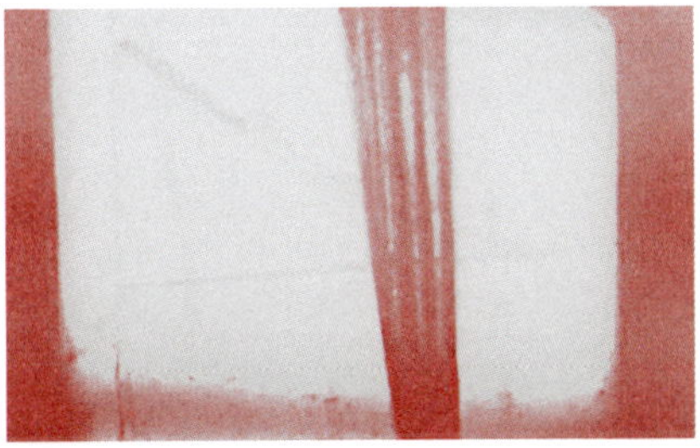

place, does not exist at all. Instead we occupy a network of interlocking, interdependent parts. Humankind is wholly integrated within that "mesh" and as such, the Romantic desire to commune with a landscape untouched by human influence is impossible. No such place exists anymore. In fact it never did. Still, there remains an inherited desire to find that pristine, unpopulated locale. That desire is a glitch. The tickle of a phantom limb. As tantalizing as the image of snowy Alps on a packet of Swiss chocolate, a desire forever unfulfilled but nonetheless maddening. Using a wide range of media, from performance, sculpture, photography, drawing, and video, the artists in *Ghost Nature* investigate the borders and bounds between human and nonhuman experience, undermining vernacular strategies of landscape representation through which those sites have historically been examined.

Robert Burnier's material would seem definitively unnatural, and yet as a residual trace of human production, it cannot be dismissed so quickly. Beginning with a flat, two-dimensional piece of aluminum, Burnier produces a three-dimensional object via a series of improvisational folds. Each fold adds new height and dynamism, while shrinking the square footage of its original footprint. When discussing his process, he describes it in Situationist

pation de l'homme est aussi signifiante que celle de n'importe quelle autre espèce, vivante ou inerte. Selon Timothy Morton, la « Nature » en tant que lieu isolé, reculé et non humain, n'existe pas. Nous occuperions plutôt un réseau de parties emboîtées, interdépendantes. L'espèce humaine est entièrement intégrée dans ce « maillage » ; le désir romantique de symbiose avec un paysage vierge de toute influence humaine est donc impossible. De tels espaces n'existent plus. Et il n'est pas certain qu'ils aient déjà existé. Pourtant, nous héritons encore d'un désir de trouver cet endroit pur et vierge. Et ce désir constitue un obstacle. Le fourmillement d'un membre fantôme. Aussi attrayant qu'une photo des Alpes sur une tablette de chocolat suisse, un désir à jamais inassouvi mais exaspérant. En s'appuyant sur un large éventail de médias, parmi lesquels la performance, la sculpture, la photographie, le dessin et la vidéo, les artistes de *Ghost Nature* investissent les frontières et les liens entre l'expérience humaine et non humaine, déjouant les stratégies de représentation du paysage à travers lesquelle s ces sites ont été historiquement analysés.

Le travail de Robert Burnier semblerait tout à fait non naturel et pourtant, en tant que trace résiduelle d'une production humaine, on ne saurait le rejeter si promptement. En partant d'une pièce d'aluminium plate à deux dimensions, Robert Burnier terms, as a dérivé taking place on/ with the surface of a malleable object, rather than the earth. The more Burnier works the surface, the more peculiarities emerge. He learns the emerging form as the piece generates depth, becoming a variant landscape on the wall.

Heidi Norton includes organic material in her work yet, like aluminum, these materials are harvested and refined via the material ingenuity of humans. Using an assortment of plants, glass, resin and paint, Norton creates half-living, semi-transparent picture planes. These reconfigured "landscapes" hover between literal and abstract representation. Often a plane of glass will sandwich bits and pieces of plant, like a microscopic slide, or a very clear wedge of amber. Sometimes the plant clippings die, sometimes they thrive, sometimes they mold. Though impossible to predict, resulting patterns of growth or withering participate directly in the final work's entire affect, an effect that changes over time.

Like Norton's wall piece, Irina Botea's film also explores vegetal potency. In *Picturesque*, Botea and her collaborators, Nicu Ilfoveanu and Toni Cartu, follow a retired tour guide through the Romanian landscape in search of the expert's "picturesque" ideal. As the camera follows his lamenting commentary through wild, abandoned passages of lush and billowing vegetation, his dis-

produit un objet en trois dimensions à travers une série de plis improvisés. Chaque pli ajoute un nouveau poids et un nouveau dynamisme, tout en rétrécissant la surface originale. Lorsqu'il décrit son processus, il le fait dans des termes situationnistes, comme un dérivé se produisant à la surface d'un objet malléable et avec elle, plutôt que de la Terre. Plus Robert Burnier travaille la surface, plus des particularités émergent. Il appréhende la forme émergente à mesure que la pièce génère de la profondeur, et la forme devient un paysage différent sur le mur.

Heidi Norton inclut des matières organiques dans ses travaux bien que, à l'instar de l'aluminium, l'ingéniosité humaine ait permis de récolter et raffiner ces matières. En utilisant un assortiment de plantes, de verre, de résine et de peinture, Heidi Norton crée des plans picturaux mi vivants et semi-transparents. Ces « paysages » reconfigurés balancent entre représentation littérale et abstraite. Souvent, on verra des morceaux de plantes ou un fragment d'ambre emprisonné sous du verre, comme des échantillons placés sous des lames pour une observation au microscope. Tantôt les morceaux de plantes meurent, tantôt ils poussent ou pourrissent. Bien qu'imprévisibles, les motifs obtenus, qu'ils aient poussé ou fané, contribuent directement à l'effet final qui se modifie avec le temps.

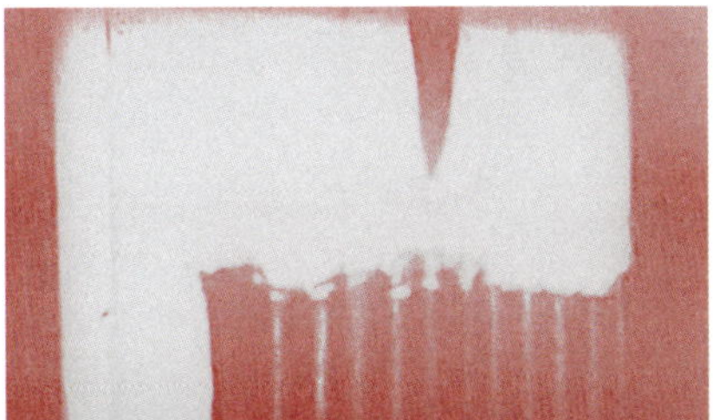

appointment becomes more palpable, illustrating the political nature of his antique ideal.

On a more intimate scale, Stephen Lapthisophon's root vegetables appear at rest, dormant and dead in the gallery space. As regular members of any household, they seem tame and banal. Over the course of the exhibit however, the vegetables change, shriveling in parts as they bloom in others with inborn, grotesque, and anarchic life. In *Taking Care*, Lapthisophon places parsnips, turnips, and potatoes in a bucket with a burlap sack of ice. Replenishing the ice in the sack is a human act intended to counteract the vegetables' instability.

There are tiny, invisible events happening around and within us all of the time. CERN—the most powerful High Energy Particle accelerator laboratory in the world is dedicated precisely to such miniscule events. While visiting the European laboratory, Jeremy Bolen photographed buildings surrounding the accelerator—run down modernist structures with angled faces and regimented windows. After bringing the film back to Illinois, he buried it at Plot M, a nuclear waste burial ground used by the University of Chicago during its early, nuclear research. When Bolen later returned to the site, he found the undeveloped role above ground, mysteriously unearthed. The resulting print

Tout comme le travail d'Heidi Norton, le film d'Irina Botea explore *la puissance* végétale. Dans *Picturesque*, Irina Botea et ses collaborateurs, Nicu Ilfoveanu et Toni Cartu, suivent une visite guidée de retraités à travers les paysages roumains en quête de l'idéal « pittoresque » de l'expert. À mesure que la caméra suit ses plaintes à travers des endroits sauvages et abandonnés où la végétation est superbe et luxuriante, sa déception devient plus palpable, illustrant la nature politique de son idéal antique.

À une échelle plus intime, les légumes racines de Stephen Lapthisophon semblent au repos, endormis, éteints dans l'espace de la galerie. À la manière d'un ménage, ils semblent dociles et banals. Cependant, au fil de l'exposition, ils se transforment, certains se décomposant en plusieurs morceaux, d'autres fleurissant de manière innée, grotesque et anarchique. Dans son projet intitulé *Taking Care*, Stephen Lapthisophon place des panais, des choux raves et des pommes de terre dans un sac en toile de jute rempli de glace. Replacer la glace dans le sac est un geste humain destiné à pallier l'instabilité des légumes.

Constamment, des événements infimes et invisibles se produisent autour de nous et parmi nous. Le CERN, le plus grand centre d'accélérateur de particules à haute énergie au monde, est précisément collapses not only the geographical locations of Illinois and Geneva, but also records different visible and invisible presences above and below ground. The vertical strip of three CERN structures is compromised by a parallel fade-line—a trace of invisible Plot M and CERN energy passing through the film : like a ghost passing through a wall, a trace of plasma left in its wake.

Abstract painter Carrie Gundersdorf toys with the limitation of human apprehension. Furthering her ongoing study of planetary bodies, she exhibits a large wall drawing, *Four Sections of Saturn's Rings* in the galleries' main rooms. At first glance the drawing looks like a color study — strips of pastel grays, yellows, pinks and blues lie at variant angles and values ; the composition is simple, minimalist even, save for the margin's small nest of test scribbles. This drawing is a color translation of black and white NASA photos of Saturn's rings. Like that photograph, Gundersdorf condenses a massive amount of space and information into a human frame, grafting that conversion onto the language of abstract painting.

Devin King intersects the scales of human and astronomical sites as well. In this case, King was influenced by the "founder of lunar topography." Johannes Hevelius was the first human to map the entirety of the moon,

dédié à ces minuscules événements. Lors de sa visite au centre à Genève, Jeremy Bolen a photographié les immeubles entourant l'accélérateur ; des structures modernes délabrées aux façades angulaires et aux fenêtres symétriques. À son retour dans l'Illinois, il a enterré le film à Plot M, une zone d'enfouissement de déchets nucléaires utilisée par l'Université de Chicago lors de ses premières recherches en la matière. Lorsque Jeremy Bolen est retourné sur le site, il a retrouvé la pellicule sur le sol, déjà mystérieusement déterrée. L'impression finale reflète non seulement les zones géographiques de l'Illinois et de Genève mais enregistre également plusieurs présences visibles et invisibles au-dessus et en dessous du sol. La bande verticale de trois structures du CERN est inquiétée par une ligne parallèle qui s'estompe, trace invisible de l'énergie du site Plot M et du CERN passant à travers le film tel un fantôme traversant un mur, une trace de plasma laissée dans son sillage.

La peintre abstraite Carrie Gundersdorf manipule les limites de l'appréhension humaine. Poursuivant son étude sur les corps planétaires, elle présente un imposant dessin mural intitulé *Four Sections of Saturn's Rings* dans la salle principale de la galerie. Au premier abord, son œuvre ressemble à une étude de couleurs – des bandes gris pastel, jaunes, roses et bleues sont disposées

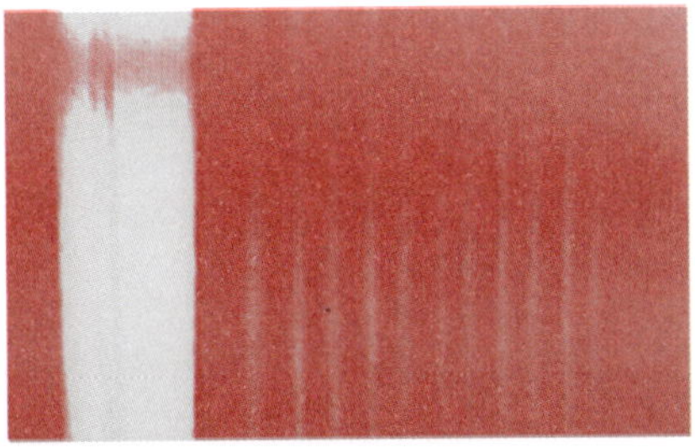

using a telescope that permitted him only to see certain sections of the celestial body at once. Hevelius' 1647 maps compiled that observational data into a single, compressed image. Using an artist-made moon print, King makes cassette tape sleeves for a fictional band called *The Moon* — that print frames a backlit slide of a blurry band playing garage music in one cassette, in another the image of a street light at night in a back alley. King offers a particularly humble iteration of the human, its electricity and the moon, while also reflecting the more general tendency to project human emotions and characteristics on nonhuman faces.

Multiple works in the show present an attempt to transcend an anthropocentric orientation to the world. Though earnest, these projected expectations tend to fail, exposing a longing to overcome the bounds of human experience. Rebecca Mir Grady writes letters to her lover, the ocean. These letters will never be answered, despite earnest intentions. It is an unrequited, long distance affair. And though the effort might strain to suggest an anthropomorphic interpretation of that awesome salt-water body, the illiterate object of her affection defies translation, being ultimately, too independent, unpredictable, and strange. It is both one thing—an ocean—and many, comprised of parts, being full to the

continued on page 97

à différents angles et à différentes valeurs ; la composition est simple, voire minimaliste, exception faite de quelques esquisses dans la marge. Ce dessin est une traduction en couleur de photographies de Saturne en noir et blanc réalisées par la NASA. Comme la photographie, Carrie Gundersdorf condense un espace et des informations considérables dans un cadre humain, greffant cette conversion au langage de la peinture abstraite.

Devin King mêle lui aussi les échelles de sites humains et astronomiques. Ici, il a été influencé par le « fondateur de la topographie lunaire ». Johannes Hevelius a été le premier à cartographier la totalité de la surface de la Lune à l'aide d'un télescope avec lequel il ne pouvait observer que certaines sections du corps céleste à la fois. Ses cartes datant de 1647 rassemblaient ces données en une seule image compressée. À l'aide d'une reproduction du satellite réalisée par un artiste, Devin King fabrique des pochettes de cassettes audio pour un groupe fictif nommé *The Moon* — une image montre une diapositive rétro éclairée d'un groupe indistinct jouant du rock garage, une autre laisse apparaître un lampadaire de nuit dans une ruelle. Devin King offre une représentation particulièrement infime et modeste de l'humain, de son électricité et de la Lune, tout en reflétant la propension plus générale à projeter des émotions

suite à la page 97

Ghost Nature

The Ghost Nature *exhibit was on view at the University of Illinois, Chicago's Gallery 400 from January 17th – March 1st, 2014. During the same spring, La Box, École National Supérieure d'Art de Bourges, hosted two variations of* Ghost Nature: Projections animalières, *and* Ghost Nature: Le Fantôme de la nature *from January 16th – February 8th, and March 27th – April 26th, respectively.*

L'exposition Ghost Nature *a eu lieu à la Gallery 400 de l'University of Illinois à Chicago du 17 janvier au 1er mars 2014. Toujours au printemps, la galerie La Box de l'École nationale supérieure d'Art de Bourges a accueilli deux variations de* Ghost Nature : Projections animalières, *et* Ghost Nature : Le Fantôme de la nature, *présentées respectivement du 16 janvier au 8 mars et du 27 mars au 26 avril 2014.*

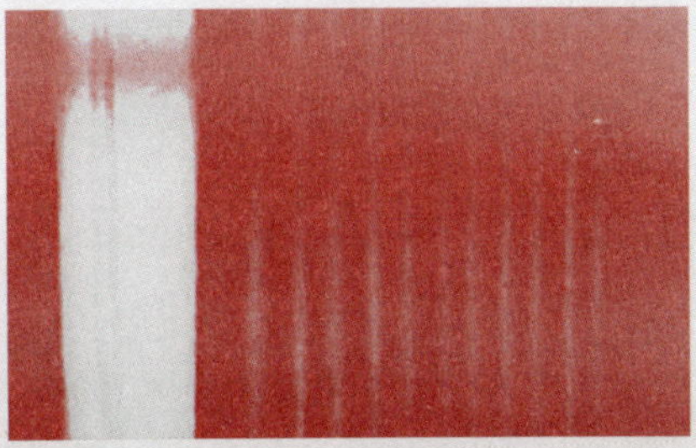

Sebastian Alvarez

The Chronosophical Society–Transection 01
(detail, modified for this publication)
2014
8 x 20 ft
Courtesy of the artist

The Chronosophical Society–Transection 01
(détail, modifié pour les besoins de la présente publication)
2014
243 x 609 cm
Reproduit avec l'autorisation de l'artiste

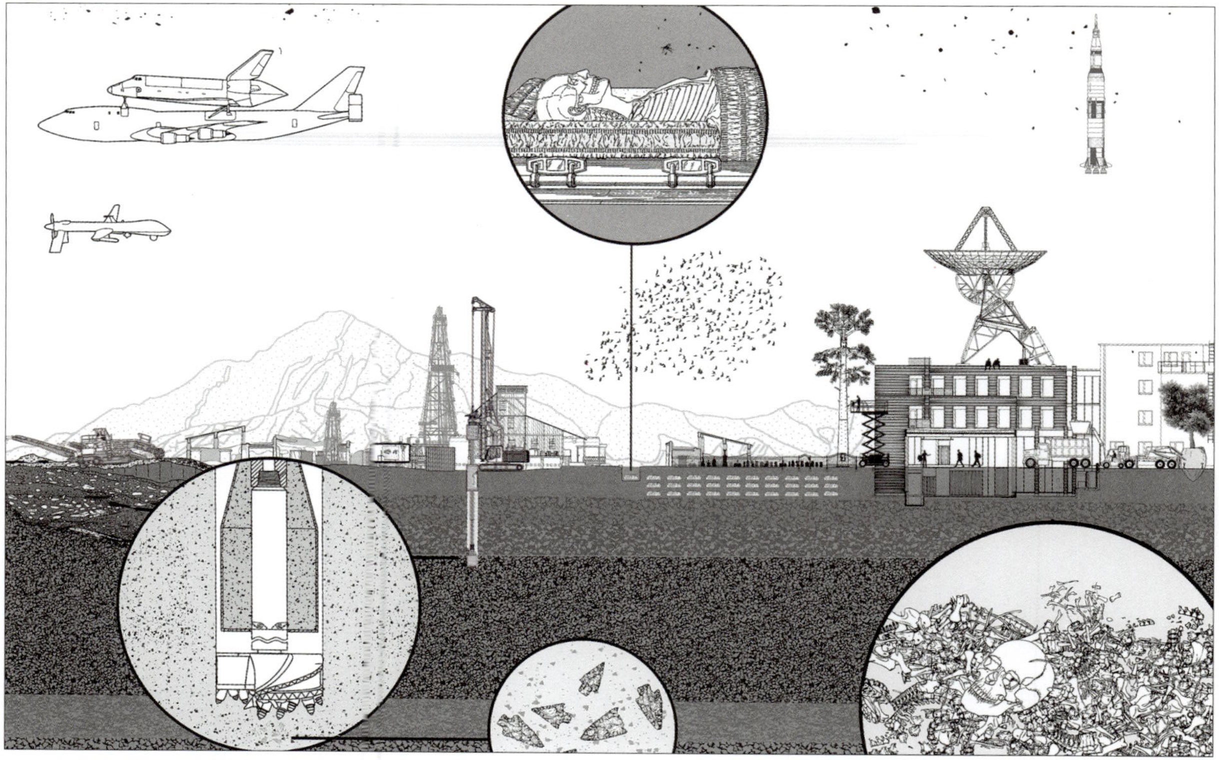

Disclaimer: This piece is a beginning. It is a window into an ongoing investigation entitled The Chronosophical Society. This drawing and its magnified sections are a prototype for what will become an expansive, interactive, cross-sectional map, representing not only the city but the depth of the earth below it and atmospheric layers above it. | This piece begins with the core premise of the Anthropocene thesis: Humanity forms nature. It dismisses the claim that the natural sciences fully account for what we know to be "nature." A superstition of modernity, atmospheric chemists have argued human influence to be so significant, our actions in fact constitute a new geological epoch for the Earth's lithosphere. | This piece is a compression. Hundreds of thousands of pages and hours scanning search engine content have contributed to the stratigraphical process behind this work. That which is missing here represents information scarce or inaccessible to the public, physically and virtually. | Inspired by concepts such as Cliodynamics, the mathematical modeling of long-term social processes, this piece is the antithesis of the panoptic. A synchronoptic timeline, it encourages transdisciplinary thought among decision-makers; rather than partisan think tanks, it hopes for emotive tanks, pluralistic perspectives, inter- and intra-general dialogue.

Avertissement : cette pièce est un commencement. Une fenêtre ouverte sur une enquête en cours intitulée The Chronosophical Society. Ce dessin et les agrandissements de certaines de ses sections forment le prototype d'une future carte transversale évolutive et interactive qui se veut une représentation non seulement de la ville, mais aussi de la profondeur du sol au-dessous d'elle et des couches atmosphériques qui la surplombent | Cette pièce tire son origine du postulat de base de la thèse de l'Anthropocène : c'est désormais l'humanité qui façonne la nature. Cette théorie réfute l'affirmation que les seules sciences naturelles expliquent de façon exhaustive ce que nous nommons « la nature ». Superstition de la modernité, les chimistes atmosphériques avancent que l'influence humaine est si importante que nos actions s'avèrent à l'origine d'une nouvelle époque géologique pour la lithosphère terrestre. | Cette œuvre constitue une compression. Des centaines de milliers de pages et d'heures passées à explorer des contenus de moteurs de recherche ont contribué au processus stratigraphique qui sous-tend ce travail. Les éléments manquants renvoient à des informations incomplètes ou inaccessibles au public, aussi bien sur le plan matériel que virtuel. | Inspirée par des concepts tels que la cliodynamique ou la modélisation mathématique de mécanismes sociaux à long terme, cette pièce est l'antithèse du panoptisme. En tant que ligne du temps synchronoptique, elle encourage la pensée transdisciplinaire parmi les décideurs ; au lieu de think tanks partisans, elle recherche des laboratoires émotionnels, des perspectives pluralistes, un dialogue inter et intra-global.

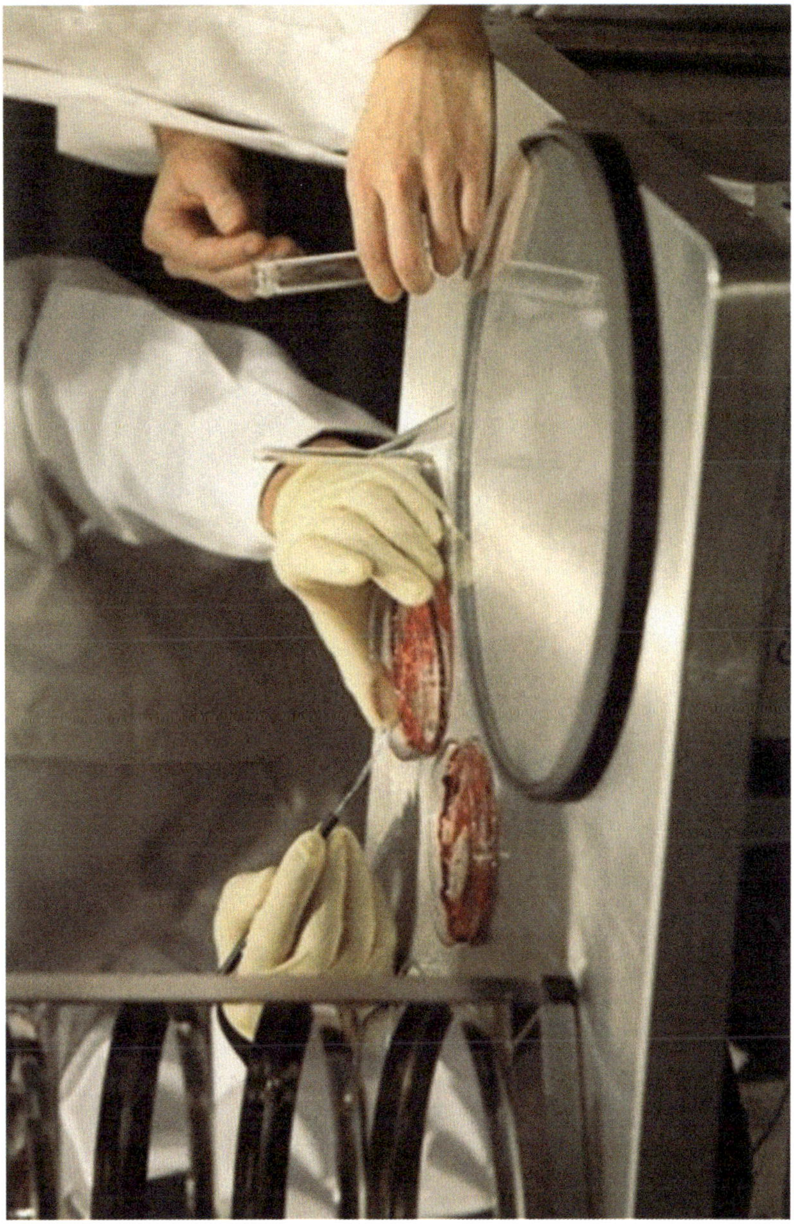

Que le Cheval vive en moi!
2011
Stills from HD video, 24′
Courtesy of the artists

Que le Cheval vive en moi!
2011
Capture de vidéo HD, 24′
Reproduit avec l'autorisation
des artistes

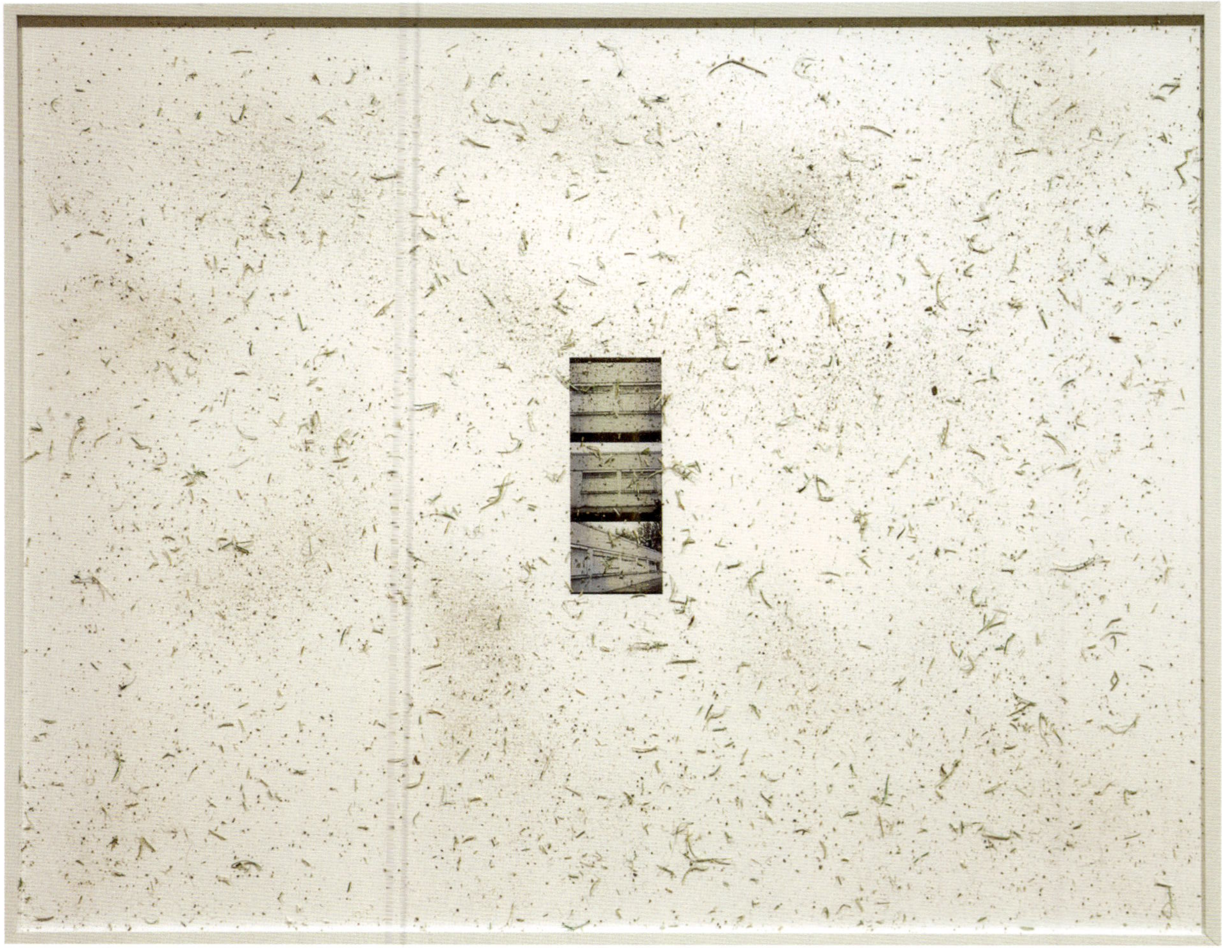

Film exposed at Cern that I accidentally buried at Plot M, where it was unearthed by an anonymous force sometime between April 24th and May 22nd 2013
2012 - 2013
Archival pigment print, flora from CERN, dirt, and erosion blanket pieces from Plot M
24 x 28 in
Courtesy of the artist and Andrew Rafacz Gallery

Film exposed at Cern that I accidentally buried at Plot M, where it was unearthed by an anonymous force sometime between April 24th and May 22nd 2013
2012 - 2013
Impression pigmentaire d'archive, flore du CERN, terre et fragments de filet d'érosion de Plot M
60 x 70 cm
Reproduit avec l'autorisation de l'artiste et Andrew Rafacz Gallery

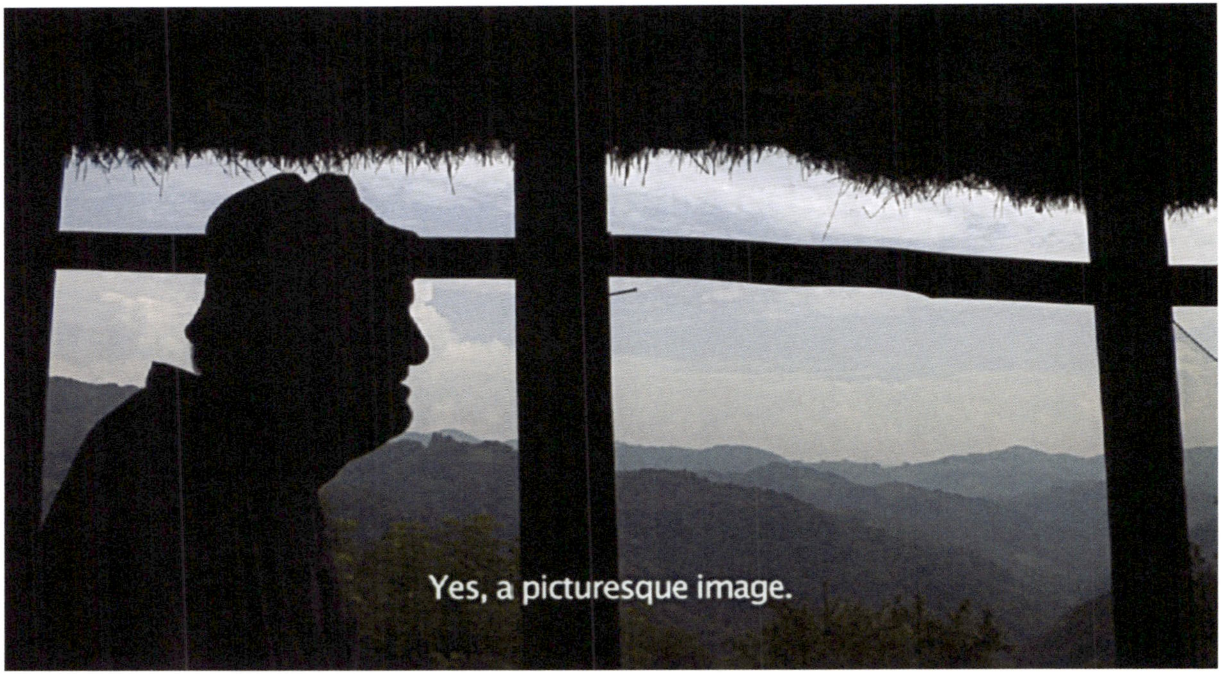

Picturesque
2013
Collaboration with Nicu Ilfoveanu
and Toni Cartu
Video still, 30’
Courtesy of the artist

Picturesque
2013
En collaboration avec Nicu Ilfoveanu
et Toni Cartu
Capture de vidéo, 30’
Reproduit avec l’autorisation
de l’artiste

Robert Burnier

Thirty Six
2013
Aluminum, polypropylene foam,
lacquer
22 1/2 x 12 x 12 in
Courtesy of the artist and Andrew
Rafacz Gallery

Thirty Six
2013
Polypropylène d'aluminium,
mousse, laque
57 x 30,5 x 30,5 cm
Reproduit avec l'autorisation de
l'artiste et Andrew Rafacz Gallery

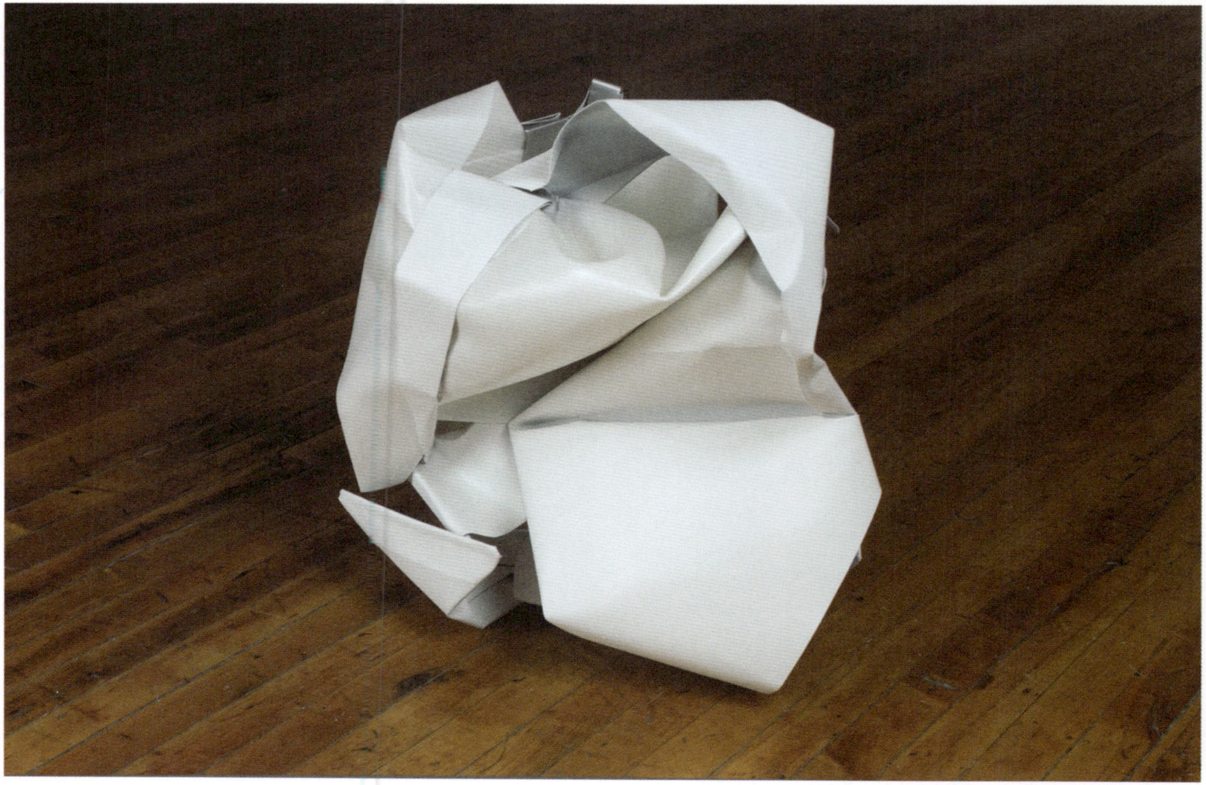

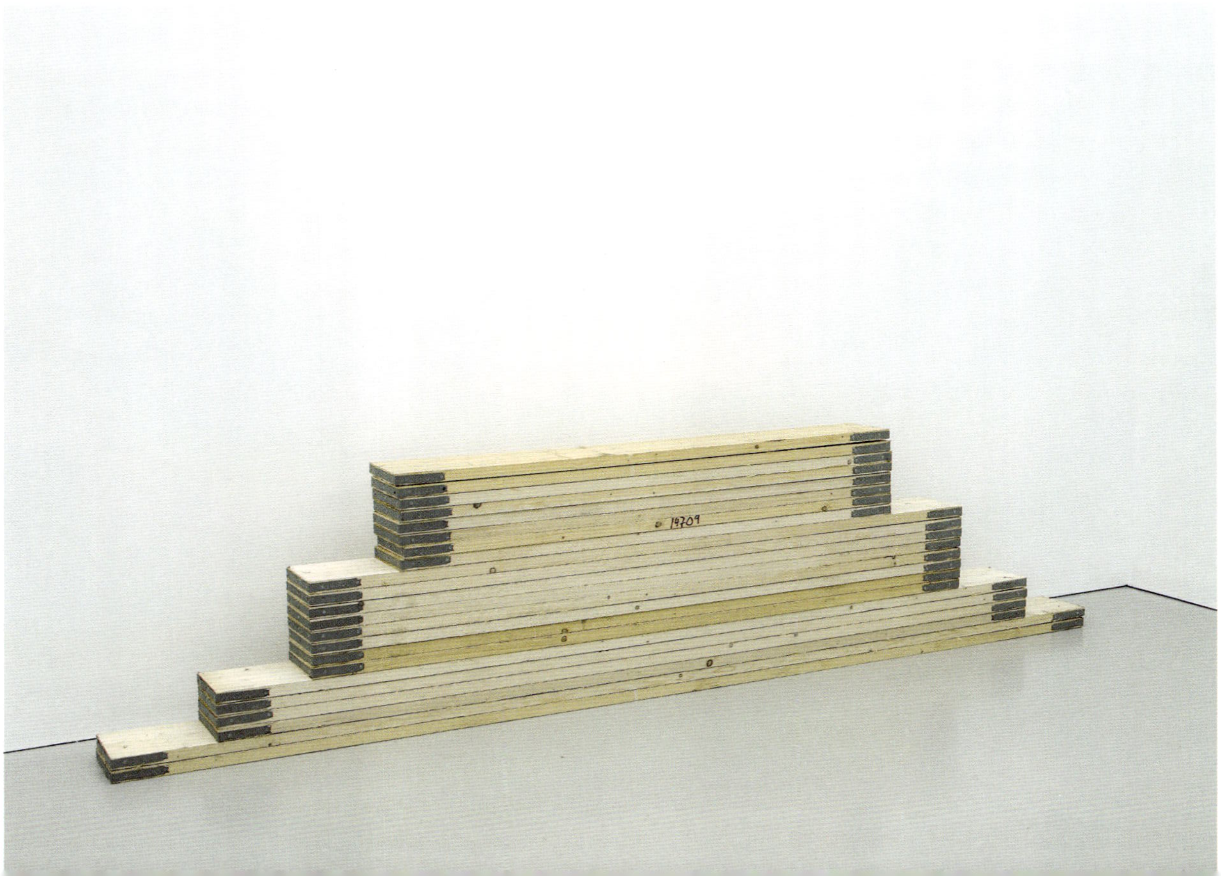

The Albatross Species
2012
22 standard size scaffold
80 1/3 x 38 1/2 x 13 in
Each board length corresponds
to the wingspan of one of the 22
species of Albatross
Courtesy of Kate MacGarry
Gallery, London

The Albatross Species
2012
22 pièces d'échafaudage
taille standard
205 x 98 x 33 cm
Chaque longueur de planche
correspond à l'envergure
de l'une des 22 espèces d'albatros
Reproduit avec l'autorisation de la
Kate MacGarry Gallery, Londres

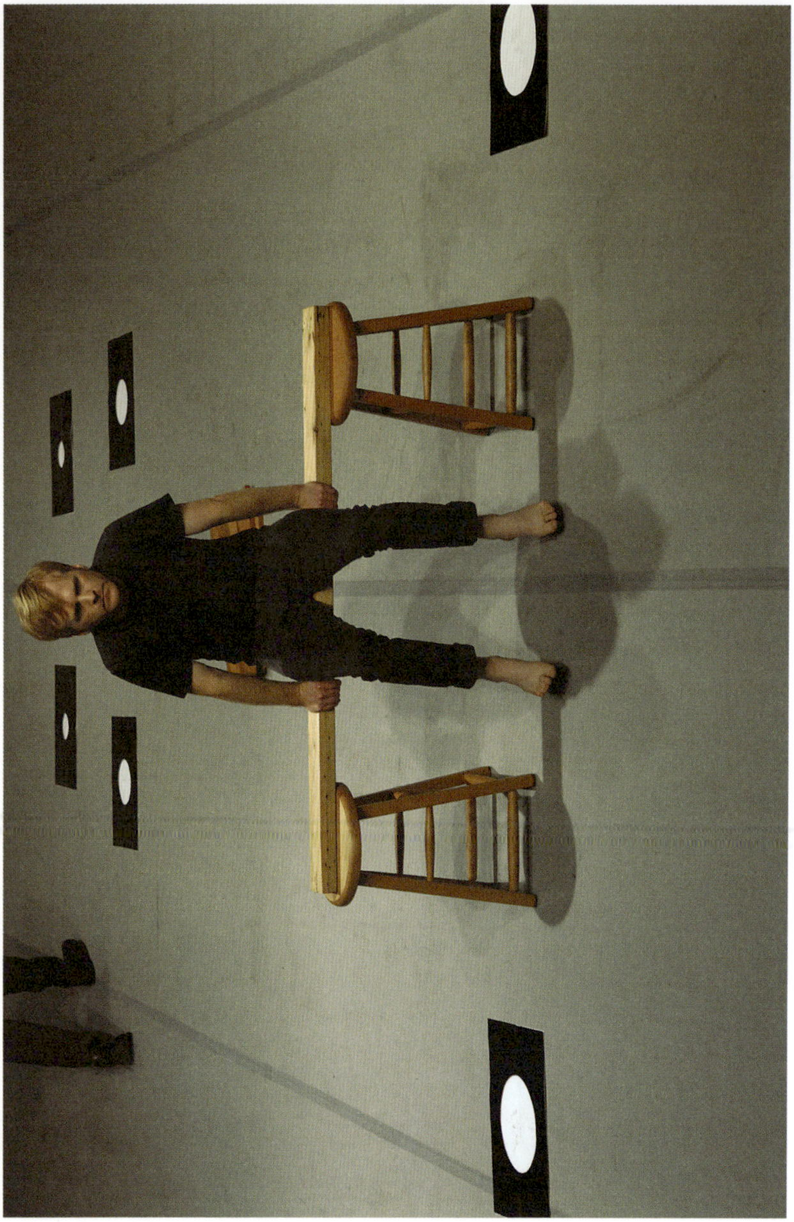

Testimonium (quiet form)
Performance
2014
Photo: Daviel Shy
Courtesy of the artists

Testimonium (quiet form)
Performance
2014
Photo: Daviel Shy
Reproduit avec l'autorisation des artistes

Untitled (sRGB 1996)
2012
MDF and epoxy
32 x 35 x 18 in
Courtesy of the artist

Untitled (sRGB 1996)
2012
MDF et époxyde
81 x 90 x 45 cm
Reproduit avec l'autorisation
de l'artiste

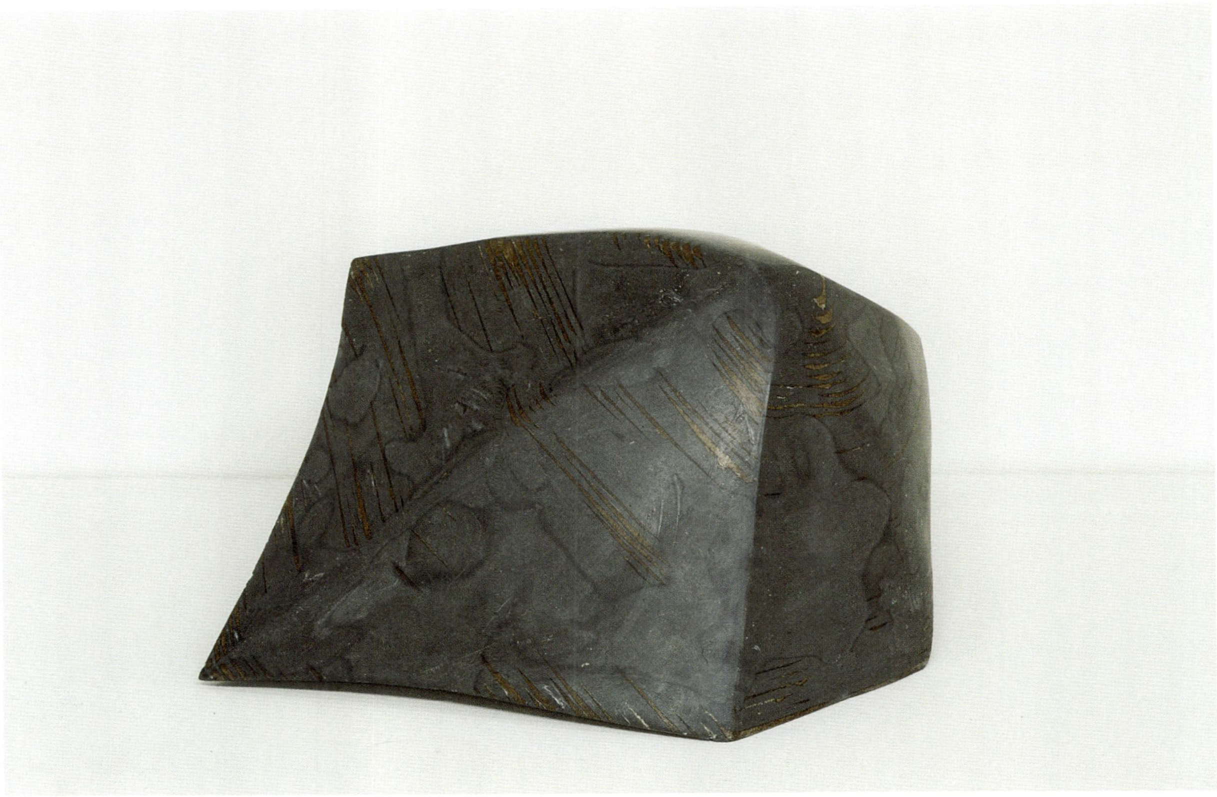

Carrie Gundersdorf

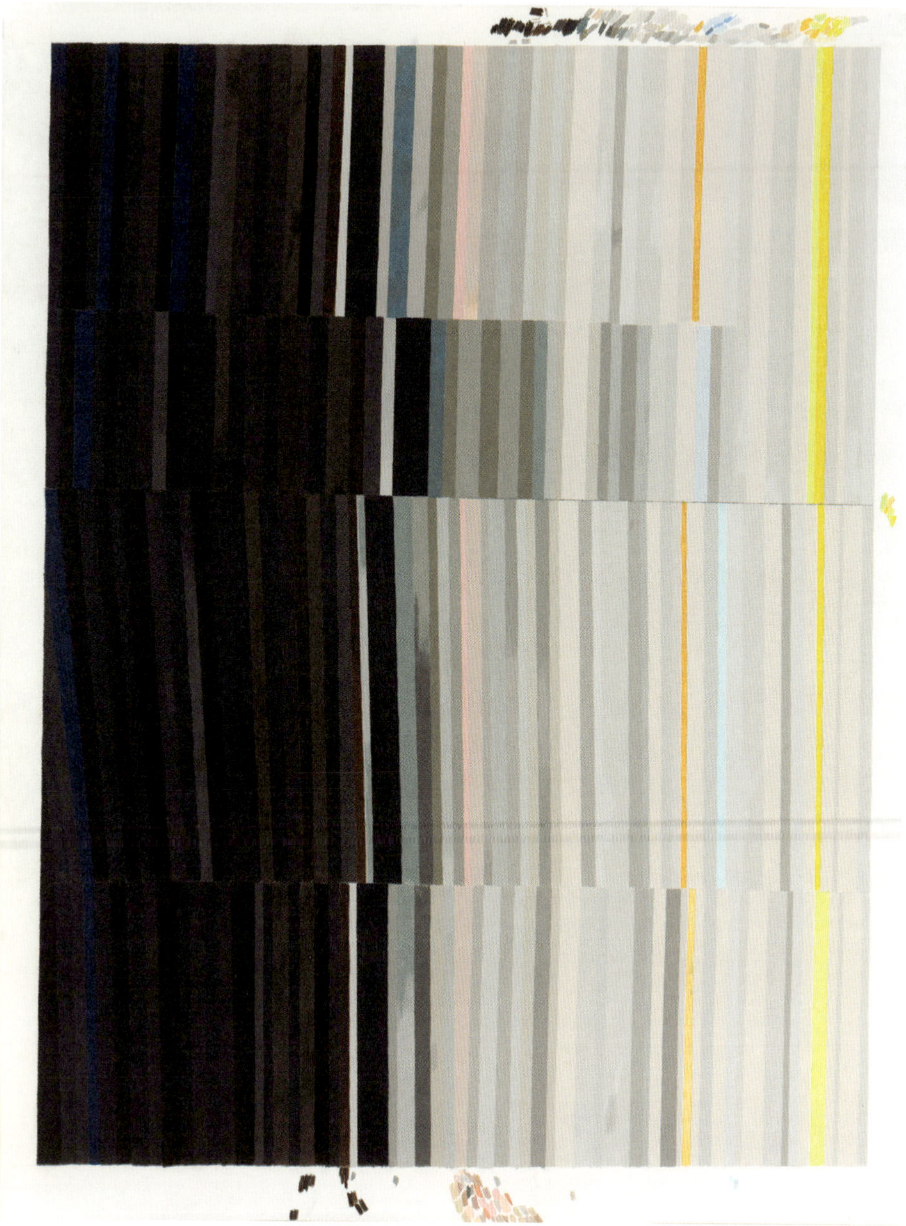

Four Sections of Saturn's Rings
2013
Color pencil and watercolor / paper
46 x 60 in
Courtesy of the artist

Four Sections of Saturn's Rings
2013
Crayon de couleur et aquarelle / papier
116 x 152 cm
Reproduit avec l'autorisation de l'artiste

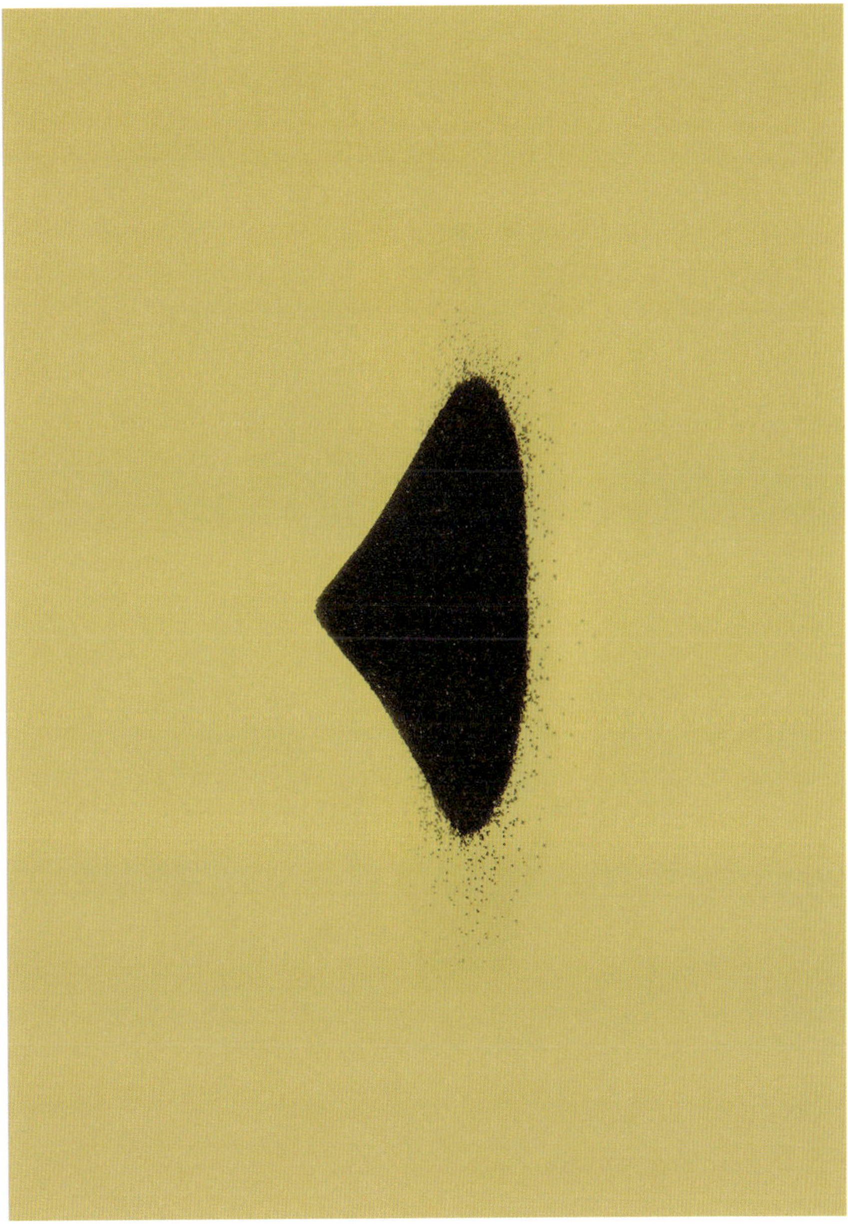

Moon Dust
2013
Diasec and ash from insects
Dimensions variable
Courtesy of the artist

Moon Dust
2013
Diasec et cendres d'insectes
Dimensions variables
Reproduit avec l'autorisation de l'artiste

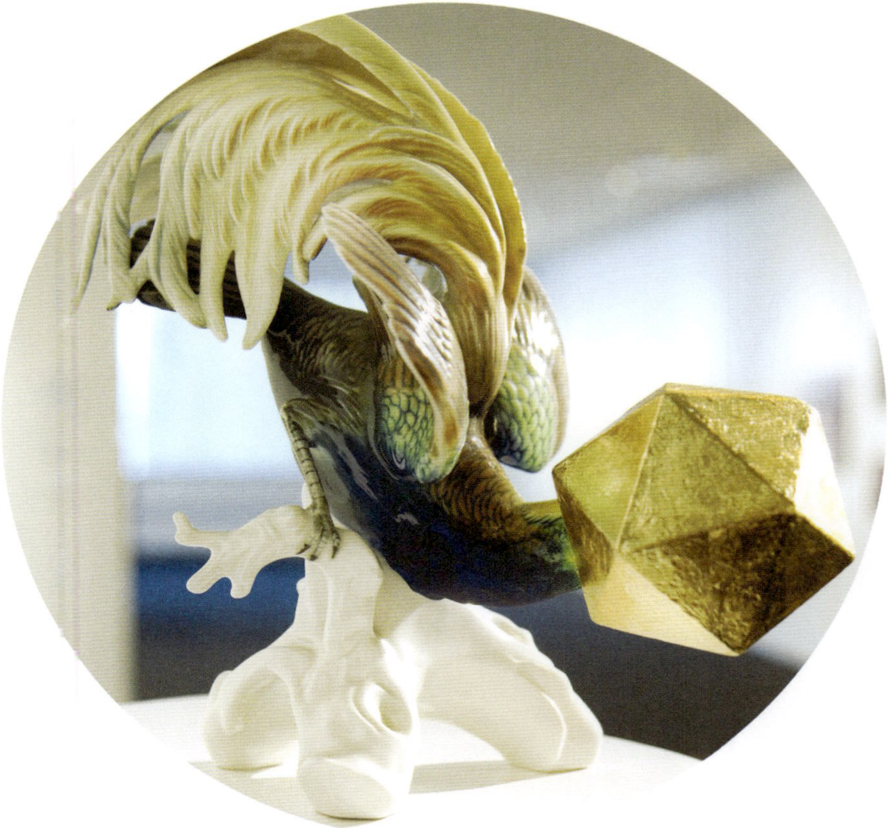

Camouflage V (Ultra-deflector for Endangered Bird of Paradise)
2013
Vintage porcelain bird, styrofoam, glue, paperclay, acrylic, gold leaf
10 x 6 x 6 in
Courtesy of the artist

Camouflage V (Ultra-deflector for Endangered Bird of Paradise)
2013
Oiseau en porcelaine, polystyrène extrudé, colle, terre-papier, acrylique, feuille d'or
4 x 2,4 x 2,4 cm Reproduit avec l'autorisation de l'artiste

Devin King

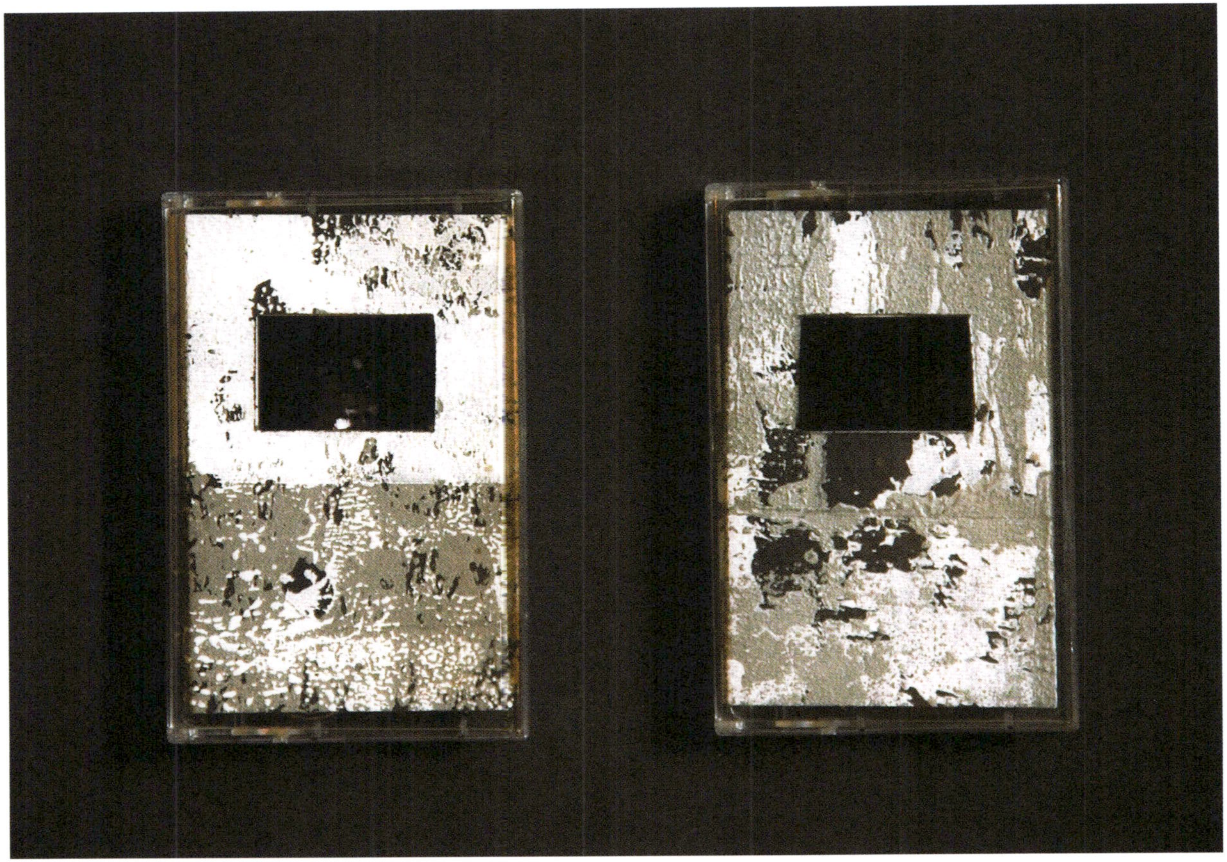

The Moon, s/t, ltd ed & The Moon, We Want (The Moon), ltd ed
2011
Mixed media
Installation (cassette tape box, ink, cardstock, slide film)
1 1/4 x 2 3/4 x 3/4 in
Courtesy of the artist

The Moon, s/t, ltd ed & The Moon, We Want (The Moon), ltd ed
2011
Technique mixte
Installation (boîtier de cassette, encre, papier cartonné, diapositive)
1,7 x 1,1 x 0,3 cm
Reproduit avec l'autorisation de l'artiste

Taxonomy of Root Vegetables
2011
Ongoing series includes shelf, wire, potatoes, turnup, kohlrabi, rutabega, radish and nails
Dimensions variable
Courtesy of the artist

Taxonomy of Root Vegetables
2011
Série en cours, comprend: étagère, câble, pommes de terre, navet, chou-rave, rutabaga, radis et ongles
Dimensions variables Reproduit avec l'autorisation de l'artiste

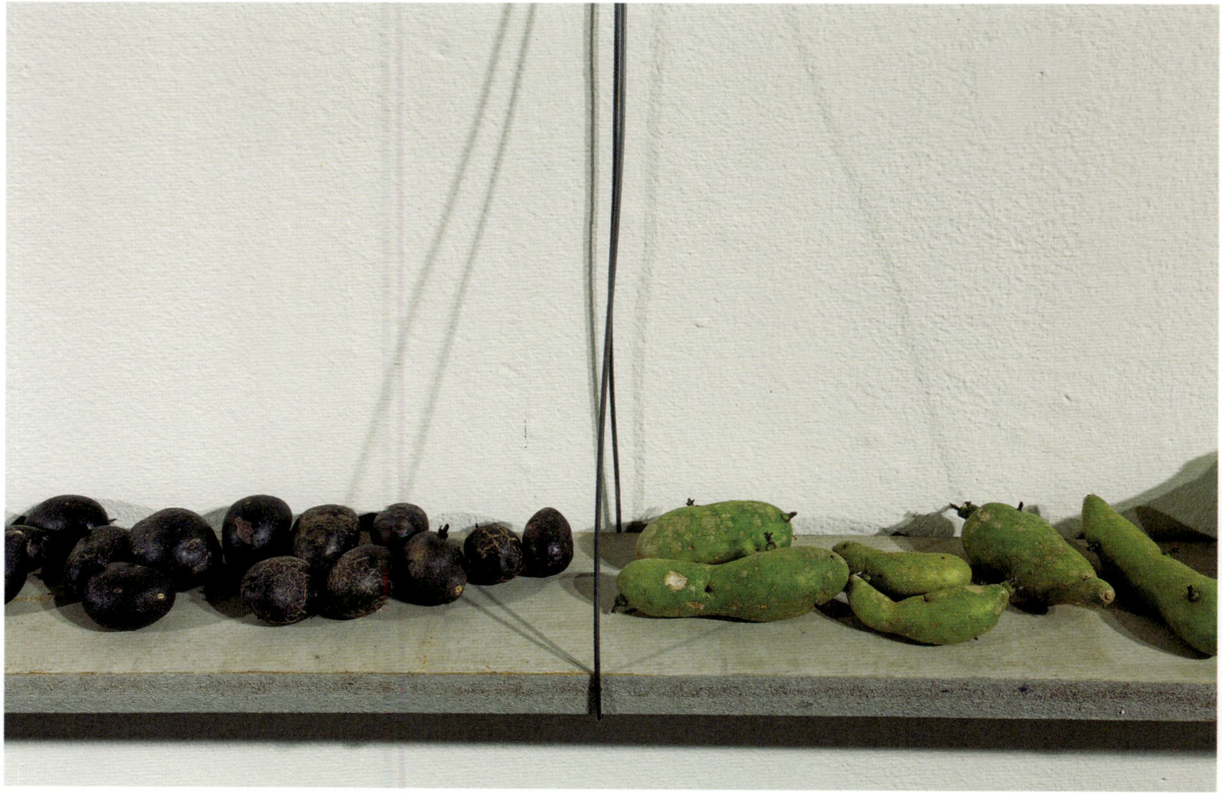

Milan Metthey

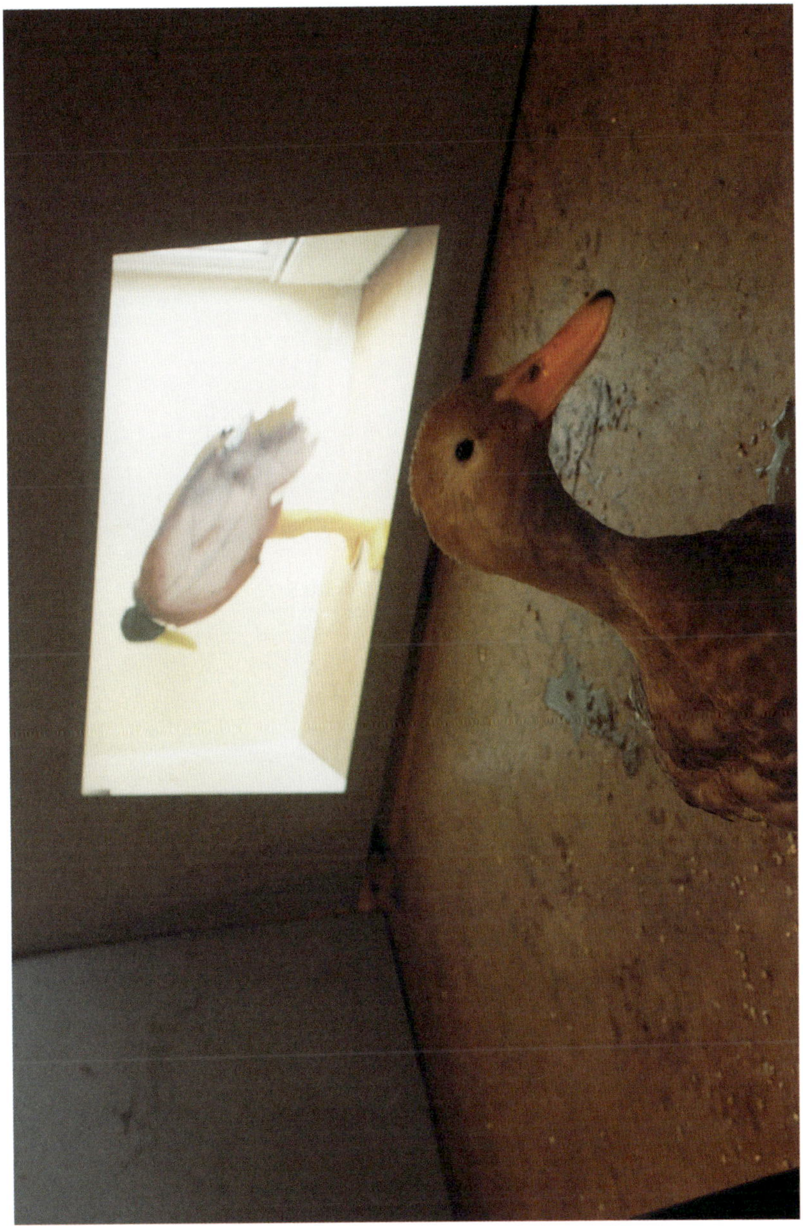

Love Ducking Experiment :
Duck Mating Ritual
2011
Video still, 6'49''
Courtesy of the artist

Love Ducking Experiment :
Duck Mating Ritual
2011
Image de la vidéo, 6'49''
Reproduit avec l'autorisation
de l'artiste

Rebecca Mir Grady

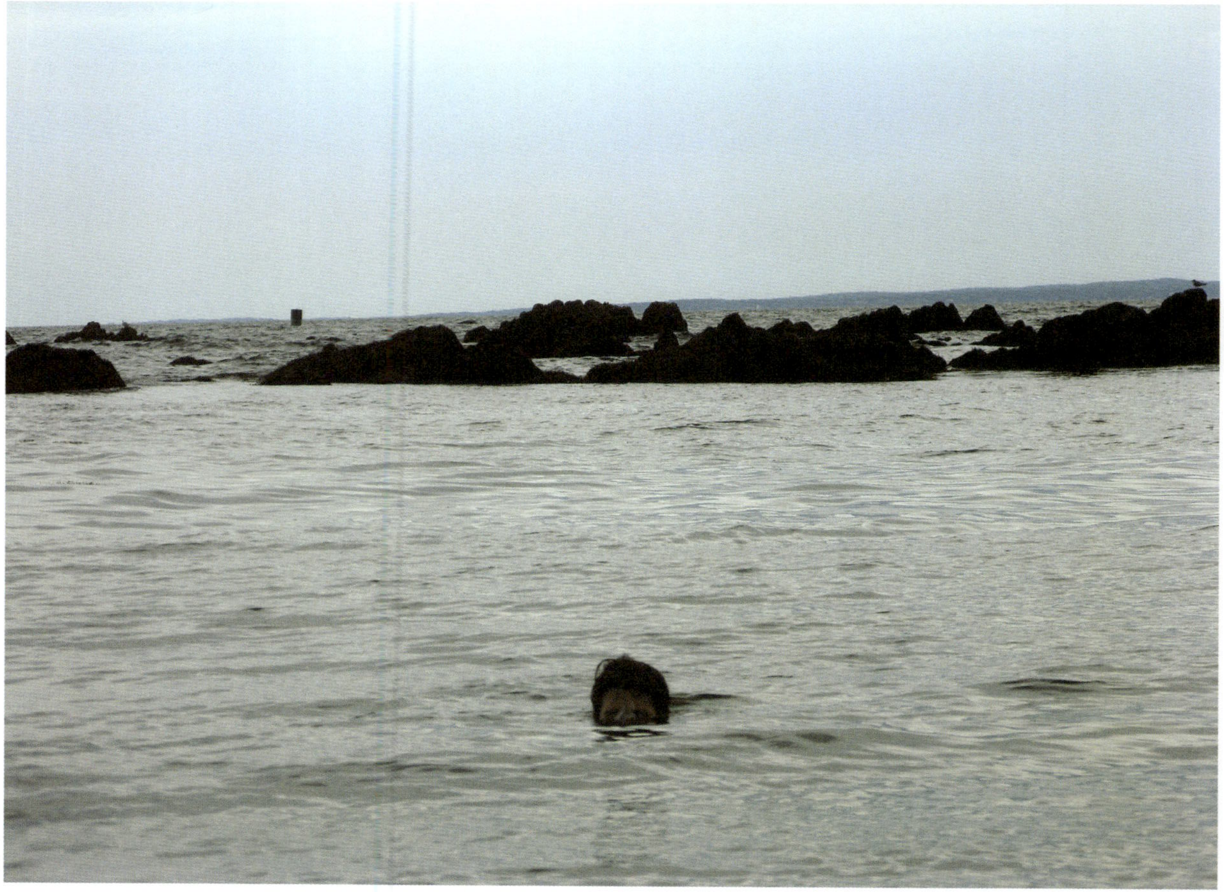

Kissing/St. Ann's
2010
Photograph
20 x 16 in
Courtesy of the artist

Kissing/St. Ann's
2010
Photographie
50,8 x 40,6 cm
Reproduit avec l'autorisation
de l'artiste

Heidi Norton

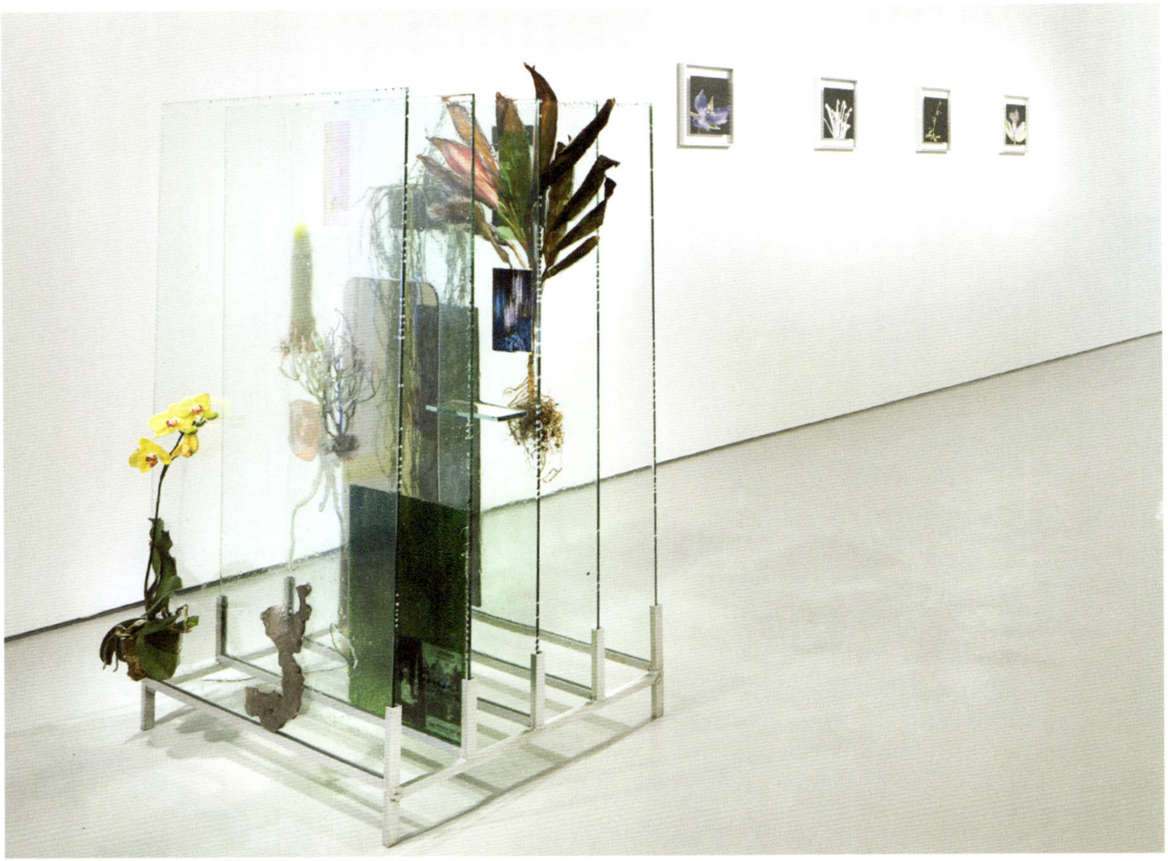

Installation view of *To Threptikon*,
Monique Meloche Gallery.
Pictured in the foreground, *The Museum Archive* (dedicated to Edward Steichen's *Delphiniums*, MOMA 1936)
2014
Glass, aluminum armature, resin, plants, beam splitter glass, photo gels, photographic prints and film
56 x 36 x 22 in
Courtesy of the artist and Monique Meloche Gallery

Vue de l'exposition *To Threptikon*,
Monique Meloche Gallery.
Avant-plan: *The Museum Archive* (dédié aux *Delphiniums* d'Edward Steichen, MoMa, 1936)
2014
Verre, aluminium, résine, plantes, verre diviseur de faisceaux, gélatine photographique, tirages et pellicule photographiques
142 x 91 x 56 cm
Reproduit avec l'autorisation de l'artiste et de Monique Meloche Gallery

Akosua Adoma Owusu

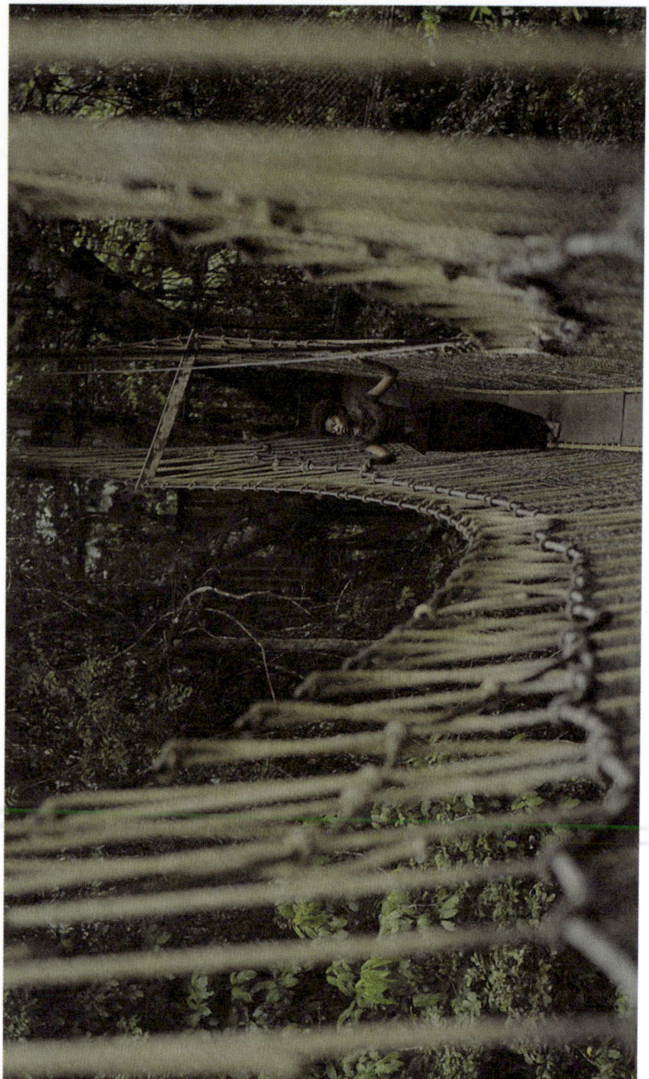

Anancy
2013
2 channel video installation
with slides, 2′
Courtesy of the artist

Anancy
2013
Installation vidéo à 2 canaux
et diapositives, 2′
Reproduit avec l'autorisation
de l'artiste

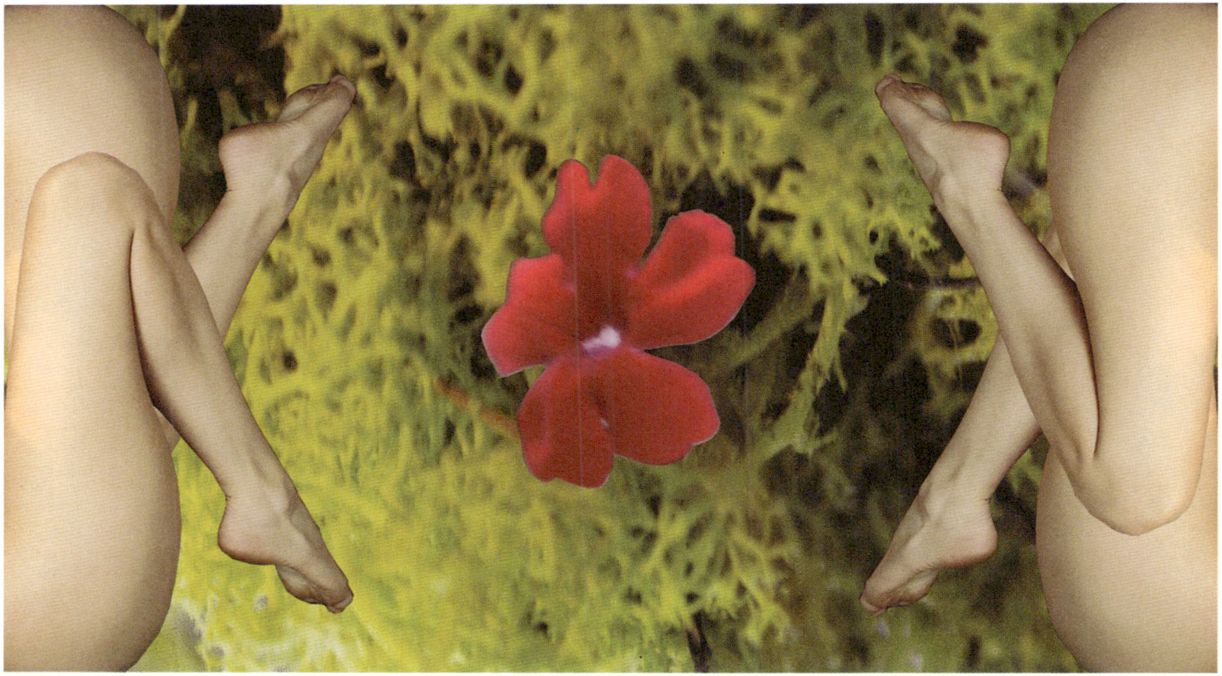

The Green Dreams of Wolves
2013
Video still, 10′ loop
Courtesy of the artist

The Green Dreams of Wolves
2013
Image de la vidéo, 10′ boucle
Reproduit avec l’autorisation
de l’artiste

Xaviera Simmons

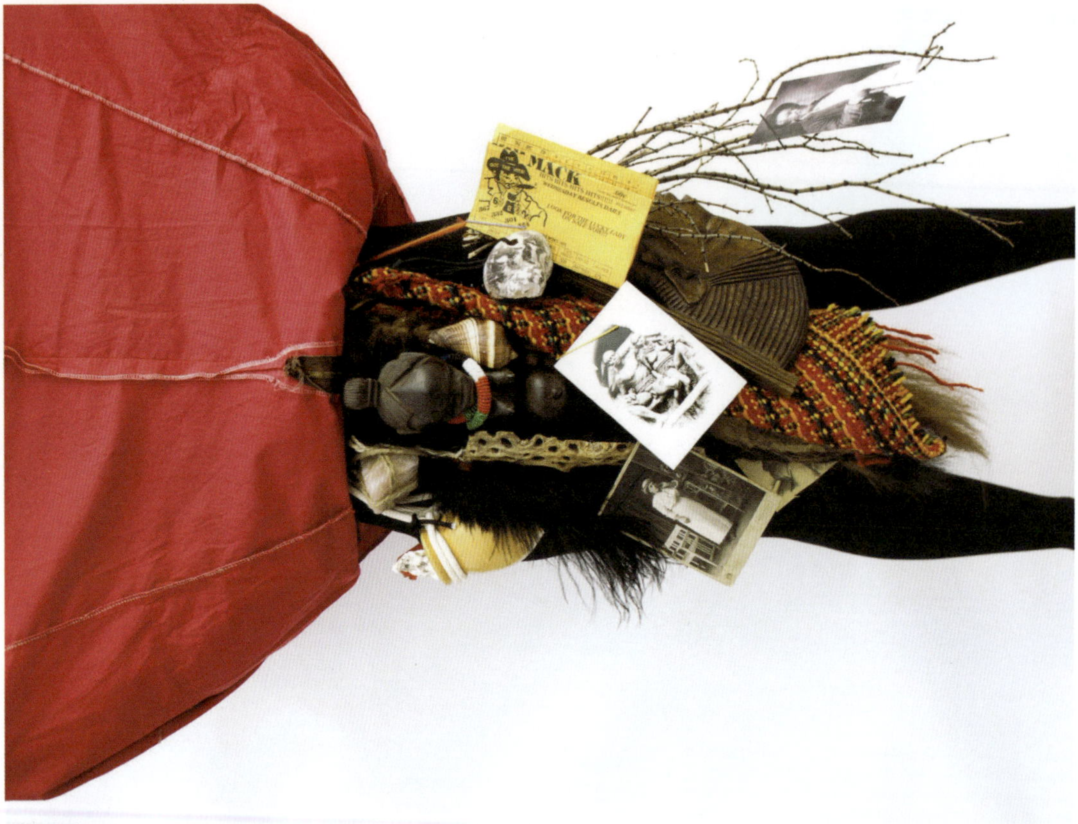

Index One, Composition One
2011
Color photograph
50 x 40 in
Courtesy of David Castillo Gallery

Index One, Composition One
2011
Photographie couleur
127 x 101 cm
Reproduit avec l'autorisation
de la David Castillo Gallery

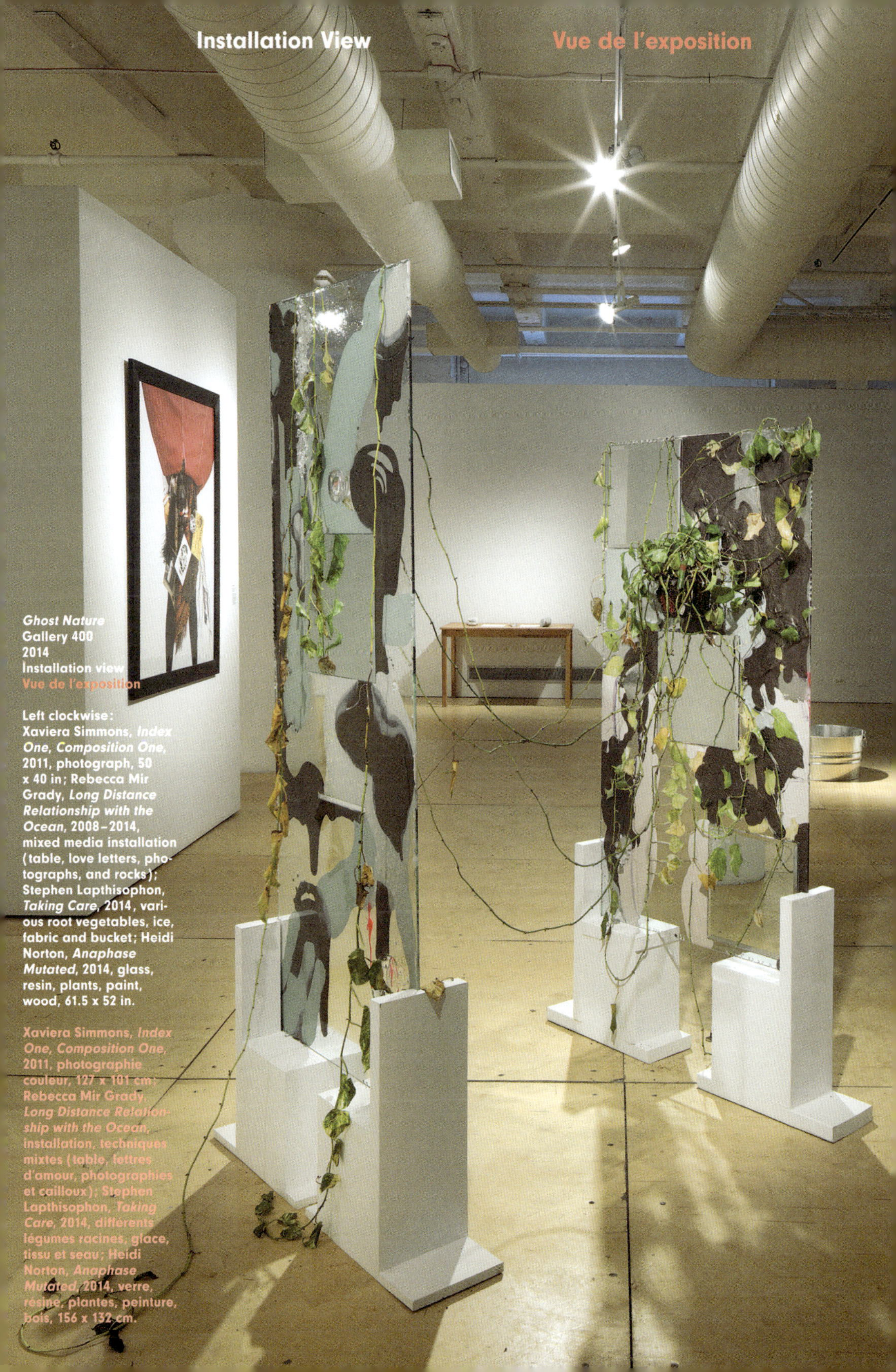

Ghost Nature
Gallery 400
2014
Installation view
Vue de l'exposition

Left clockwise: Xaviera Simmons, *Index One, Composition One*, 2011, photograph, 50 x 40 in; Rebecca Mir Grady, *Long Distance Relationship with the Ocean*, 2008–2014, mixed media installation (table, love letters, photographs, and rocks); Stephen Lapthisophon, *Taking Care*, 2014, various root vegetables, ice, fabric and bucket; Heidi Norton, *Anaphase Mutated*, 2014, glass, resin, plants, paint, wood, 61.5 x 52 in.

Xaviera Simmons, *Index One, Composition One*, 2011, photographie couleur, 127 x 101 cm; Rebecca Mir Grady, *Long Distance Relationship with the Ocean*, installation, techniques mixtes (table, lettres d'amour, photographies et cailloux); Stephen Lapthisophon, *Taking Care*, 2014, différents légumes racines, glace, tissu et seau; Heidi Norton, *Anaphase Mutated*, 2014, verre, résine, plantes, peinture, bois, 156 x 132 cm.

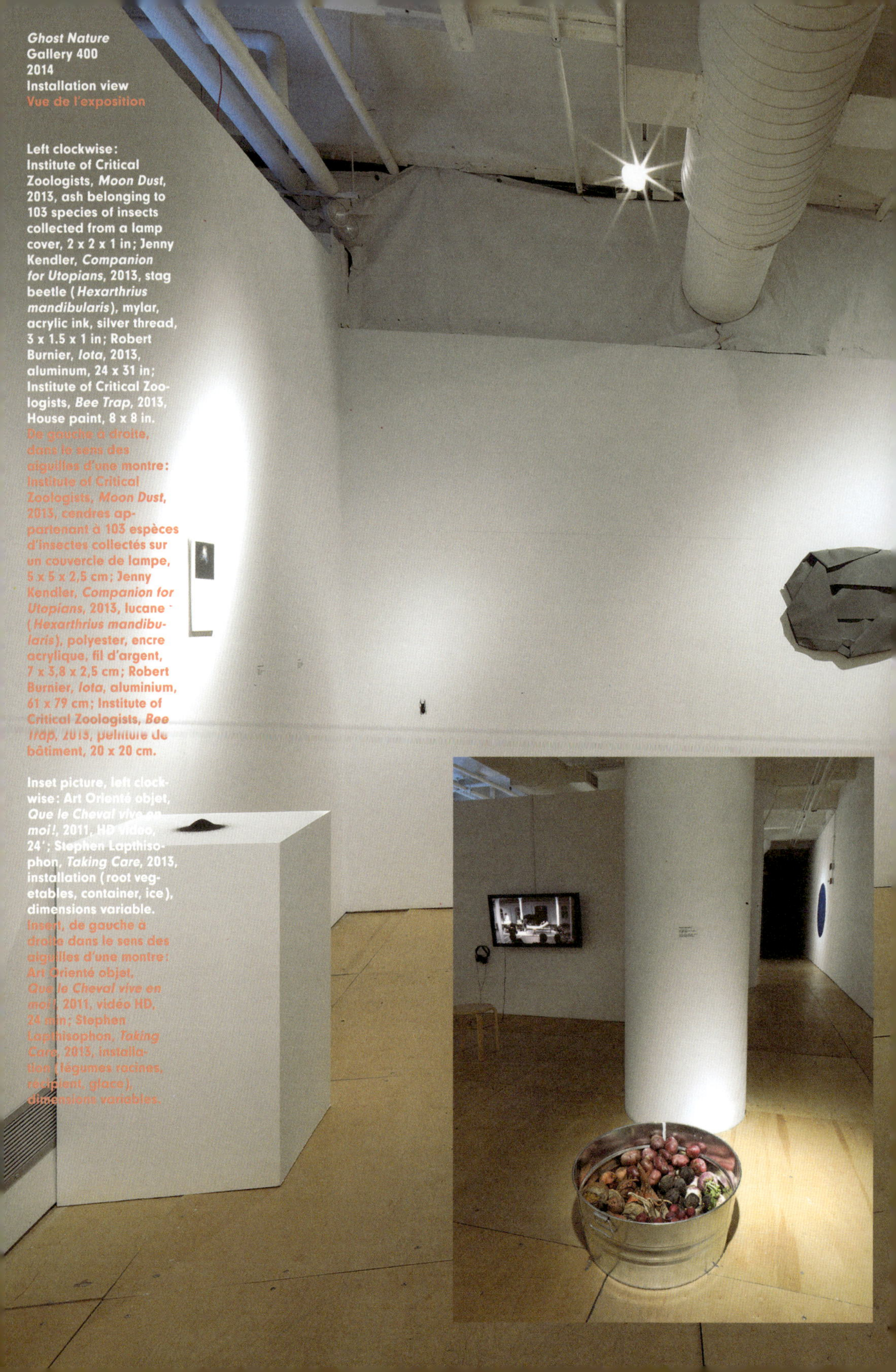

Ghost Nature
Gallery 400
2014
Installation view
Vue de l'exposition

Left clockwise: Institute of Critical Zoologists, *Moon Dust*, 2013, ash belonging to 103 species of insects collected from a lamp cover, 2 x 2 x 1 in; Jenny Kendler, *Companion for Utopians*, 2013, stag beetle (*Hexarthrius mandibularis*), mylar, acrylic ink, silver thread, 3 x 1.5 x 1 in; Robert Burnier, *Iota*, 2013, aluminum, 24 x 31 in; Institute of Critical Zoologists, *Bee Trap*, 2013, House paint, 8 x 8 in.
De gauche à droite, dans le sens des aiguilles d'une montre: Institute of Critical Zoologists, *Moon Dust*, 2013, cendres appartenant à 103 espèces d'insectes collectés sur un couvercle de lampe, 5 x 5 x 2,5 cm; Jenny Kendler, *Companion for Utopians*, 2013, lucane (*Hexarthrius mandibularis*), polyester, encre acrylique, fil d'argent, 7 x 3,8 x 2,5 cm; Robert Burnier, *Iota*, aluminium, 61 x 79 cm; Institute of Critical Zoologists, *Bee Trap*, 2013, peinture de bâtiment, 20 x 20 cm.

Inset picture, left clockwise: Art Orienté objet, *Que le Cheval vive en moi!*, 2011, HD video, 24'; Stephen Lapthisophon, *Taking Care*, 2013, installation (root vegetables, container, ice), dimensions variable.
Insert, de gauche à droite dans le sens des aiguilles d'une montre: Art Orienté objet, *Que le Cheval vive en moi!*, 2011, vidéo HD, 24 min; Stephen Lapthisophon, *Taking Care*, 2013, installation (légumes racines, récipient, glace), dimensions variables.

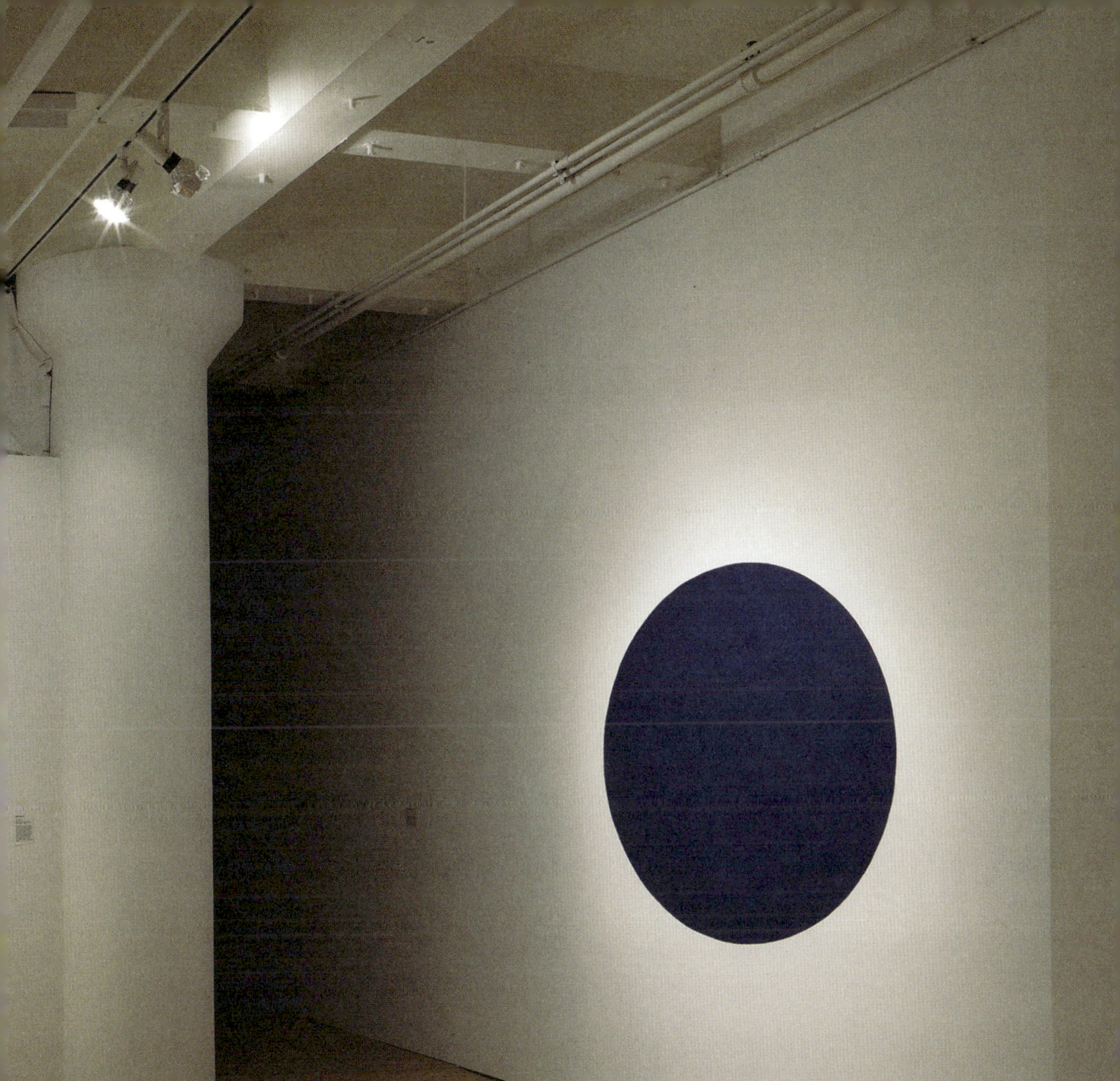

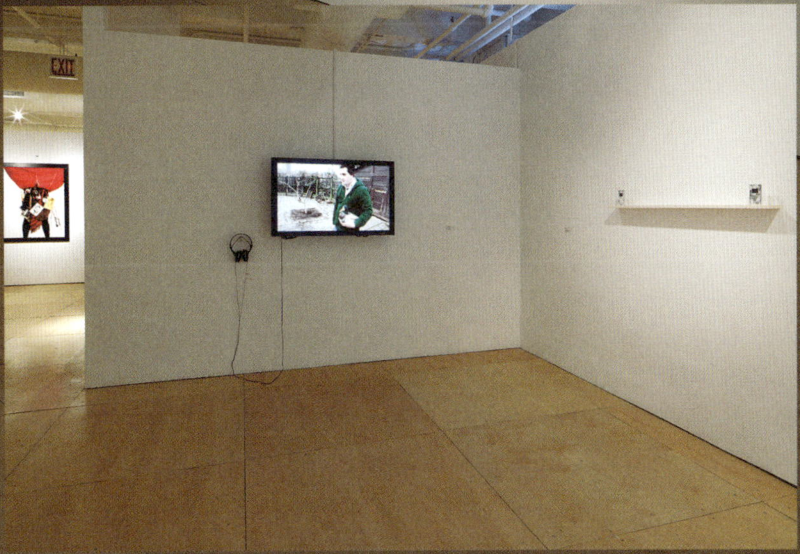

Inset picture, left clockwise: Xaviera Simmons, *Index One, Composition One*, 2011, color photograph, 50 x 40 in. Center: Milan Metthey, *Love Ducking Experiment: Duck Mating Ritual*, 2011, video, 6'49. Right: Devin King, *The Moon, s/t*, 2010, cassette tape boxes, ink, cardstock, slide film, LED, batteries, 4 1/4 x 2 3/4 x 3/4 in.

Gauche : Xaviera Simmons, *Index One, Composition One*, 2011, photographie couleur, 127 x 101 cm. Centre : Milan Metthey, *Love Ducking Experiment: Duck Mating Ritual*, 2011, vidéo, 6'49. Droite : Devin King, *The Moon, s/t*, 2010, boîtiers de cassette, encre, papier cartonné, diapositives, ampoules LED, piles, 10,8 x 7 x 0,6 cm.

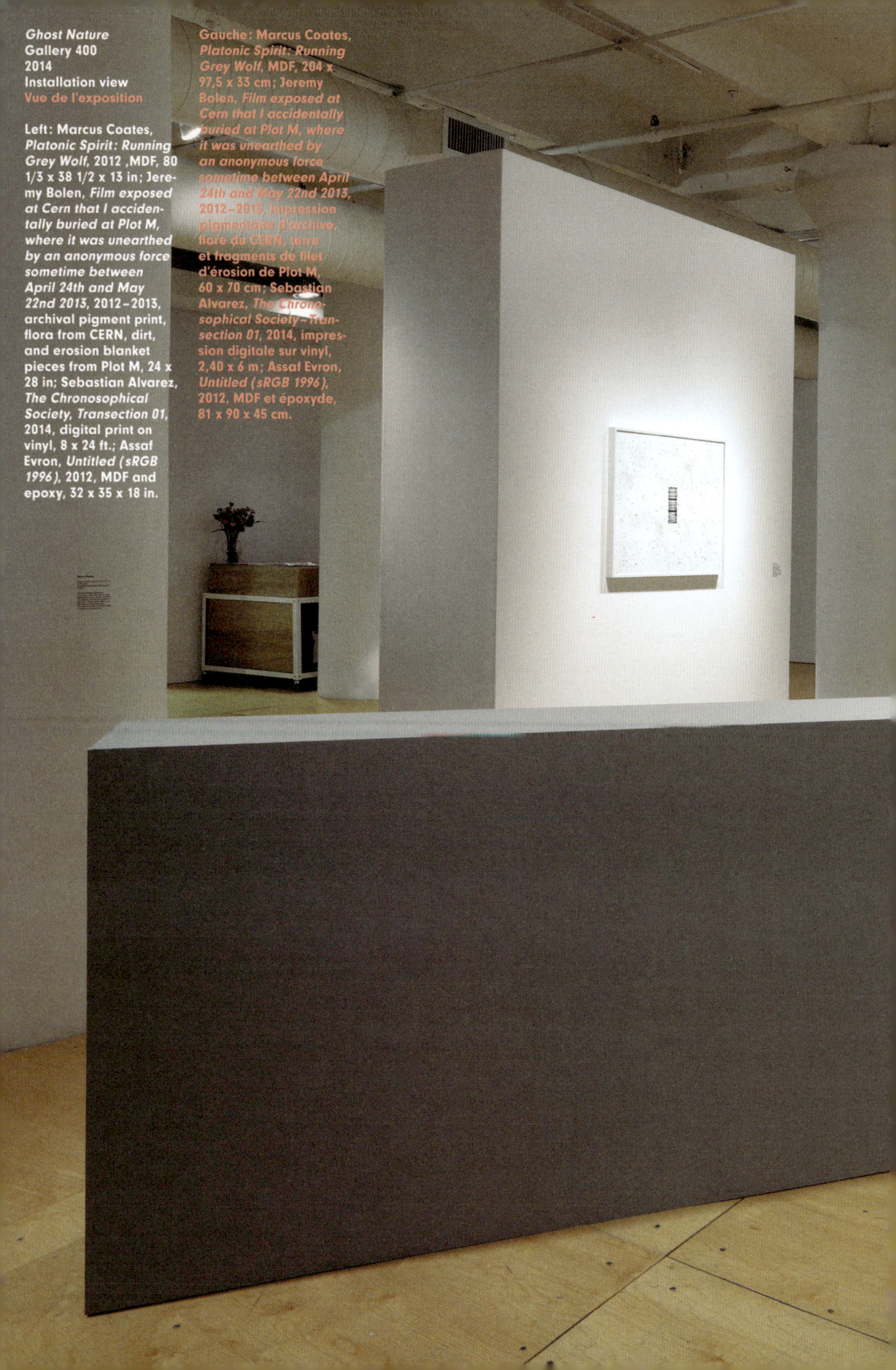

Ghost Nature
Gallery 400
2014
Installation view
Vue de l'exposition

Left: Marcus Coates, *Platonic Spirit: Running Grey Wolf*, 2012 ,MDF, 80 1/3 x 38 1/2 x 13 in; Jeremy Bolen, *Film exposed at Cern that I accidentally buried at Plot M, where it was unearthed by an anonymous force sometime between April 24th and May 22nd 2013*, 2012–2013, archival pigment print, flora from CERN, dirt, and erosion blanket pieces from Plot M, 24 x 28 in; Sebastian Alvarez, *The Chronosophical Society, Transection 01*, 2014, digital print on vinyl, 8 x 24 ft.; Assaf Evron, *Untitled (sRGB 1996)*, 2012, MDF and epoxy, 32 x 35 x 18 in.

Gauche : Marcus Coates, *Platonic Spirit: Running Grey Wolf*, MDF, 204 x 97,5 x 33 cm ; Jeremy Bolen, *Film exposed at Cern that I accidentally buried at Plot M, where it was unearthed by an anonymous force sometime between April 24th and May 22nd 2013*, 2012–2013, impression pigmentaire d'archive, flore du CERN, terre et fragments de filet d'érosion de Plot M, 60 x 70 cm ; Sebastian Alvarez, *The Chronosophical Society–Transection 01*, 2014, impression digitale sur vinyl, 2,40 x 6 m ; Assaf Evron, *Untitled (sRGB 1996)*, 2012, MDF et époxyde, 81 x 90 x 45 cm.

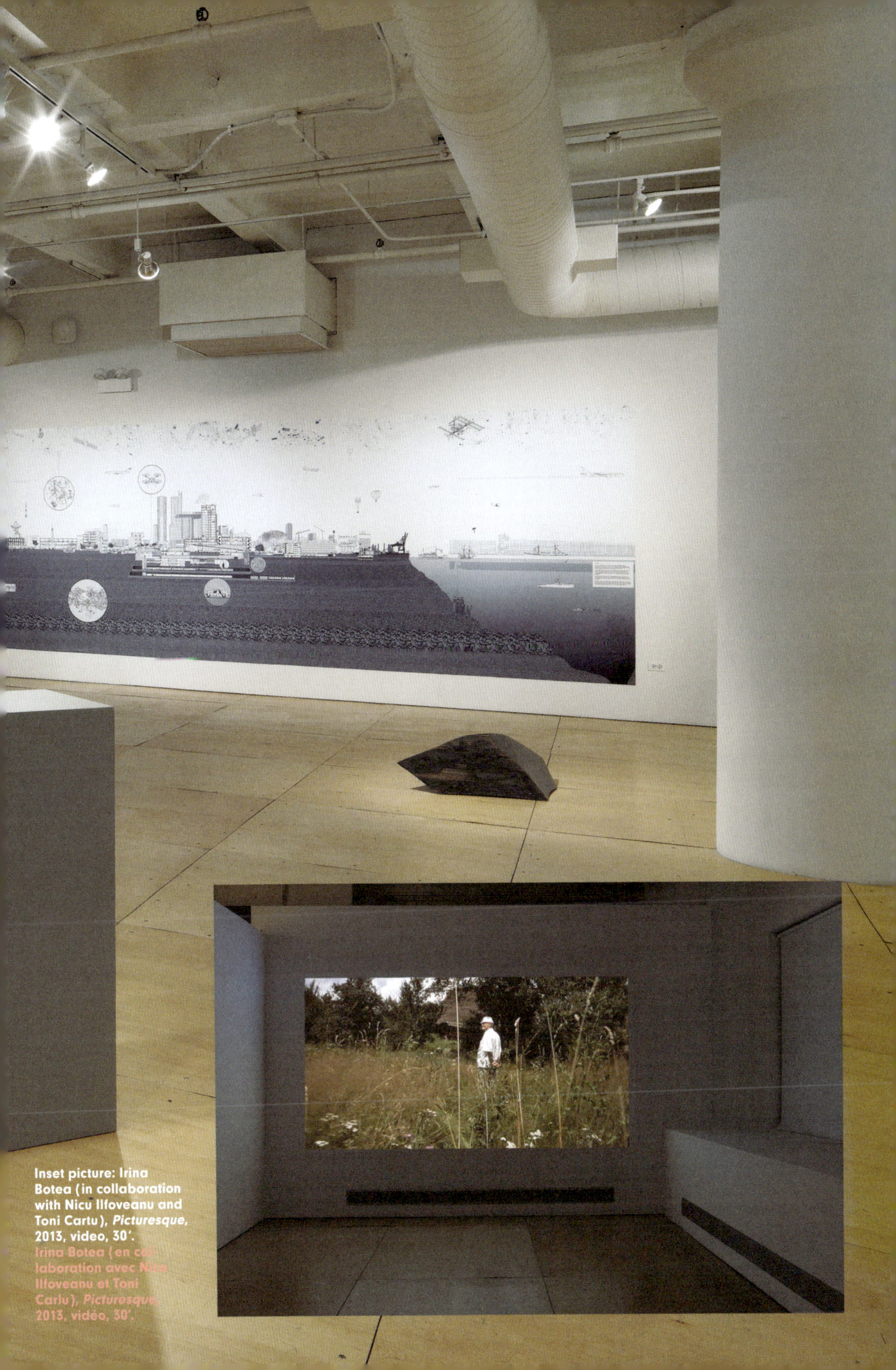

Inset picture: Irina Botea (in collaboration with Nicu Ilfoveanu and Toni Cartu), *Picturesque*, 2013, video, 30′.

Irina Botea (en collaboration avec Nicu Ilfoveanu et Toni Carlu), *Picturesque*, 2013, vidéo, 30′.

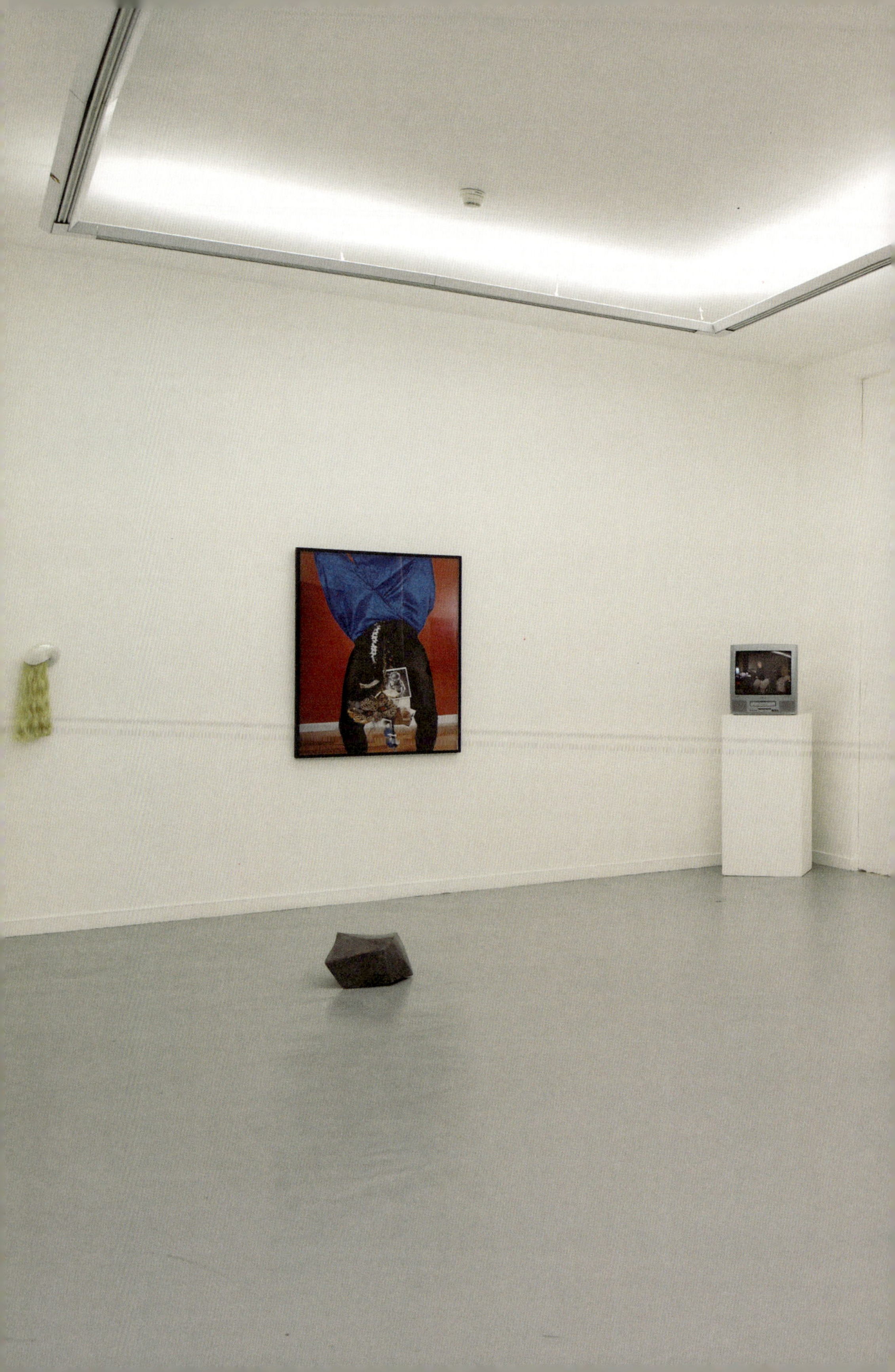

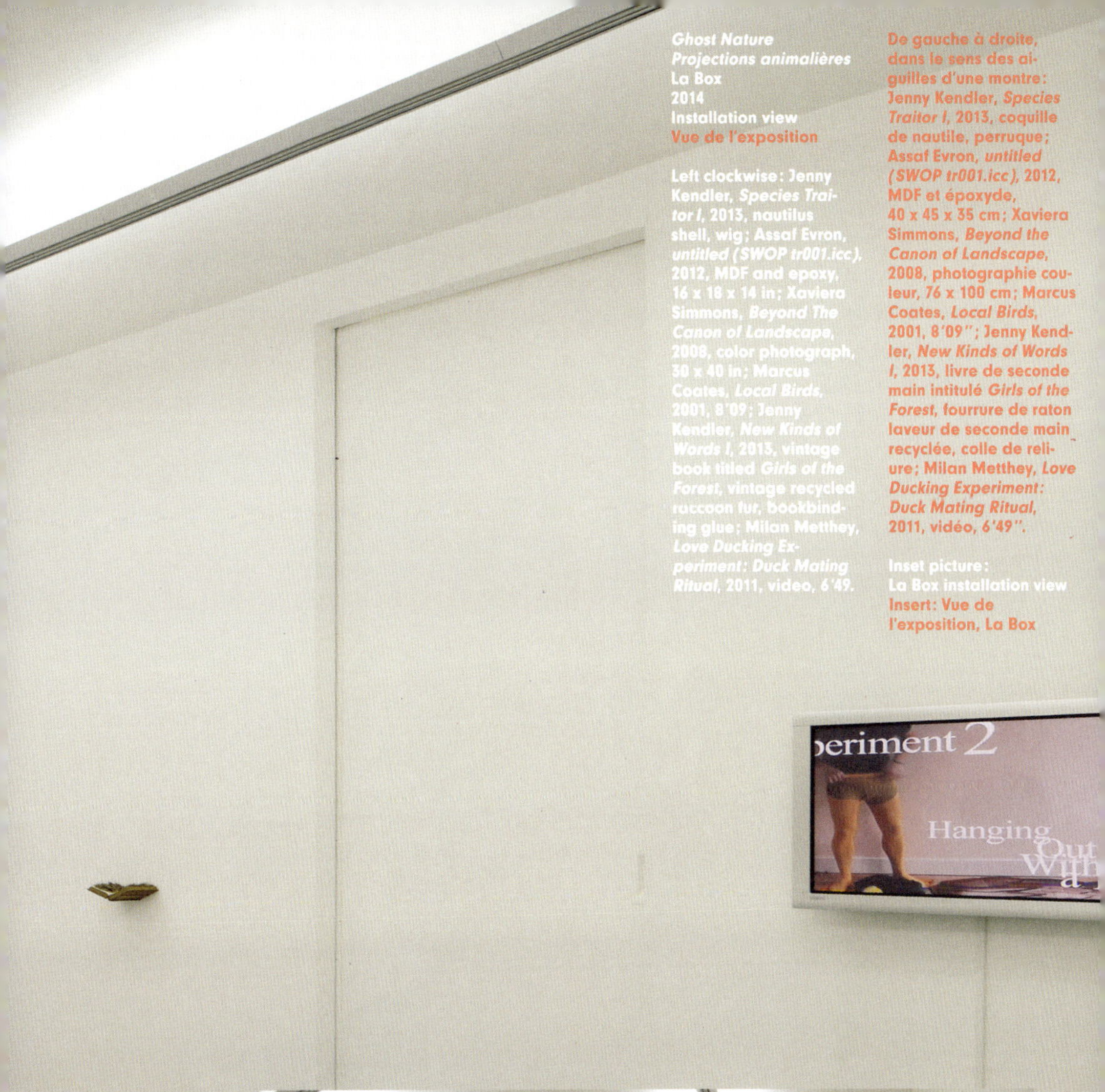

Ghost Nature
Projections animalières
La Box
2014
Installation view
Vue de l'exposition

Left clockwise: Jenny Kendler, *Species Traitor I*, 2013, nautilus shell, wig; Assaf Evron, *untitled (SWOP tr001.icc)*, 2012, MDF and epoxy, 16 x 18 x 14 in; Xaviera Simmons, *Beyond The Canon of Landscape*, 2008, color photograph, 30 x 40 in; Marcus Coates, *Local Birds*, 2001, 8'09; Jenny Kendler, *New Kinds of Words I*, 2013, vintage book titled *Girls of the Forest*, vintage recycled raccoon fur, bookbinding glue; Milan Metthey, *Love Ducking Experiment: Duck Mating Ritual*, 2011, video, 6'49.

De gauche à droite, dans le sens des aiguilles d'une montre: Jenny Kendler, *Species Traitor I*, 2013, coquille de nautile, perruque; Assaf Evron, *untitled (SWOP tr001.icc)*, 2012, MDF et époxyde, 40 x 45 x 35 cm; Xaviera Simmons, *Beyond the Canon of Landscape*, 2008, photographie couleur, 76 x 100 cm; Marcus Coates, *Local Birds*, 2001, 8'09"; Jenny Kendler, *New Kinds of Words I*, 2013, livre de seconde main intitulé *Girls of the Forest*, fourrure de raton laveur de seconde main recyclée, colle de reliure; Milan Metthey, *Love Ducking Experiment: Duck Mating Ritual*, 2011, vidéo, 6'49".

Inset picture:
La Box installation view
Insert: Vue de l'exposition, La Box

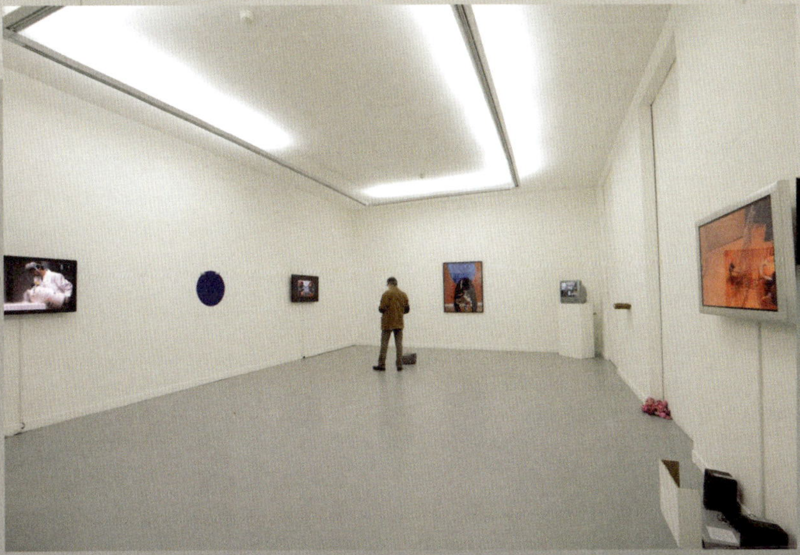

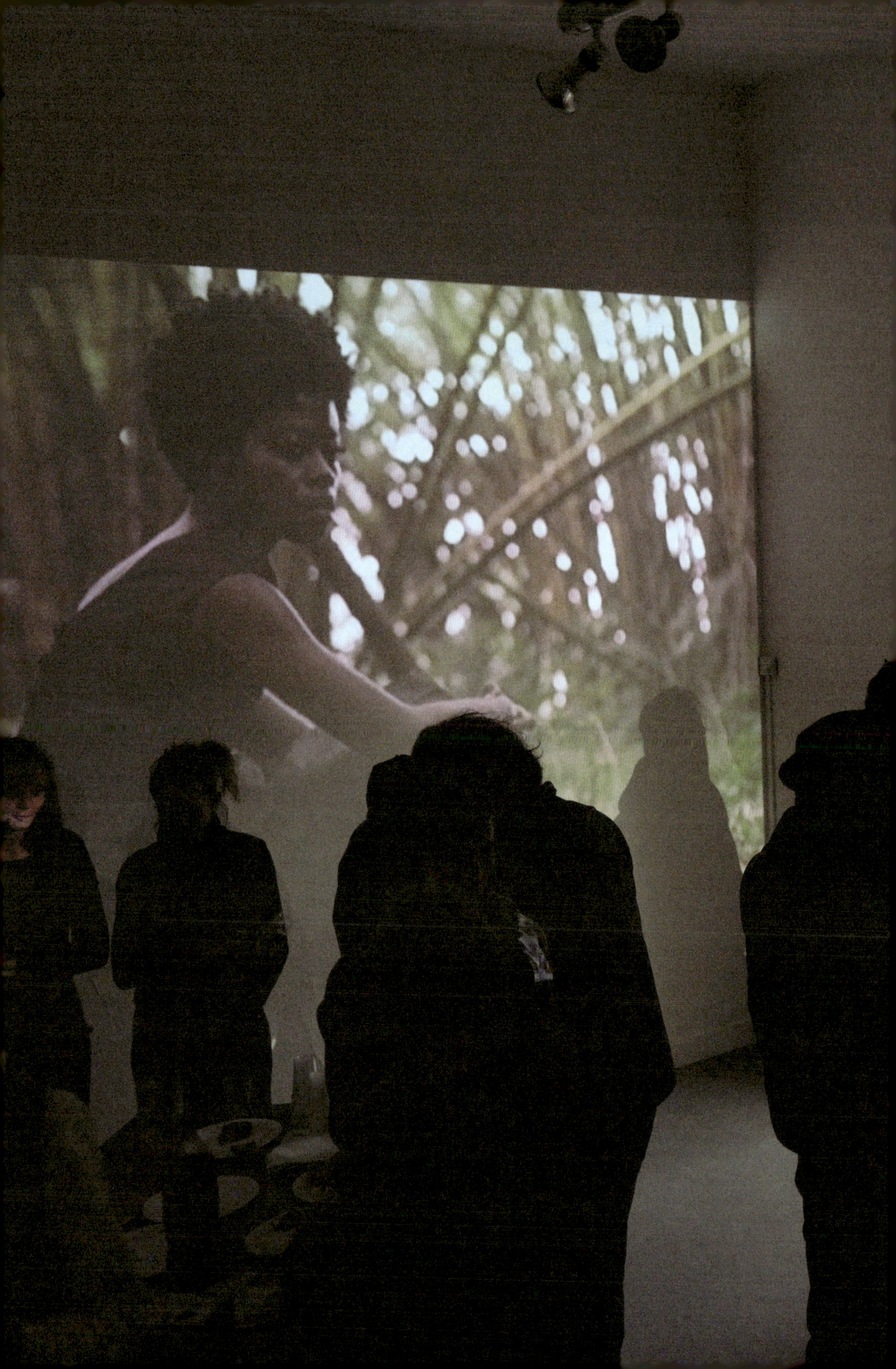

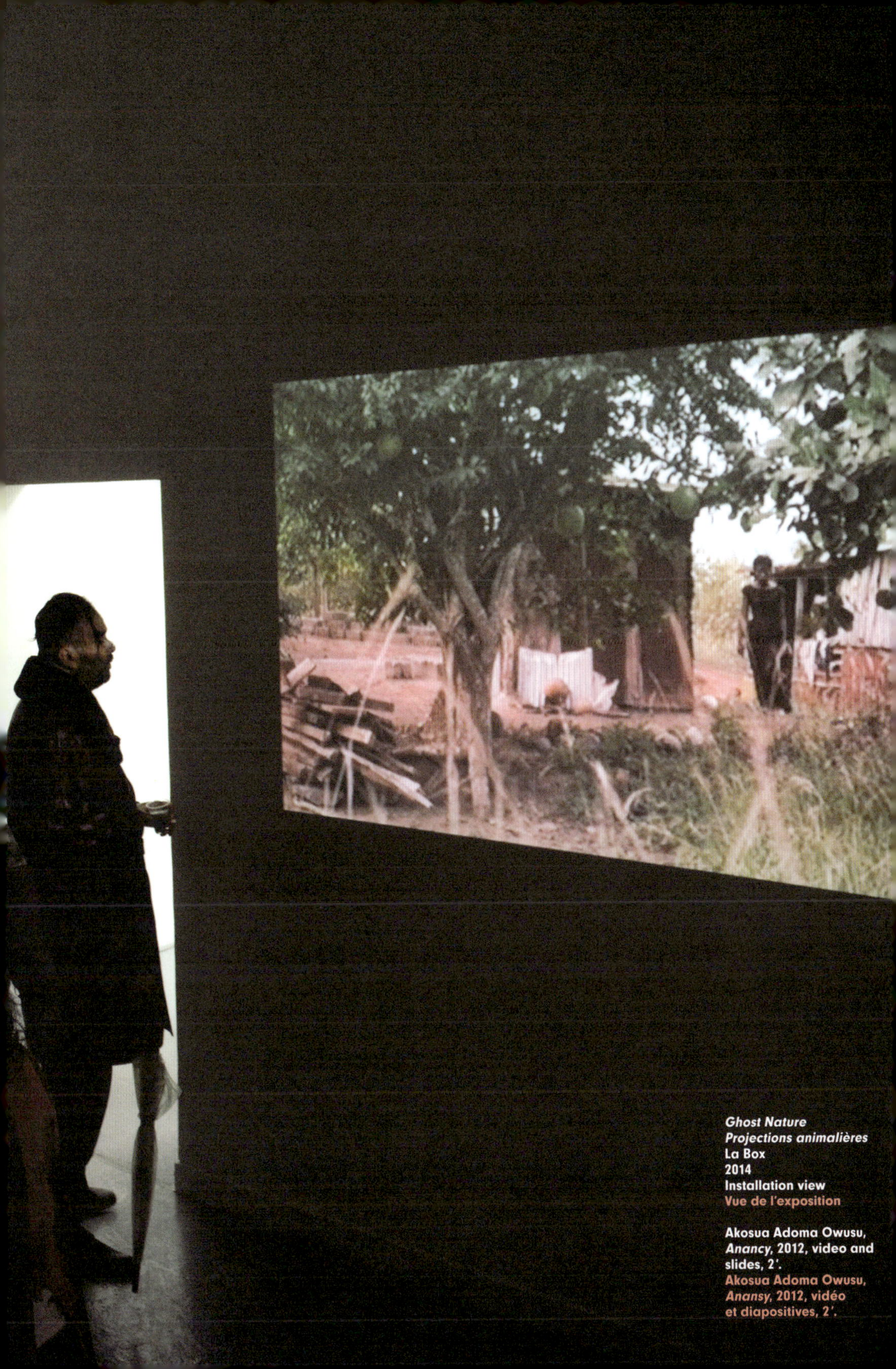

Ghost Nature
Projections animalières
La Box
2014
Installation view
Vue de l'exposition

Akosua Adoma Owusu, *Anancy*, 2012, video and slides, 2′.
Akosua Adoma Owusu, *Anansy*, 2012, vidéo et diapositives, 2′.

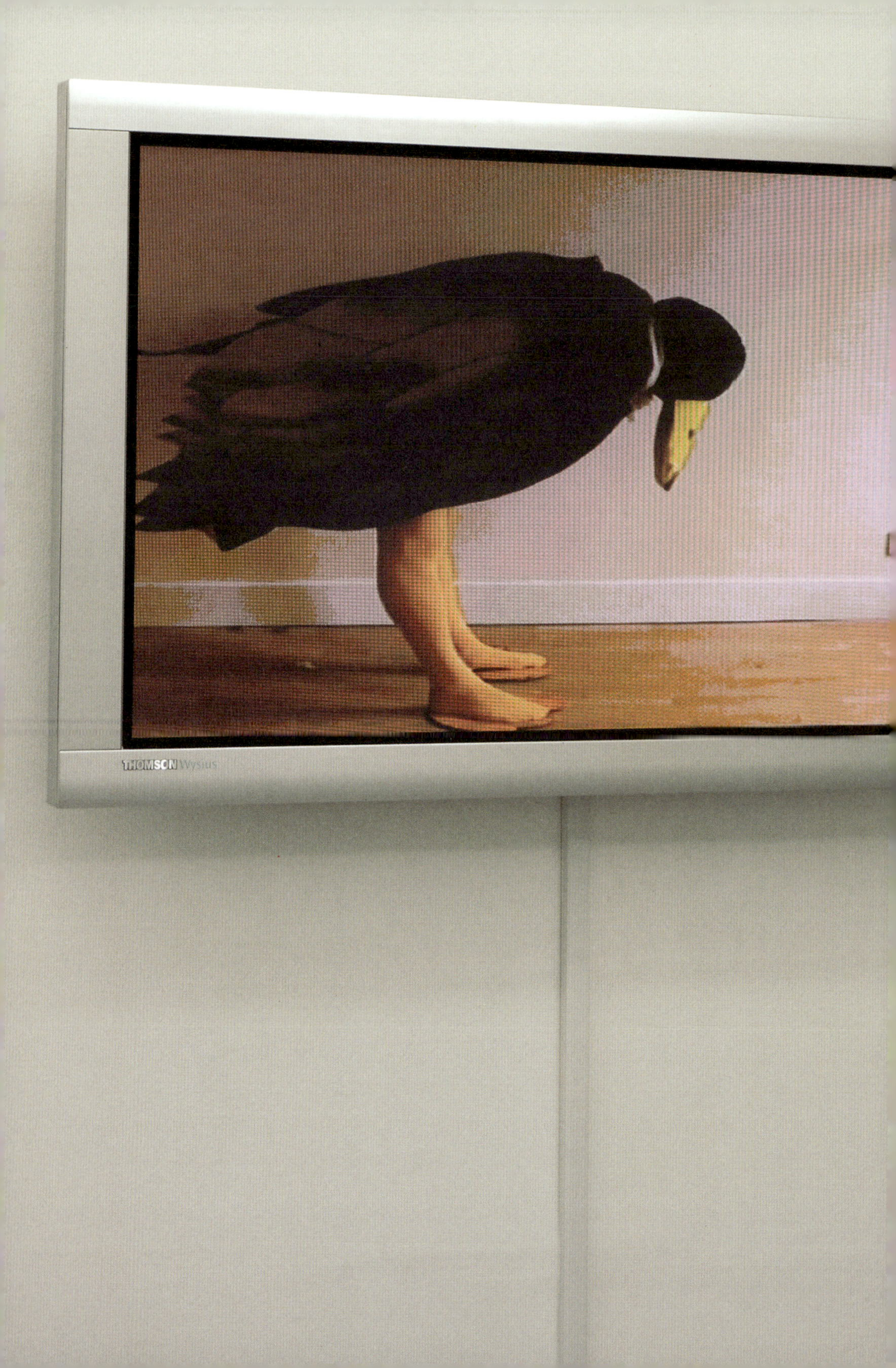
THOMSON Wysius

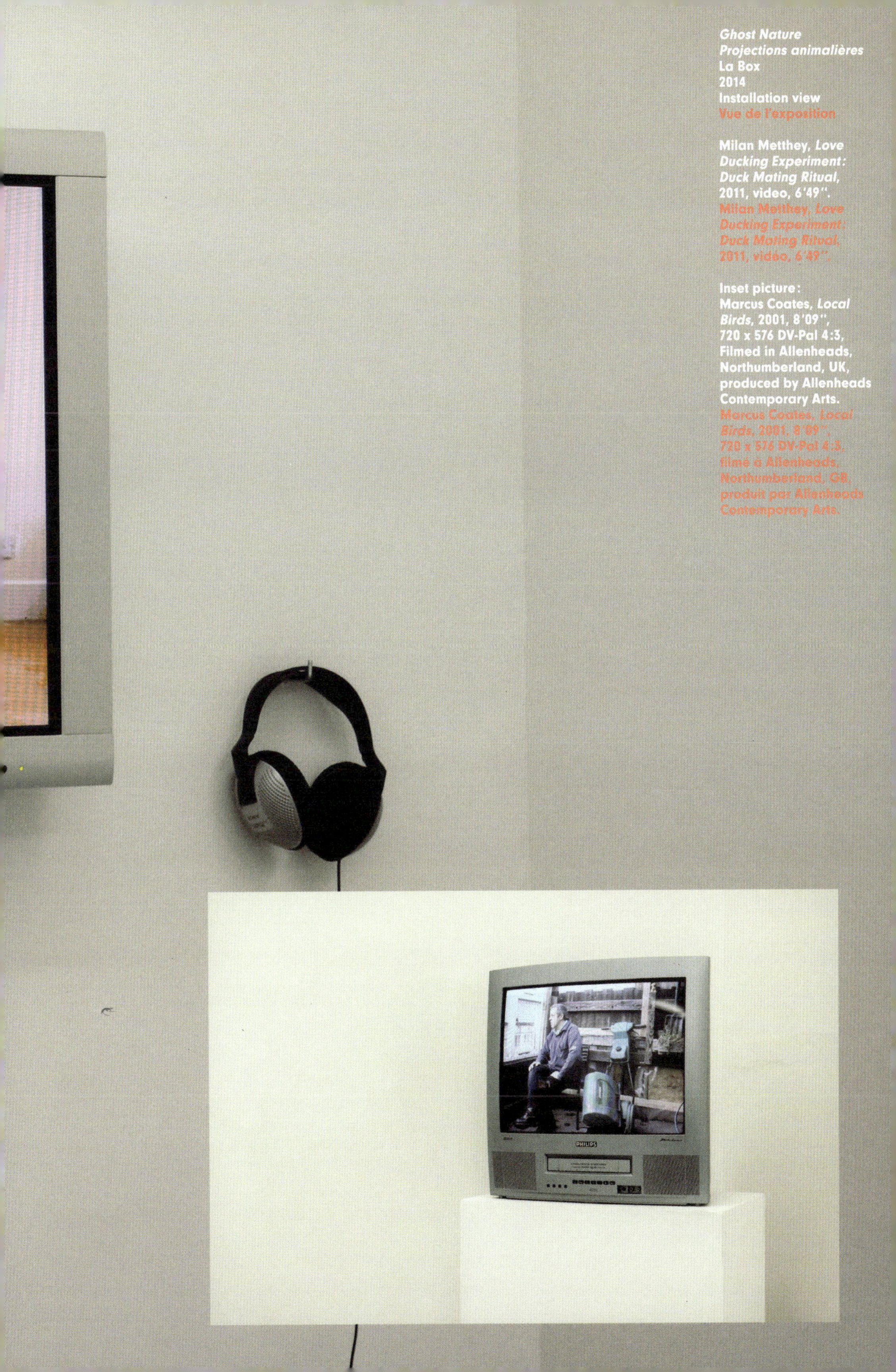

Ghost Nature
Projections animalières
La Box
2014
Installation view
Vue de l'exposition

Milan Metthey, *Love Ducking Experiment: Duck Mating Ritual*, 2011, video, 6'49".
Milan Metthey, *Love Ducking Experiment: Duck Mating Ritual*, 2011, vidéo, 6'49".

Inset picture:
Marcus Coates, *Local Birds*, 2001, 8'09", 720 x 576 DV-Pal 4:3, Filmed in Allenheads, Northumberland, UK, produced by Allenheads Contemporary Arts.
Marcus Coates, *Local Birds*, 2001, 8'09", 720 x 576 DV-Pal 4:3, filmé à Allenheads, Northumberland, GB, produit par Allenheads Contemporary Arts.

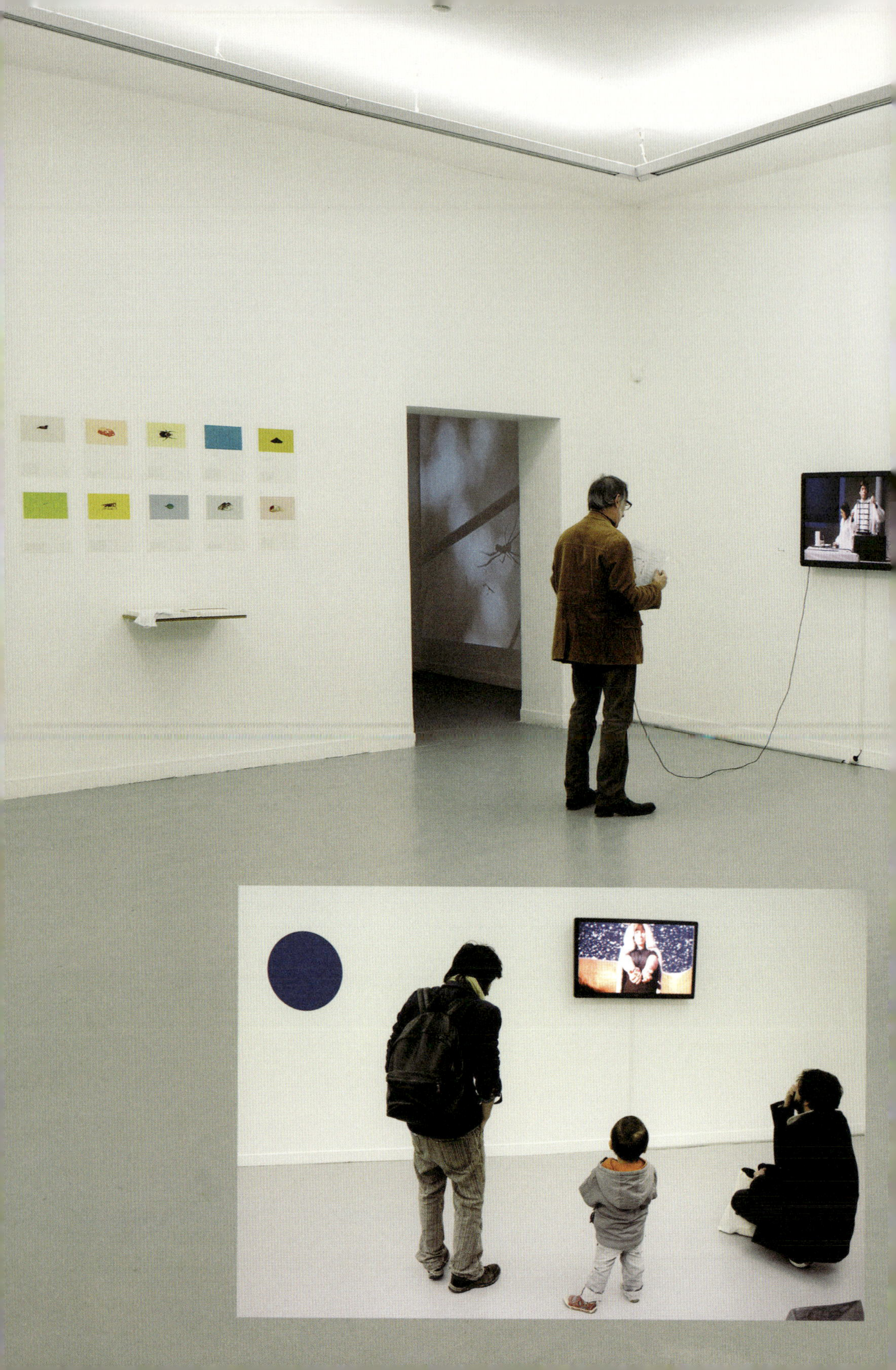

Ghost Nature
Projections animalières
2014
Installation view
Vue de l'exposition

Left clockwise: Institute of Critical Zoologists, *Guide to Flora and Fauna of the World*, 2013, printed artist book with loose encyclopedic plates, edition of 500; Akosua Adoma Owusu, *Anancy*, 2012, video and slides, 2'; Art Orienté objet, *Que le Cheval vive en moi!*, 2011, HD video, 24'.
De gauche à droite: Institute of Critical Zoologists, *Guide to Flora and Fauna of the World*, 2013, livre d'artiste imprimé avec plaques encyclopédiques détachées, édition de 500 exemplaires; Akosua Adoma Owusu, *Anansy*, 2012, vidéo et diapositives, 2'; Art Orienté objet, *Que le Cheval vive en moi!*, 2011, vidéo HD, 24'.

Inset picture, left clockwise: Institute of Critical Zoologists, *Bee Trap*, 2013, vinyl adhesive, 30 x 30 cm; Tessa Siddle, *The Green Dreams of Wolves*, 2014, video loop, 10'.
De gauche à droite, Institute of Critical Zoologists, *Bee Trap*, 2013, vinyle adhésif, 30 x 30 cm; Tessa Siddle, *The Green Dreams of Wolves*, 2014, la video boucle, 10'.

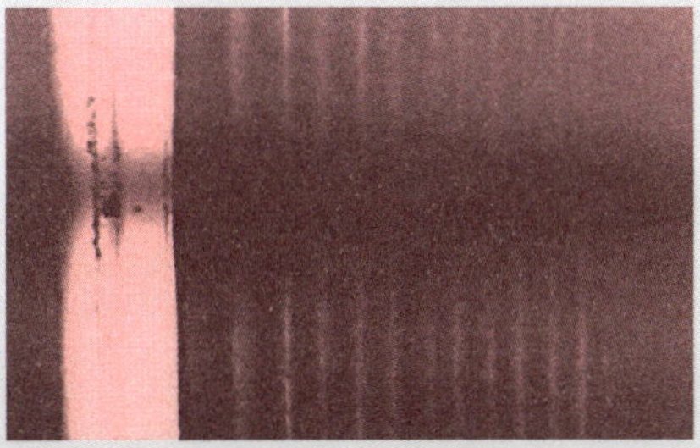

continued from page 62
brim of ecologies, life forms, and variant depths : the beginning of life and a projected emissary of the human subconscious, defiant of both fixity and reason. Worn smooth by the ocean's physicality, the simple stone on Mir Grady's table is the clearest, most direct reply this non-human body can offer.

Although smooth to the touch, Assaf Evron's *Untitled (sRGB 1996)* presents itself like an organic object. Its form appears intentional, as an unfamiliar species might. Contrary to first impressions, it was produced using technological algorithms. The wooden and epoxy sculpture represents the limits of a particular computer's ability to produce color. Ideally, a computer would present a perfect sphere of color — white in one pole, pure black at the other, with each color in the spectrum radiating out. That idealized sphere is currently impossible to achieve. Computers require *strength* to create color, and no system thus far has been strong enough to fulfill that ideally (human) conceived spectrum. Consequently different computer systems have different "color models" — three dimensional algorithmic diagrams that demonstrate the various spectrums they can accomplish. The first model from 1996 is a small, strange shape. It sits on the gallery floor like an organic beetle — and though no longer useful to the sculpture, the

suite de la page 62
humaines et des caractéristiques de visages non humains.

Plusieurs œuvres tentent de dépasser une vision anthropocentrique du monde. Malgré tout leur sérieux, ces attentes ont tendance à faillir, exposant un désir de surmonter les limites de l'expérience humaine. Rebecca Mir Grady écrit des lettres à son amant, l'océan. Malgré le sérieux de cette démarche, aucune réponse ne sera jamais reçue. Il s'agit d'une relation à distance non réciproque. Et même si l'on s'efforce de suggérer une interprétation anthropomorphique de ce magnifique corps aquatique et salin, l'objet inculte de l'affection de Rebecca Mir Gradys défie la traduction, étant en fin de compte trop étrange, trop indépendant, trop imprévisible, et non humain. Il s'agit à la fois d'une chose – un océan –, et de nombreuses formes vivantes, composées de parties, saturées d'écologies, ainsi que de profondeurs diverses : le début de la vie et l'émissaire du subconscient humain, défiant à la fois la stabilité et la raison. Portée aisément par la physique de l'océan, la simple pierre sur la table constitue la réponse la plus claire, la plus directe que ce corps non humain pourrait offrir.

Bien que doux au toucher, le travail d'Assaf Evron, *Untitled (sRGB 1996)*, se présente comme un objet organique. Sa forme paraît intentionnelle, comme pourrait le sembler

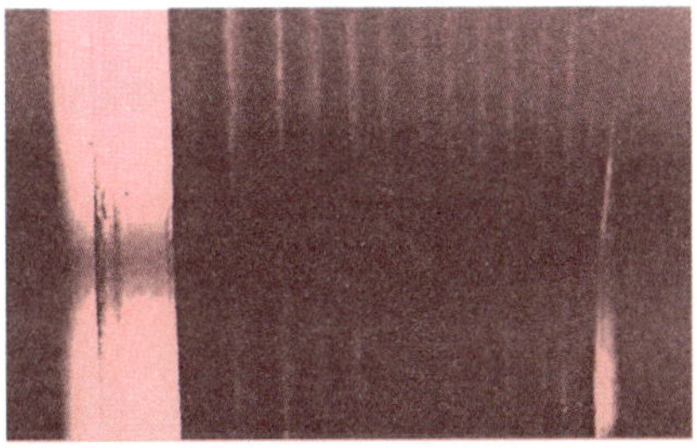

originating computer's limit becomes a dominant material characteristic of the sculpture.

Sebastian Alvarez exhibits a cross section of instants in time, describing the actions of humanity in different parts of the earth at different stages. Rather than compress planets into a human frame of reference, Alvarez presents the massive extent of human influence. The diagram is huge, consuming an entire wall of the gallery. It focuses primarily on human action, and yet the earth is present, as is the sky, as are the trees, the implication of air, and even the inanimate materials that will likely outlive any human civilization — the metal of fans and escalators predestined to remain in the environment once exhausted of their originating human purpose. Alvarez conveys a single instant occurring on multiple scales and sites at once, leaving the viewer to connect the web of relations between seemingly disparate acts.

Iterations of this exhibit have taken place at two locations in different parts of the world at more or less the same time. The bilingual text of this catalogue points to that duplicity, just as the additional essays emphasize the origin and echo of my curatorial premise. The *Ghost Nature* exhibition — featuring all of the artists

une espèce inconnue. Contrairement à ce qu'on pourrait croire au premier abord, il est le fruit de la technologie. La sculpture en bois et époxyde représente les limites de la capacité d'un ordinateur spécifique à produire de la couleur. Idéalement, un ordinateur présenterait une sphère parfaite de couleur — avec du blanc à une extrémité et du noir à l'autre, chaque couleur du spectre rayonnant vers l'extérieur. Cette sphère idéale est actuellement impossible à réaliser. Les ordinateurs nécessitent la puissance de créer de la couleur, et aucun système n'a jusque-là été assez puissant pour permettre d'obtenir ce spectre idéal. D'autres systèmes d'exploitation auront donc des « modèles de couleur » différents ; des figures algorithmes à trois dimensions démontrant les spectres qu'ils peuvent produire. Le premier modèle, datant de 1996, est un étrange objet miniature. Il gît sur le sol de la galerie tel un scarabée organique — et bien qu'elle ne soit plus utile ou pertinente dans la sculpture, la limite originelle de l'ordinateur en devient une caractéristique matérielle dominante.

Sebastian Alvarez présente une coupe transversale d'instants suspendus dans le temps, décrivant les actions de l'humanité dans différentes parties du monde à différents moments. Plutôt que de compresser des planètes dans un cadre humain de référence, il présente l'immense étenmentioned (except Every house has a door) — was on view at University of Illinois, Chicago's Gallery 400 from January 17th – March 1st, 2014, during what was known as The Polar Vortex Winter. The *Ghost Nature* project was simultaneously awarded the 2014 Curatorial Residency at La Box, ENSA, Bourges — an old Medieval city in the Loire Valley, in the heart of the country. In Bourges, the same group of artists was divided into two exhibitions. *Ghost Nature : Projections animalières* opened on January 16th, featuring artists whose work specifically incorporated the animal. *Ghost Nature : Le Fantôme de la nature* opened on March 26th, 2014, platforming the remaining artists whose works addressed those material bodies we typically consider unconscious — plants, planets, potatoes, dirt, the ocean... Both French and American exhibitions occupied college campuses ; the two cities are nevertheless organized very differently : Chicago boasts its famous post-1871 fire grid, whereas Bourges remains oriented around a partially existing, circular Roman wall.

An affiliated symposium, *Following Nonhuman Kinds*, took place in Bourges on the 17th and 18th of April during which this book was released. The symposium, in some sense, was a culminating effort of the *Ghost Nature* project, one in which outside voices from the University

due de l'influence humaine. Ce volumineux schéma occupe un mur entier de la galerie. Contrairement à d'autres travaux de l'exposition, le travail de Sebastian Alvarez semble principalement dédié aux actions humaines tout en intégrant la Terre, le ciel, les arbres, l'implication de l'air et même les matériaux inanimés qui survivront sans doute à la civilisation humaine, comme le métal des ventilateurs et les escalators prédestinés à réintégrer l'environnement non humain.
Il transmet un instant qui survient sur plusieurs échelles et sur plusieurs sites à la fois, laissant le spectateur connecter la toile de relations entre des actes à première vue disparates.

•

Cette exposition a eu lieu plus ou moins simultanément dans deux pays différents. Le texte bilingue de ce catalogue témoigne de cette duplicité, tout comme les essais additionnels soulignent l'origine et l'écho de mon postulat curatorial. L'exposition *Ghost Nature* – qui rassemble tous les artistes mentionnés ici (excepté Every House has a Door) a pris place à la Gallery 400 de la University of Illinois à Chicago du 17 janvier au 1er mars 2014, durant le phénomène qu'on a baptisé "vortex polaire". Le projet a également été accueilli dans le cadre du programme de résidences 2014 de La Box, à Bourges – ville médiévale de la vallée de la Loire.

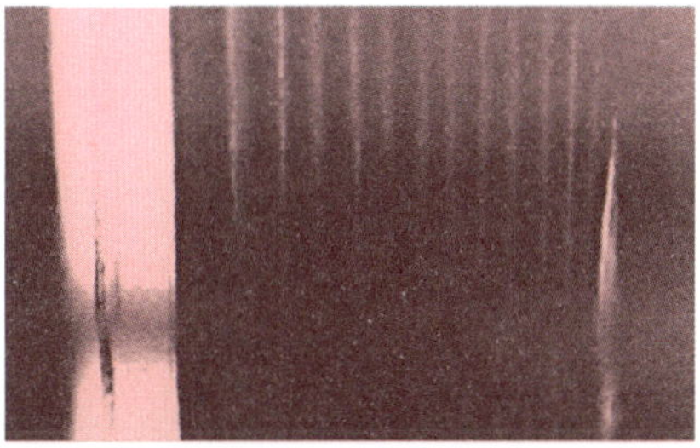

de Beaux-Arts de Bourges, as well as visitors from Paris, London and the US came together to respond, reflect, undermine, and commiserate about the human conception of ecology.

●

> "... There is an 'inevitable propensity of [the human] mind' to view the world as if it consisted not of an ever changing flow of time but of a calculable set of things." [1]

Humanity wants to identify itself as something categorically different from the nonhuman: part animal and part divine, we see ourselves as a distinct species capable of language, capable of conceiving of its own death, emerging from the primordial muck in the final stage of a great opera on consciousness. We are a species with a deep cultural and historical inheritance. We use tools and erect buildings that transform our surrounding landscape. Nevertheless, while those attributes might at first appear like signs of an unique Homo sapien capacity, there is always some other species in the eaves of investigation ready to present the very skill we'd take such pride in. Even speech. "Up until the eighteenth century, language — which would become man's identifying characteristic *par excellence* — jumps across borders and classes, for it is suspected that even

Dans ce lieu, le groupe d'artistes initial a été divisé en deux expositions. *Ghost Nature : Projections animalières* a été inaugurée le 16 janvier 2014 à Bourges, et rassemblait des artistes dont le travail se penche spécifiquement sur l'espèce animale. Un second volet, intitulé *Ghost Nature : Le Fantôme de la nature*, a débuté le 26 mars 2014, et proposait quant à lui les artistes (excepté Agnes Meyer Brandis) qui se penchent sur les corps physiques que nous tenons généralement pour inconscients – les plantes, les planètes, les pommes de terre, la poussière, l'océan ... Les deux sites d'exposition, aux États-Unis et en France, sont rattachés à un campus. Les deux villes relèvent cependant d'une organisation très différente : Chicago affiche son quadrillage élaboré à la suite du grand incendie de 1871, tandis que Bourges s'articule toujours autour des vestiges de son rempart gallo-romain.

Un colloque affilié à l'exposition, *Following Nonhuman Kinds*, a pris place à Bourges les 17 et 18 avril, date de la parution du livre. À certains égards, cette rencontre a constitué le point culminant de l'ensemble du projet *Ghost Nature*. À cette occasion, des voix extérieures, venues de l'École des Beaux-Arts de Bourges, ainsi que des visiteurs en provenance de Paris, de Belgique, de Londres et des États-Unis, ont pu se rassembler pour réagir, réfléchir et compatir sur la conception humaine de la nature.

1. Jane Bennet, *Vibrant Matter* (Durham, NC: Duke University Press), 76.
1. Jane Bennet, *Vibrant Matter*, Durham, Duke University Press, p.76.

birds can talk." [2] Perhaps because of our inability to answer this peculiar question about human essence, perhaps because human reason imposes categorical definitions on our experience in order to survive, we are so heavily invested in proving the superiority of human potential again and again, we overlook the strangeness of our animal cousins.

The Institute of Critical Zoology blends fact and fiction to emphasize and expose the idiosyncratic relations and assumptions made between animals, their habitats, and the humans that categorize them. While the result is ecologically minded, the dominant effect is uncanny. The ICZ affectively unearths little understood animal behaviors and re-presents them within gallery settings as representational photography, encyclopedic texts, and multimedia installations. In this particular instance, ICZ paints a circle on the wall. Because of its color, it exists as a different signifier in two languages at once. For the human it can appear in the gallery as a (perhaps poor) minimalist gesture, derivative of a Richard Tuttle wheat paste, for example. For the bee, it is alluring. It is a place to land, as intoxicating as light to a moth. For a human interested in bees, the circle becomes a bee trap. While the human stands in one worldview, the bee inhabits another. The circle occupies both occupies both at once.

« ... L'esprit [humain] a une propension inévitable à voir le monde comme s'il était constitué non pas d'un flux temporel en perpétuel changement, mais d'un ensemble d'éléments qu'il est possible de calculer. » [1]

L'humanité veut faire valoir sa supériorité dans le monde. D'essence en partie animale et en partie divine, l'humain se voit comme une espèce particulière, capable de langage, capable de concevoir sa propre mort, émergeant de la boue primordiale comme la scène finale du grand opéra de la conscience. Nous constituons une espèce qui bénéficie d'un riche héritage culturel et historique. Nous utilisons des outils et nous construisons des bâtiments qui transforment le paysage environnant. Mais alors que ces attributs peuvent paraître à première vue comme les signes distinctifs uniques à l'homo sapiens, une autre espèce est tapie aux confins de notre conscience, prête à faire preuve de la même qualité que celle revendiquée avec tant de fierté par l'humanité pour se définir : le langage lui-même. « Jusqu'au dix-huitième siècle, le langage – qui deviendra la caractéristique par excellence de l'homme – transcende les ordres et les classes, car on soupçonne alors que même les oiseaux peuvent parler.» [2] Peut-être du fait

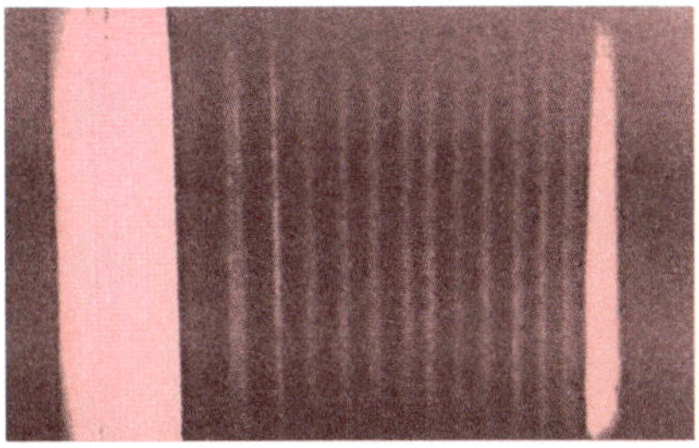

2. Giorgo Agamben, *The Open: Man & Animal* (Redwood City, CA: Stanford University Press, 2004), 24.
2. Giorgio Agamben, *L'Ouvert: De l'homme et de l'animal*, Paris, 2002, p.45.

Human attempts to communicate directly with animals never quite work. Milan Metthey goes so far as to try and embody the nonhuman form. Modifying his posture and wearing a simple costume, he actively courts a mallard. Metthey projects a live feed of himself imitating avian mannerisms to a female duck in another room. Although he is projected in proportion to the duck by way of a live-feed, Metthey cannot capture her interest. Instead of using the animal form to enact Aesopian tales for human benefit, this particular embodiment illustrates Metthey's attempts to conceive an animal mind in order to relate to it personally. Like Mir Grady's letters, he fails; he does not become the heroic protagonist of a transspecies romantic comedy. By way of his attempts, however, he measures his failure in nonhuman (specifically duck) terms.

In an attempt to experience a horse's perspective, Art Orienté objet collaborator Marion Leval-Jeantet built up a tolerance to horse blood by injecting a small bit of the animal's plasma into her system over the course of a year. She subsequently staged a horse blood transfusion performance with her partner Benoît Mangin. Aside from video documentation, what remains of their performance, *Que le Cheval vive en moi!*, is a small, innocuous petri dish with human/horse blood and a video. "In my opinion," Leval-Jeantet said

de notre incapacité à répondre à cette étrange question sur l'essence de l'homme, peut-être du fait que la raison humaine impose des définitions catégoriques, statiques de notre expérience du monde, l'humanité est si investie dans la supériorité du potentiel humain que nous ne remarquons pas l'étrange nature de nos cousins animaux.

L'Institute of Critical Zoology (ICZ) mêle les faits à la fiction pour souligner et exposer les relations idiosyncratiques et suppositions faites entre les animaux, leur habitat, et les humains qui les catégorisent. Si le résultat est écologique, l'effet dominant est mystérieux. L'ICZ soulève des habitudes animales peu comprises et les *re-présente* dans le cadre de la galerie à travers des photographies figuratives, des textes encyclopédiques et des installations multimédia. Dans ce cas précis, l'ICZ a peint un cercle sur le mur. En raison de sa couleur, ce cercle existe en tant que signifiant distinct dans deux langages à la fois. Pour l'humain, il peut apparaître dans la galerie comme un geste minimaliste (peut-être pauvre), un dérivé d'une pièce de Richard Tuttle fixée à la colle d'amidon par exemple. Pour l'abeille, il s'agit d'un point attirant. C'est une zone d'atterrissage, aussi nocive que de la lumière pour un papillon de nuit. Pour un humain amateur d'apidés, le cercle devient un piège à abeilles. Pendant in an email, “my essence was not changed, but I was able to respond to an eternal frustration : I could finally feel Animal Otherness in me, outside of a purely anthropocentric point of view.”

Though nonhuman and inert, Marcus Coates’s modest-sized cube of MDF claims to possess an animal otherness, embodying a wolf. *Platonic Spirit : Grey Running Wolf* appears in Gallery 400 entirely un-wolf like. It seems practically featureless, flat on all sides, with right angles, painted the same opaque gray. Everything about it is inorganic, rigid, and manufactured. However easily one may project an image of a running wolf onto its form, the act of projecting the wolf is inevitably self-conscious. Perhaps this form does indeed contain an ideal — a platonic, geometric, iteration of the wolf, as a Euclidean circle compares to a circle in the world. In France, Coates offers another video, *Local Birds*, in which humans learn the unique songs of birds that are then repeated for the camera. Coates videos his subjects whistling, and accelerates the resulting film; when played back at this new, high speed, his subjects glitch, and tic, with high-pitched whistles that sound sharp and clear as any song bird.

In her *Index Four* series, Xaviera Simmons’ human figure is over-

que l’humain adopte une vision du monde, l’abeille en habite une autre. Ils sont tous deux occupés par le cercle de manière fourbe.

Les tentatives de communication directe de l’humain avec les animaux ne fonctionnent jamais véritablement. Milan Metthey va jusqu’à tenter d’incarner la forme non humaine : vêtu d’un simple costume et prenant des postures adaptées, il s’active à faire la cour à un colvert. Sa tentative de mimétisme aviaire est retransmise en direct, projetée devant une cane dans une autre salle. Bien que l’image soit adaptée à la taille du canard grâce à ce flux direct, Milan Metthey ne parvient aucunement à attirer son attention. Plutôt que d’utiliser la forme animale pour incarner des fables d’Ésope au bénéfice de l’homme, cette incarnation particulière illustre les tentatives de Milan Metthey de concevoir un esprit animal afin de communiquer personnellement avec la bête. Comme les lettres de Rebecca Mir Grady, il échoue, il ne devient pas le protagoniste héroïque d’une comédie romantique trans-espèce. Avec ses tentatives, il parvient en revanche à mesurer son échec en termes non humains (en « canard », plus particulièrement).

Collaboratrice au projet Art Orienté objet, Marion Laval-Jeantet, tente d’expérimenter la perspective d’un cheval en créant une tolérance au sang de l’animal ; elle injecte ainsi un peu de plasma de l’animal

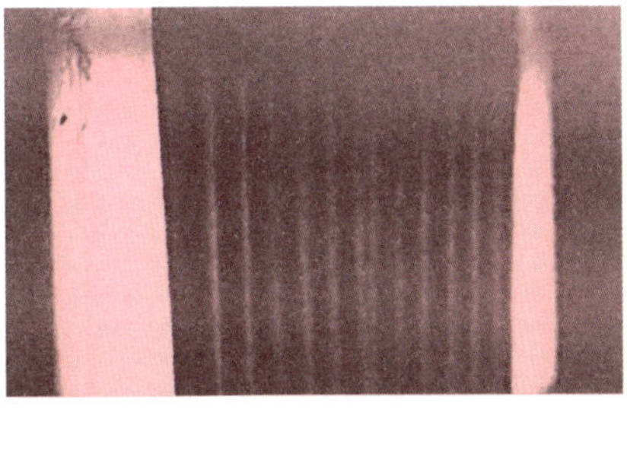

whelmed by an accumulated collage of material objects staged and orbiting around the torso. A red skirt, upturned, blooms up like the top of an hour glass. Beneath it hang an assortment of feathers, woven fabrics, black and white photographs, sculptures, shells, vessels and branches above a pair of legs in tights. The nature of these objects, as well as their careful accumulation, suggests sentimentality. They could be the signifiers of memory — souvenirs as potent as Art Orienté objet's petri dish. Part linguistic, part material. The collage suppresses the body's prominence, illustrating the delicate web of fluctuating material things that comprise not only the environment, but also the individual.

Jenny Kendler appropriates mass market ceramic representations of birds — popularized icons of animal identity. Kendler modifies these sculptures, creating exquisite monsters difficult to match to our indexical animal categories. She adds a hexagonal gold cube onto the head of a bird of paradise, and layers wind fallen lichen on a vintage ceramic bird. These new, unnatural creatures seem like the stuff of science fiction, belonging to the animal world on one hand, while nevertheless resisting easy categorization.

In *Anancy*, Akosua Adoma Owusu projects a dual-channel film and rotating slides based on the fabled Anansi, a trickster who

dans son organisme sur une période d'un an. Elle se fait ensuite injecter du sang de cheval dans le cadre d'une performance avec son partenaire Benoît Mangin. Ce qu'il reste du projet *Que le Cheval vive en moi !* est une petite et inoffensive boîte de Petri contenant du sang humain et du sang de cheval, ainsi qu'une vidéo. Dans une correspondance par courriel, Marion Laval-Jeantet écrit : « À mon avis, mon essence n'a pas été modifiée mais j'ai pu répondre à une éternelle frustration. J'ai pu enfin sentir le caractère animal différent en moi, libérée d'un point de vue purement anthropocentrique. »

Bien que non humain et inerte, le cube modeste de Marcus Coates en panneaux MDF possède une altérité animale, incarnant un loup. *Platonic Spirit : Grey Running Wolf* n'a pourtant rien d'un loup. Il semble presque dépourvu de tout trait distinctif : peint uniformément du même gris opaque, tous ses côtés sont plats et ses angles sont droits. Tout évoque son caractère non organique, rigide et manufacturé. Si le spectateur peut facilement y projeter une image d'un loup en pleine course, cette représentation mentale ne peut être que réflexive. Il se peut que cette forme renferme bien un idéal — une itération platonique et géométrique du loup, comme un cercle euclidien se voit comparé avec un cercle dans le monde. À Bourges, Marcus Coates propose une autre vidéo, *Local Birds*, appears as both human and spider in Ghanaian mythology. Owusu's narrative film variation, *Kwaku Ananse*, follows an estranged daughter fleeing her father's funeral. She leaves her family behind, and goes to the woods in search of something. There she finds ants and men. Of both she asks, "Where is my father?" In the gallery, Owusu presents a silent, non-linear installation using footage from *Kwaku Ananse*. One hears the clicking of the slide projector, perhaps as a measure of time — a heart beat of the piece. At La Box, this work is installed in the front room of the gallery, creating an immersive experience: spiders project on the wall large as a human head, while a female protagonist walks through the scene of an opposing screen. Behind us, images click over featuring the river, a gourde, the protagonist on a rope bridge. The viewer is excluded from accessing a linear narrative; occupying the room feels more like occupying a memory, one in which multiple perspectives, topographies, life forms and time spans coexist.

Tessa Siddle imagines a new future, beyond scarcity and death. In *The Green Dreams of Wolves*, Siddle was inspired by the fictional direwolves in *Game of Thrones*. Humans wear wolf-derived costumes, as hybrid witches, who become ritual sacrifices in what Siddle describes as a "half-natural/half artificial"

dans laquelle des humains apprennent les chants d'espèces aviaires indigènes et les reproduisent devant la caméra. Il filme ses sujets en train de siffler puis accélère le film obtenu jusqu'à ce que leur chant se confonde avec celui d'un oiseau. Parcouru d'interférences saccadées, leur chant ainsi corrigé, précis et clair, devient comparable celui d'un passereau.

Dans sa série *Index Four*, la figure humaine de Xaviera Simmons est submergée par un collage d'objets accumulé gravitant autour de son torse. Une jupe rouge renversée éclot comme le haut d'un sablier. En dessous est pendu un assortiment de plumes, d'étoffes tissées, de photographies en noir et blanc, de sculptures, de coquillages, de récipients et de branches par-dessus une paire de jambes en collants. La nature de ces objets, tout comme leur accumulation soignée, évoque le sentimentalisme. Ils pourraient être les signifiants de la mémoire; des souvenirs aussi puissants que la boîte de Petri d'Art Orienté objet. En partie linguistiques, en partie matériels. En occupant ces espaces liminaux entre des choses concrètes et des signifiants sentimentaux, le collage supprime la proéminence du corps, illustrant la toile délicate d'objets fluctuants qui comprennent non seulement l'environnement mais aussi la personne.

Jenny Kendler s'approprie des représentations d'oiseaux en

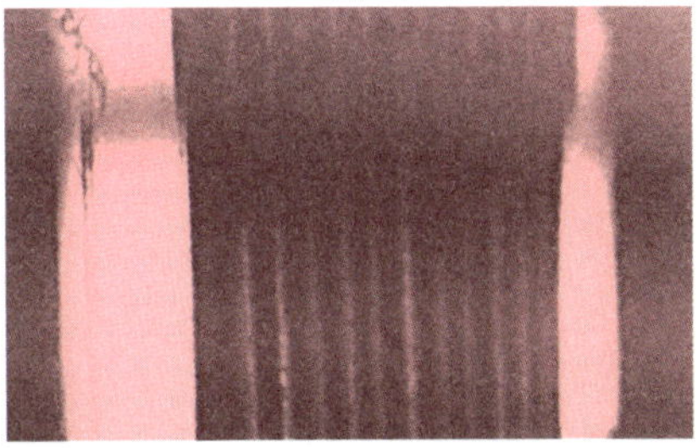

landscape. At one moment a fox runs across the horizon. The trans-moon — an overseeing planet with a human face, observes all without expression, only shifting positions in the sky. As transspecies creatures, these characters inhabit multiple worlds at once, understanding the human, the animal, and the embodiment of between-ness, suggesting perhaps that by performance, they can present new possible futures. The viewer is periodically consumed by the witches' resulting visions, when their wooden box/cauldron expands to fill the entire TV monitor ; suddenly we are overwhelmed by the juxtaposition of legs, lichen, flowers, stones and paint.

Present in those projected futures is a necessary past — ideologies, laws, and events that brought us here. In *Testimonium*, Every house has a door draws on Charles Reznikoff's book, *Testimony : The United States 1885 – 1915*, where the Objectivist poet compiled and edited pages and pages of court transcripts. Many of the violent deaths that Every house culls from Reznikoff's work are tied to work conditions in the Industrial Revolution — what some might argue marked the beginning of the Anthropocene. In the original version of the piece, Joan of Arc interprets Reznikoff musically. Bryan Saner embodies the voice of Reznikoff on stage, and Stephen Fiehn translates Reznikoff through

céramique produits à grande échelle, icônes populaires de l'identité animale. En modifiant ces sculptures, elle crée des monstres exquis difficiles à inscrire dans la taxinomie animale. Elle ajoute un cube hexagonal doré sur la tête d'un paradisier et des couches de lichen sur un oiseau en céramique chiné aux puces. Ces nouvelles créatures non naturelles semblent sortir tout droit d'un livre de science-fiction. Ces formes semblent être à cheval entre le monde animal et le monde humain ; leur hybridité refuse toute catégorisation facile.

Dans le cadre de son projet *Anancy*, Akosua Adoma Owusu projette un film et des diapositives inspirés de Anansi, un personnage facétieux mi-homme, mi-araignée de la mythologie ghanéenne. On y suit une fille séparée de son père, fuyant les funérailles de ce dernier. Abandonnant sa famille, elle s'enfuit dans les bois dans l'espoir d'y trouver quelque chose. Elle y trouve des fourmis et des hommes à qui elle demande : « Où est mon père ? » Dans la galerie, Akosua Adoma Owusu présente une version silencieuse et moins linéaire. On entend le cliquetis du projecteur de diapositives, faisant peut-être office de métronome, de pulsation de l'œuvre. Au sein de La Box, ce travail a été installé dans la salle principale de la galerie, créant une expérience d'immersion : des araignées aussi grandes qu'un visage humain sont projetées sur le a series of embodied actions. At the end, each constituent comes together to sing:

And whatever wonder I may feel
This whole planet is really no
big deal.
A giant rock spinning 'round
a ball of fire
Timeless among its billions
of twins
None of them identical, all of
them immeasurable
But in the end each without
consequence.

During the symposium in Bourges, Every house performs a different version of the piece — *Testimonium (quiet form)*. Joan of Arc is not present. Instead Fiehn and Saner occupy the entire stage with a series of coordinated movements from the original piece. This is a quiet version, a version for a bi-lingual audience, a version focused on the choreography of objects within the original performance.

Our preoccupation with the nonhuman world is overwhelmingly anthropocentric. Animals furnish human experience with metaphors, symbols, and signs; conversely, their behavior is filtered through human values and mores. Rarely are they represented as having an autonomous animal world as rich and developed as our human one. By filtering them through the sieve of human culture, their strangeness is stripped away as

mur, pendant qu'une autre marche à travers un écran y faisant face. Derrière, on entend le cliquetis du projecteur de diapositives ; une rivière, une gourde, la protagoniste sur un pont de cordes, défilent. On ne soumet pas au spectateur une ligne narrative mais dans la salle, on a le sentiment d'assister à une mémoire dans laquelle des perspectives, des tographies, des formes de vie et des instants coexistent.

Tessa Siddle imagine un nouvel avenir, au delà du dénuement et de la mort. Dans son projet *The Green Dreams of Wolves*, Siddle s'inspire des loups *Canis dirus* du *Trône de fer*. Des humains portent des costumes de loups, comme des sorcières hybrides devenant des sacrifices rituels dans ce que Tessa Siddle décrit comme « mi naturel, mi artificiel ». À un moment donné, un loup traverse l'horizon. La translune — une planète au visage humain, observe tout sans expression, se déplaçant simplement dans le ciel. En tant que créatures transgenres, ces personnages habitent plusieurs mondes à la fois, comprenant l'humain, l'animal et l'incarnation de l'intervalle. Les sorcières hybrides sont à la fois instruites et analphabètes, suggérant peut-être qu'à travers la performance, elles peuvent incarner et présenter de nouveaux horizons à travers une minuscule boîte dans laquelle elles font leurs préparations. Le spectateur est occasionnellement absorbé

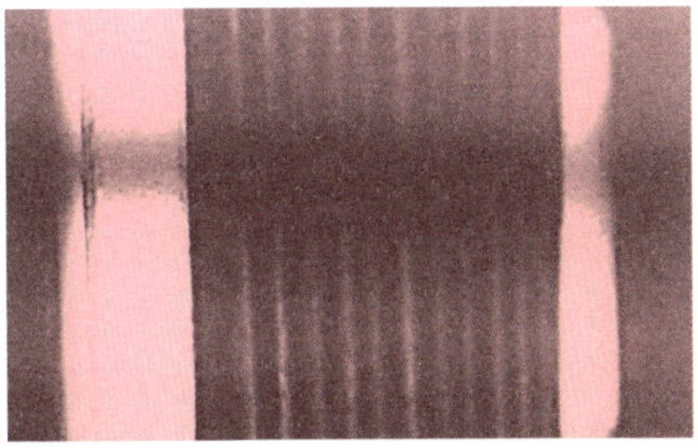

well. They become the fixed, static objects of myth, reflecting nonspecific human ideals rather than the unique and uncanny beings they are. In fact, this entire landscape we would call 'natural' is littered with human influence : computers, plastics, atomic waste, buildings, industrial gasses, reservoirs, to such an extent that the bounds between what is and is not considered natural is merely presupposition. The world we live in is fluid, monstrous and ever changing. In 2007, the Northwest Passage opened up in the Arctic. Scientists continue to predict dramatically rising seas. Bee populations have fallen rapidly, raising questions about food production. Mice grow human ears on their backs in laboratories and rabbits glow in the dark. In this new age of ecological awareness, the Nature of our Romantic forebears is but a dithering spirit. Rather than succumb to the pang of this loss, *Ghost Nature* exposes the limits of human perspective in the emergent landscape that remains : a slippery network of sometimes monstrous creatures, plants, and technological advancements.

par ces visions, lorsque l'écran de la boîte s'étend pour remplir l'entièreté du téléviseur ; il se retrouve submergé par la juxtaposition de jambes, de fleurs, de pierres et de peinture.

Présents dans ces avenirs envisagés, nous sommes toujours hantés par un passé ; des idéologies, des lois et des événements qui nous ont amenés jusqu'ici. Dans *Testimonium*, le collectif « Every house has a door » fait appel à *Testimony : The United States 1885 – 1915*, ouvrage de Charles Reznikoff dans lequel le poète objectiviste a rassemblé et édité des pages et des pages de retranscriptions de procès. De nombreuses morts violentes relatées par le collectif sont liées aux conditions de travail durant la Révolution Industrielle, qui pour certains marque le début de l'Anthropocène. Jeanne d'Arc interprète musicalement Charles Reznikoff. Bryan Saner incarne la voix du poète Charles Reznikoff sur scène, tout comme Stephen Fiehn le traduit à travers une série de représentations physiques. Tous se rejoignent en fin d'interprétation pour chanter :

Et qu'importent les questions qui
me traversent
Il n'y a vraiment pas de quoi
faire un plat de cette planète
Une pierre géante gravitant
autour d'une boule de feu
Intemporelle parmi ses
milliards de jumeaux
Aucune d'elles n'est identique,
aucune n'est mesurable
Mais en définitive aucune n'a de
conséquence.

"–no monument no moment no human
passion just spider's fiber cantilevered."

—Brian Teare, *Transcendental Grammar Crown*

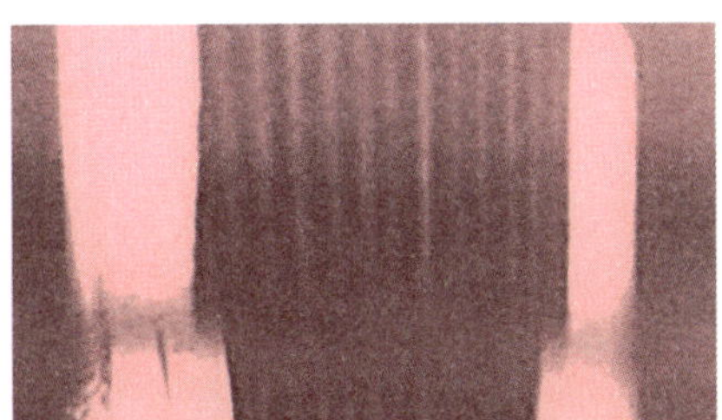

Lors du colloque, chaque maison présentera une version différente de l'œuvre, dite « plus calme ». Jeanne d'Arc ne sera pas présente. C'est Saner Fiehn qui occupera toute la scène avec une série de mouvements coordonnés issus de l'œuvre originale.

Notre approche du monde est largement anthropocentrique. Les animaux donnent à l'expérience humaine des métaphores, des symboles et des signes ; inversement, leur comportement est filtré par des valeurs et mœurs humaines. Ils sont rarement représentés comme disposant d'un monde animal autonome aussi riche et développé que le notre. En les filtrant à travers le tamis de la culture humaine, on retire également leur caractère étrange. Ils deviennent les objets fixes, statiques du mythe, représentant un idéal plutôt qu'une réalité. À vrai dire, la totalité du paysage que nous qualifierions de « naturel » est souillée de l'influence humaine : ordinateurs, plastique, déchets nucléaires, immeubles, gaz industriels, réservoirs, si bien que les frontières entre ce qui est considéré comme naturel ou non constituent des distinctions faibles et théoriques. Le monde dans lequel nous vivons est en fait irréparable, monstrueux et en constante évolution. En 2007, le passage du Nord-Ouest s'est ouvert dans l'Arctique. Les scientifiques continuent de prévoir une montée considérable du niveau des mers. Les populations d'abeilles ont rapidement chuté, soulevant des questions de production alimentaire. Des oreilles humaines poussent sur le dos de souris de laboratoire et des lapins luisent dans le noir. Dans cette nouvelle ère de conscience écologique, la nature des romantiques est un esprit indécis. Plutôt que de succomber à la douleur de cette perte, *Ghost Nature* expose les limites de la perspective humaine dans le paysage émergent qui demeure un réseau instable de créatures parfois monstrueuses, de plantes, et d'avancées technologiques.

« –pas de monument   pas de moment   pas d'humain
passion   uniquement de la fibre d'araignée   suspendue en porte-à-faux. »

—Brian Teare, *Transcendental Grammar Crown*

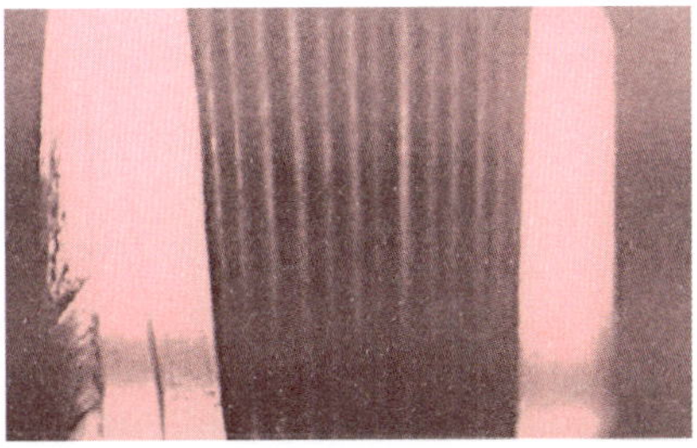

A. Laurie Palmer

A. Laurie Palmer is an artist, writer, and teacher living in Chicago and California. Her work is concerned, most immediately, with resistance to privatization, and more generally, with theoretical and material explorations of matter's active nature as it asserts itself on different scales and in different speeds. Her work takes various forms as sculpture, installation, public projects, writing, and interdisciplinary research. "Silicon" is a chapter from her book In the Aura of a Hole*, 2014, Black Dog Publishing (London). Palmer teaches in the Sculpture Department at the School of the Art Institute of Chicago.*

A. Laurie Palmer est une artiste, auteure et professeure basée à Chicago et en Californie. Son travail se concentre principalement sur la résistance à la privatisation, et plus généralement sur les explorations théoriques et matérielles de la nature dynamique de la matière à différentes échelles et vitesses. Varié, son travail prend la forme de sculptures, d'installations, de projets publics, d'écriture et de recherches transdisciplinaires. « Silicium » est un chapitre tiré de son livre In the Aura of a Hole *(Londres, Black Dog Publishing, 2014). Palmer enseigne au sein du département de sculpture à la School of the Art Institute of Chicago.*

Translated by
Traduit par

Jean-François Caro

A. Laurie Palmer

Silicon [1]

"All our belief in objects... rest(s) on the idea that time does not bite into them." [2]

Other than runners passing through, only old people were on the beach in Chicago at 7 a.m. A man and a woman with high butts, long legs, and bathing caps faced each other, jumping up and down, preparing for a swim. First they swung their arms; then they touched each other's toes. Their very pale skin reflected the thin, clear light, and even from fifty feet away, I could see the detailed imprints of age almost as perfectly as sneaker tracks in the sand.

Aging skin and masses of sand share qualities: soft, impressionable. The oldest sand is always quartz, and each crystal is a hard little fist that has toughed it out over billions of years of erosion. The older the sand, the more difficult it is to tell a crystal's age, because its mineral inclusions have washed away. Radiometric dating techniques — such as parent uranium decaying to lead daughter, or parent potassium to argon daughter — require the presence of the daughter minerals if only in tiny amounts, but in a very old grain of sand only the pure quartz persists. [3] Generally, quartz crystallized in the unrepeatable moment of igneous rock-making about 4.6 billion years ago. In Wisconsinan time (25,000 years ago), the last ice sheet entered northeastern Illinois. It dragged its burden south from the Canadian Shield, carrying some of the oldest exposed rock in the world (2.5 billion years), and picking up more stuff along the way. This accumulated glacial burden is likely what sifted through my fingers on Hollywood beach on Lake Michigan, in Chicago: a fine, yellow-tan mix: quartzite, yes, as well as white Silurian dolomite, pink granite, greenstone, basalt, chert, diabase, and occasional "lumps of steel mill slag and worn brick." [4]

Silicon is the second most abundant element on earth, following oxygen, and makes up about 24% of the earth's crustal rock. It is chemically analogous to carbon, [5] which we associate with living matter, but less abundant than carbon in the universe at large. If you ignore traditional distinctions between living and inert matter and arrange them on a continuum, the silicon content of entities decreases as complexity (and carbon content) of that entity increases: "silicon to carbon in the earth's crust is 250:1; in soil: 15:1; in mammals: 1:5000." [6] The human body holds about five to ten grams of silicon. Its physiological necessity is debated but it seems to be important if not crucial for the growth of bones, and for the formation of connective tissues. Finely divided, and inhaled as silica dust, it is carcinogenic (mesothelioma).

The sand on Hollywood Beach is combed every early morning by a bulldozer leaving intricate tractor tread marks. By 10 a.m. in mid-June these

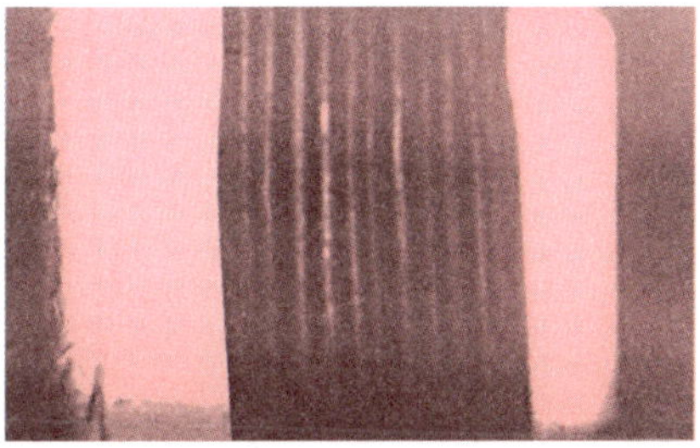

1. Si, atomic number 14 | All information not otherwise cited comes from a visit to U.S. Silica, in Ottawa, Illinois, in 2003, and a phone conversation with Professor Alfred M. Ziegler, Department of the Geophysical Sciences, University of Chicago, 2003. Also: USGS Mineral Commodities Summaries and Mineral Yearbooks: 1994, 2002-2009: http://minerals.usgs.gov/minerals/pubs/commodity, retrieved November 11, 2009; and Raymond Siever, *Sand* (WH Freeman & Co, 1988); and J. Pettijohn, Paul E. Potter, and Raymond Siever, *Sand and Sandstone* (Springer Verlag, 1987).
2. Henri Bergson, *Creative Evolution*, trans. Arthur Mitchell, (New York: Dover, 1998), 8.
3. "As an example, the parent-daughter system used to determine the age of the Earth is the uranium-lead system. The decay of the parent uranium isotopes to daughter lead isotopes in samples of the Earth, Moon, and meteorites indicates that all the planets in our solar system formed 4.5 billion years ago." | Uranium-238 to Lead-206: 4.5 billion years | USGS: Elements, Isotopes, and Radioactivity, http://minerals.cr.usgs.gov/gips/na/radio.html, retrieved February 4, 2013.
4. Raymond Wiggers, *Geology Underfoot in Illinois*, (Montana: Mountain Press, 1997).
5. Both carbon and silicon have four electrons in their outer ring, and occupy group 4 of the periodic table, along with germanium, tin, and lead.

had been erased by a steady lake-effect wind that sorted sand by size, lifting and dropping heavier sand sooner, and lighter, smaller grains later, ribbing the beach in stripes of fine and coarse. By late afternoon a stronger wind had whipped up glowing golden oblongs of frenzied grains that skimmed across the beach like dolphins riding waves. The glowing dolphin blobs made a gleeful whizzing more felt than audible, like too much caffeine tightening and zinging the nerves at the back of my neck. Saltating sands — from the French for "jump" — build the architecture of giant desert dunes. If you can imagine the sound of one sand grain, jumping, how many would it take to mistake the sound for cannon fire? "Booming sands" in the desert have been "likened to trumpets, pipe organs, foghorns, thunder, low-flying propeller aircraft, and moaning."[7] It seems that no one can adequately explain this. Layers of sand slipping over other layers, on the slope of a dune, cause grains to jump in and out of empty spaces, creating multiple vibrations — this is one attempt at an explanation; sand as both particle and wave.

On a USGS map of the upper midwest, the St. Peter sandstone deposit is shaped roughly like a frog with no arms swimming down from Lake Superior with its head in Illinois, or like a health class diagram of fallopian tubes connecting to the uterus. The fallopian tubes extend into the upper peninsula of Michigan and the lower fifth of Minnesota, with the uterus thickening in Northern Illinois. This two-dimensional plotting of a four-hundred-million-year-old sandstone deposit doesn't include the part that dips down so far below the surface of the ground that coal and other minerals are mined above it — so far that it isn't reasonably considered "existent," at least in commercial terms. But extensions of the deposit resurface from underneath these deep folds in Missouri near St. Louis and in northern Arkansas. At the U.S. Silica plant in Ottawa, IL, the St. Peter deposit is anywhere from two to ten feet below the surface, making it one of the cheapest imaginable mining operations because there is so little overburden to remove. The perfectly round, relatively pure, quartz sand, which settled on the edges of the midwest Paleozoic sea, is covered only with many thousands of years of silt, equivalent to house dust.[8]

Larry, my guide at U.S. Silica, claimed "we make sand" which was funny to me after trying to wrap my head around the depths of geological time required for the independent, autopoeitic crystallization of quartz. We drove into a wide, shallow hole, about a hundred to a hundred and fifty feet deep, the thickness of the sandstone deposit. U.S. Silica blasts the face of the rock with what miners all over the country described to me as "Oklahoma bomber explosives," a mixture of ammonium nitrate fertilizer and diesel oil, also called ANFO. The stone, almost friable by hand, decomposes into an avalanche of particles. A high velocity wa-

6. Eugene G. Rochow, *Silicon and Silicones*, (Berlin Heidelberg: Springer Verlag, 1987), 155.
7. Michael Bretz, Franco Nori, and Paul Sholtz, "Booming Sand," *Scientific American Magazine*, September (1997).
8. "The depositional environment of the St. Peter is much debated. It has characteristics of both eolian and marine origin. It is likely a combination of both, beginning as a massive dune field that was overtaken and reworked by a marine transgression (that is, transgressive barrier bar sequence) and transformed into a series of off-shore bar deposits, oriented northeast to southwest." Missouri Department of Natural Resources, Geological Survey Program | (http://www.dnr.mo.gov/geology/geosrv/imac/stpetersandstone.htm, retrieved January 8, 2013.)

ter jet washes and pushes the sand into PVC pipes. Pumps move the heavy 50 % sand / 50 % water mix to the plant, where it is dried and separated.

At the silica plant you can see down through the maze of expanded steel mesh staircases and lacy floors into different levels where various processes are happening. It was like climbing through a Piranesi drawing. In the first bath, turbulent water lifts the lightest particles up and over the top lip and the heaviest drop and slide out the bottom. After this preliminary grading into big and small, each of the two categories is dumped on a wide conveyor belt and heated from below; the clumpy sand, hot now, with no visible liquid, drops into a closed bin where it is heated until dry, then conveyed on belts to the sorters. The sorting process uses a patented device specific to this plant which couldn't be shown to visitors for proprietary reasons. Larry described it: fans blow at a curtain of falling sand and the heaviest particles drop first into a slot, then successively lighter grains drop into slots further and further away. It sounded exactly like what the wind does on Hollywood Beach, only patented, and secret. Some of the smallest sand was sent to the mill to be ground into a kind of flour used as filler for epoxy resins and in the reflective paint on roads. Until a few years prior to my visit, the mill used to grind this sand with flint rocks imported from France but that limited resource has been exhausted. Some of the last remaining flint rocks in the world lay heaped in a pile outside the plant, rare as diamonds and obsolete. To replace them, Adolf Coors of Colorado, beer manufacturer, began manufacturing perfectly spherical ceramic balls to grind Ottawa sand. One worker in the glass enclosed control room looked at a computer screen and tested the degree of impurity of sample batches in a small lab set-up. Another worker, wearing overalls and a respirator, left the glass-enclosed room to attend to irregularities inside the moving machine, which included six cylinders turning slowly enough that you could count the rotations.

"Making sand" means separating and recombining it. Blending percentages of different size particles is the key to sand's exchange value, and how it becomes a commodity tailored towards different applications. Glass, foundry, and oil and gas drilling are the primary markets for Ottawa sand, which is famous for its purity and its sphericity. These are followed by a myriad of minor specialty industries, each requiring its own combination of grades. The hot sand is blended into the requisite mix as it is poured directly into the customer's vehicle — truck, train car, or a barge on the Illinois River. The sand was still hot — 150° F — unless cooler sand was required but 100° was the coolest they could get it. They bagged some sand and stacked it in a warehouse but very little — most of the sand moved in a continuous motion from blasted hillside to plant to hot truck bed (lined with clean aluminum) and down the road — no pause.

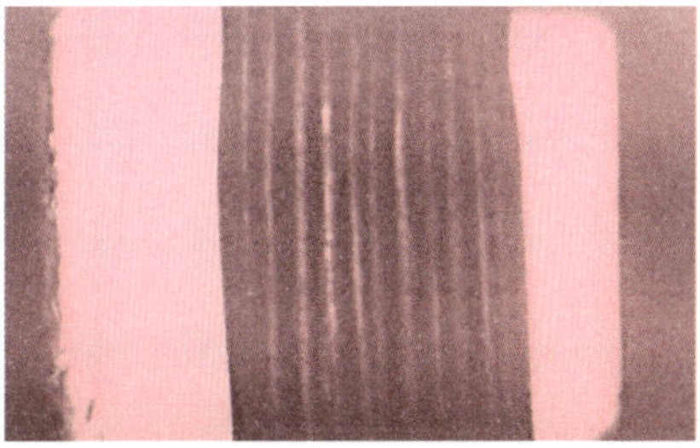

Because Ottawa sand is so old and round and pure it is perfect for filling the holes left when oil and gas are extracted. "Oil frac sand" for which St. Peter sandstone is famous, is pumped into these cavities, filling the gaps to prevent cave-ins but also allowing additional oil and gas to flow into the areas around each grain, for continual extraction of more oil and more gas. This sand is also used for "fracking." When I visited, U.S. Silica shipped frac sand all over the world, including Saudi Arabia, where you'd think there might already be enough sand, and for which the shipping fees must have been enormous. A third of their production was dedicated for this purpose and they still had to ration how much they could send to each client. (By 2011, the primary market for frac sand had shifted definitively to the U.S.)

Previous pits from a century of sand mining bordered the road leading to the office, filled with swampy life : ducks and geese and green reeds and flowers edging the picturesque cliff-like palisades, though these were not of course canyons caused by river water flowing but by our collective geophagy. When I visited, U.S. Silica was working two mines, one had six months left and the other six years. But another eighty-five years of material remained in the area across the river, where the company owned an additional seven hundred acres. This was mostly still farmland but they had already been granted mining rights for a portion of it. This portion included several potentially historical archaeological sites. "Tens of thousands of Indians used to live in this area," said Larry, "and there are graves everywhere but no human bones remain." What they had found were "tools, arrowheads, campfires, artifacts... If any of these are historically important, the site will be carefully excavated and all remains placed in a museum before their mining operations move in."

The sand grains on the beaches in Northern California are huge compared to those in Illinois. In the mid 1980s I lay flat on a tiny beach at the foot of a cliff near the Golden Gate Bridge next to Sam, who was a graduate student at Stanford, studying the movement of water through porous underground aquifers. I had a job at a coffee shop, and was reading Lucretius' atomist poetics from 55 B.C.E. for the first time : "...there must be an ultimate point in objects...This point is without parts and is the smallest thing that can exist. It never has been and never will be able to exist by itself, but only as one primary part of something else. It is with a mass of such parts, solidly jammed together in order, that matter is filled up....To these nature allows no loss or diminution, but guards them as seeds for things."[9] We were cold from the ocean ; the sand was hot from the sun. For Lucretius, cold and heat were both particulate. We flattened ourselves against the hot sand, hoping the cold particles would slide over us and the hot particles soak in. From that myopic perspective, our faces inches from the ground, we began to collect individual sand grains on the white towel, each one stabbed with the tip of a finger slightly

9. Lucretius, *De Reium Naturum* (On the Nature of the Universe), trans. R.E. Latham, (London: Penguin, 1951), 44-45.

sticky with salt: opaque lapis blue, dense shiny black, translucent violet, spring green, amber, striped yellow and red.

Sand on that section of Pacific coast is almost entirely greenstone and radiolarian chert. "Radiolarian: any of 3 classes of usually spherical marine protozoans having radiating threadlike pseudopodia and often a siliceous skeleton of spicules."[10] This is what they said about the color of chert: "varies ..." The most common colors were "dusky red to dark reddish brown... (but) red and brown chert becomes grayish green, dark greenish, gray, or grayish yellow green... or may give a white, very light gray, grayish orange, or light bluish gray ...often stained with yellow and brown ... or black or bluish black ... others contain pale gray and pale green... Bright red, bright orange, bright yellow..."[11]

This kind of sand was produced not from igneous rock formation but from life in the sea. Unlike most other living things (except horsetails, a beach grass, and some bacteria), radiolaria use silicon instead of carbon to build their bodies. In the early 1800s, Friedrich Wohler (famous for his production of urea from inorganic ingredients) wondered if silicon could serve as an alternate basis for (artificial) life. The fantasy of silicon life persists, and we have tried to move towards it, body part by body part. I can almost understand the desire to repack one's aging breasts with globules of gel as I watch my own skin begin to wilt. But if the breasts get re-packed, then the butt, and the upper arms, and the cheeks look sad in comparison, and the whole thing needs redoing. Why not follow through with the original to the end, and look forward to the mystery of starting again. An astrobiologist working with NASA[12] dismissed the viability of silicon-based life because of the element's inability, compared with carbon, to form enough of a variety of chains, rings, and polyamorous couplings. Some carbon compounds contain tens of thousands of carbon molecules, while the most silicon molecules that have been observed stitched together is about six.

Silicon for computer chips is made from ultra pure quartz sand that has been reduced in a carbon arc furnace. "Chips" are slices from a single perfect crystal grown from this pre-refined product using the Czochralski process: melt ultra pure silicon in a quartz crucible in an atmosphere of inert gas (like argon or helium); introduce a rod with a small silicon seed crystal to this melt, and gradually raise and twist this rod up and out of the melt, pulling the new perfect crystal with you. It will be about eight inches in diameter and four feet long and you will have to cut off the bottom where most of the impurities will gather. Slice it 0.029527 inches thick.[13]

Silicones on the other hand are flexible polymers with the ability to repel water and to "breathe" gas. A windbreaker I inherited from my mother is

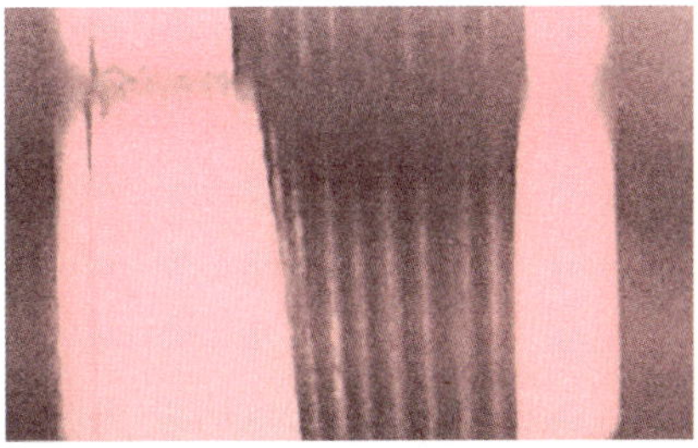

10. *Merriam Webster's Collegiate Dictionary*, 10th Edition
11. Julius Schlocker, "California sand: Geology of the San Francisco North Quadrangle, California," Geological Survey Professional Paper 782, 1974
12. Ben Clark, NASA Astrobiology Institute, "Could life be based on silicon rather than carbon?" http://nai.arc.nasa.gov/astrobio/feat_questions/silicon_life.cfm, retrieved June 27, 2009.
13. Silicon wafers are cut to different thicknesses, based on their diameter.

hanging in my closet; I don't know what the old-fashioned grey-blue material is called, but it doesn't "wick" — a bit slick but not shiny; maybe it used to be water-repellent but it isn't even water resistant now. The material has aged. It feels slightly waxy. It has a center pocket in the front, which closes with a horizontal zipper. When my mother wore it, this pocket was usually full of something vegetable, a handful of flower bulbs, or sphagnum moss — replacing the breasts with an unexpected form — awkward and lumpy, right in the center. In an old photo on our fridge my mother is wearing the windbreaker: a woman with thick-framed dark glasses and wildly blowing short gray hair. The mast of a sailboat and a portion of white sail fill up most of the picture. In this photograph, the wind fills the pocket; she had already lost one of her breasts by the time it was taken, and so the shape of her chest is undefined. When I inherited this windbreaker I wondered if there might still be something in the pocket, and didn't unzip it for a long time. I wondered the same thing when I inherited my father's hunting jacket, the back of which is one huge pocket designed to hold a dead bird.

The day we spent at the beach in California Sam had been telling me about his dissertation which was almost finished. He explained how the same thing can be described accurately in two different ways but not at the same time, and therefore could be statistically either one of those two things. His project addressed the problem of groundwater contamination by nuclear wastes and how to devise means to calculate how quickly and in what ways contaminated water would percolate through an aquifer. Time was important — it was not a question of whether this stuff would move, but when, how fast, and in what manner. Sam's project combined uncertainty with determinism. He was dying then, but didn't know how soon — it would be six years before protease inhibitors were developed. He was on an experimental protocol, but not one that was working. I understood for a moment that statistics was not simply a default mode for guessing what we don't yet know for sure (but will be able to know eventually, in a deterministic universe), but an attempt to deal deterministically with fundamental unknowing.[14]

If quantum theory gives us permission to imagine anything as what it is and what it's not simultaneously — both particle and wave, matter and anti-matter — how does this help? In one of the nuclear explosion dreams I had been having at the time, I watched my two lovers dematerialize into tiny glittering points like pixels on a computer screen. Sam, who was not my lover, dematerialized too, like them, and he also stood there, fully formed and watching, next to me.

"All life is a struggle in the dark. As children in blank darkness tremble and start at everything, so we in broad daylight are oppressed at times by fears as

14. Roland Omnes, *Quantum Philosophy*, 1999, Princeton, p. 185 "If we consider an object as a physical system, an 'assemblage of particles whose mutual interactions are known,' from this perspective an empty bottle, in quantum principles will only take into account the particles forming the bottle, and will therefore treat on an equal footing a multitude of different objects… This is due to the fact that the atoms that make up the bottle could, without changing their interactions, adopt thousands of shapes to form a thousand different objects: two smaller bottles, six wine glasses, or a chunk of melted glass. One could also separate the atoms according to their kind and end up with a pile of sand and another pile of salt. A rearrangement of the protons and electrons to transmute the atomic nuclei without modifying the nature of their interactions could also produce a rose in a gold cup."

baseless as those horrors that children imagine.... This dread and darkness of the mind cannot be dispelled by sunbeams ...only by understanding of the outward form and inner workings of nature."[15] Such comfort Lucretius took in explanation. For him, there was no reason to be scared. The gods were busy with their ideal world and not involved in human affairs, so we didn't need to fear them. And because there was no afterlife, death also should cause no fear. Why worry? Better to spend your time learning about the world and finding pleasure in its granular textures. In 2000 C.E. the *New York Times* confirmed what Lucretius described in 55 B.C.E.: "Space is not an infinitely divisible continuum — it is not smooth but granular, and the Planck length gives the size of its smallest possible grains...10 to the minus 35 meters, or a decimal point followed by 34 zeroes and then a one."[16]

By late-afternoon Hollywood Beach in Chicago had collected a lot of different kinds and ages of bodies. I noticed two exhausted horizontal men, lying several hundred feet apart, one off to my right and one to my left. I spied them angularly from up on my elbows, under the wide brim of my hat. They had both submitted to early burial by their children. One man on his back, eyes closed, with an enormous belly, had lost his arms, and the already prodigious tower that was his stomach was being supplemented with gothic spires made by a girl and a boy dripping wet sand in blobs from a bucket. The second man, lying face down, arms raised above his head, had become a dune from the armpits down, and one small boy lay on top of this sandy father-mountain, his small head turned in my direction, eyes bright with victory, but wary of the unstable ground beneath him.[17]

For the first half million years of the history of the earth, allegedly, all sequential order was regularly and rigorously rearranged, surface crusts diving into the liquid magma and liquid rock splashing up through fissures and in response to meteor bombardments. After this archeon age in which earth's history is unintelligible, a slow accumulated relative record began to be left as the earth cooled and there was less tumult. But even this has not been a quiet time, with each layer still undergoing wrinkling, squeezing, re-heating and metamorphic activity. James Hutton, "father of modern geology," famously described the situation in *Theory of the Earth* (1795) as one of "episodic renewal" not "unilinear decrepitude." Fueled by the recognition that granite is an igneous rock, the discovery of deep time suggested the presence of a restorative force of uplift so that "the world may cycle endlessly rather than eroding once into ruin."[18]

15. *Lucrecius*, *op. cit.*, 61-62.
16. George Johnson, "How Is the Universe Built? Grain by Grain," *The New York Times*, December 7, 1999.
17. Psammophilic: "sand-loving"
18. Stephen Jay Gould, *Time's Arrow*, *Time's Cycle*, (Cambridge, MA: Harvard University Press: 1987), 6.

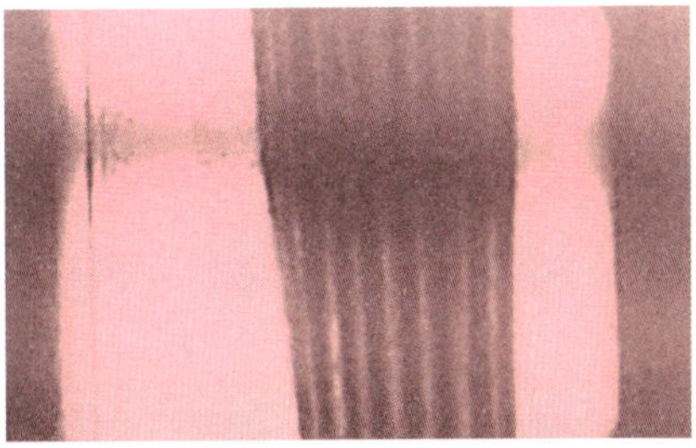

A. Laurie Palmer

Silicium[1]

« Toute notre croyance aux objets [...] repose en effet sur l'idée que le temps ne mord pas sur eux[2]. »

Exception faite de quelques joggeurs, la plage de Chicago à sept heures du matin ne compte que des personnes âgées. Face à face, coiffés d'un bonnet de bain, un homme et une femme aux jambes fermes et élancées sautillent sur place en guise d'échauffement avant d'entrer dans l'eau. Ils remuent d'abord les bras, puis chacun tend les bras pour toucher les orteils de l'autre. Leur teint diaphane réverbère la lumière faible et claire, et même à une quinzaine de mètres, j'aperçois en détail les marques du vieillissement, presque aussi distinctement que les empreintes de leurs chaussures de sport dans le sable.

La peau qui vieillit et le sable partagent certaines qualités : ce sont des surfaces molles, impressionnables. Les plus vieux grains de sable sont invariablement constitués de quartz, et chaque cristal ressemble à un minuscule poing fermé, durci par des milliards d'années d'érosion. Plus le sable est ancien, plus il est ardu de déterminer l'âge d'un cristal, car ses inclusions minérales ont disparu avec le temps. Les techniques de datation radiométriques – telles que la mise en rapport parent uranium-descendant plomb ou parent potassium-descendant argon – nécessitent la présence de ces descendants minéraux, ne serait-ce qu'en infimes quantités, or un grain de sable très ancien ne contient que du quartz pur[3]. D'une manière générale, ce cristal s'est formé à un moment unique : celui de la formation des roches de couleur il y a 4,6 milliards d'années environ. Durant la glaciation du Wisconsin (il y a 25 000 ans), le dernier inlandsis pénétra dans le nord-est de l'Illinois, traînant son fardeau jusqu'au sud du bouclier canadien et charriant quelques-unes des plus vieilles formations rocheuses exposées au monde (2,5 milliards d'années), accumulant une masse toujours plus importante au fil de sa progression. Il s'agit probablement des vestiges de cette considérable charge glaciaire qui s'écoulent entre mes doigts à Hollywood Beach, plage de Chicago sise sur les rives du lac Michigan : un mélange de sable fin, jaune et brun foncé : oui, c'est bien de la quartzite, accompagnée de dolomite silurienne blanche, de granite rose, de néphrite, de basalte, de chert, de diabase, ainsi que de « scories rejetées par des aciéries et des morceaux de briques[4]. »

Le silicium est le deuxième élément le plus abondant sur Terre après l'oxygène, et représente environ 24 % de la lithosphère terrestre. Sa composition chimique est analogue à celle du carbone[5], que l'on associe aux organismes vivants. Il demeure toutefois moins abondant que ce dernier dans l'ensemble de

1. Si, nombre atomique 14. | Toute information non référencée dans ces notes a été recueillie lors d'une visite à US Silica, à Ottawa, Illinois, en 2003, et au cours d'une conversation téléphonique avec le professeur Alfred M. Ziegler, Department of Geophysical Sciences, Université de Chicago, 2003. Voir aussi : USGS Mineral Commodities Summaries and Mineral Yearbooks : 1994, 2002-2009, http://minerals.usgs.gov/minerals/pubs/commodity (consulté le : 14/1109) ; Raymond Siever, *Sand*, W H Freeman & Co, 1988 ; F. J. Pettijohn, Paul E. Potter et Raymond Siever, *Sand and Sandstone*, New York, Springer Verlag, 1987.
2. Henri Bergson, *L'Évolution créatrice*, Paris, PUF, 1957 [1907], p. 9.
3. « À titre d'exemple, on utilise le rapport uranium-plomb pour déterminer l'âge de la Terre. La désintégration des isotopes uranium en plomb sur des échantillons prélevés sur Terre, sur la Lune et sur des météorites indique que toutes les planètes de notre système solaire se sont formées il y a 4,5 milliards d'années. » Uranium-238 désintégré en Plomb-206 : 4,5 milliards d'années. | USGS : « Elements, Isotopes, and Radioactivity », http://minerals.cr.usgs.gov/gips/na/radio.html, consulté le 04/02/2013.
4. Raymond Wiggers, *Geology Underfoot in Illinois*, Missoula, MT, Mountain Press, 1997.

l'univers. Si l'on choisit d'ignorer les distinctions habituelles entre la matière vivante et inerte et qu'on les place sur un continuum, les entités contenues dans le silicium diminuent tandis que la complexité (et le taux de carbone) de celles-ci augmente : « Le rapport silicium / carbone dans la lithosphère terrestre est de 250 :1, de 15 :1 dans le sol, et de 1 :5000 chez les mammifères[6]. » Le corps humain contient environ cinq à dix grammes de silicium. Son importance physiologique est débattue, mais cet élément semble jouer un rôle important sinon essentiel dans la croissance des os et la formation des tissus conjonctifs. Inhalée, la poussière de silice est cancérigène (mésothéliome).

Tous les matins, aux aurores, un bulldozer vient tasser la plage d'Hollywood Beach, laissant derrière lui des traces de chenilles aux motifs complexes. À dix heures, à la mi-juin, ces dernières auront complètement disparues, effacées par le souffle régulier d'un vent d'effet de lac qui trie les grains de sable en fonction de leur taille ; il déplace d'abord les grains les plus lourds, puis les plus légers et les plus fins, dessinant ainsi des nervures de différentes consistances le long de la plage. Vers la fin de l'après-midi, un vent plus fort provoque de violents tourbillons qui font courir les grains oblongs sur la plage, tels des dauphins chevauchant les vagues. Ces bonds produisent un joyeux sifflement, plus proche d'une impression que d'un son vraiment audible, semblable à la sensation provoquée par l'excès de caféine qui contracte et vrille les nerfs de ma nuque. C'est au phénomène de la saltation des sables que les dunes géantes du désert doivent leur architecture. Si l'on peut imaginer le bruit que produit un grain de sable, combien en faut-il pour qu'on les confonde à un coup de canon ? Le « chant des dunes » a été « comparé à un son de trompettes, de buffet d'orgue, de corne de brume, de tonnerre, au bruit d'un avion à hélices à basse altitude et à un gémissement[7] ». Personne ne semble capable de fournir une description précise de ce phénomène. Lorsque les différentes couches de sable se chevauchent sur les pentes des dunes, les grains sautent dans les interstices et hors de ceux-ci, ce qui engendre des vibrations multiples – voici l'une des tentatives d'explication de ce phénomène : le sable est à la fois une particule et une onde.

Sur une carte du nord du Midwest publiée par le US Geological Survey, le gisement de grès de St. Peter ressemble grossièrement à une grenouille dépourvue de pattes antérieures qui descend du lac Supérieur, avec sa tête dans l'Illinois, ou encore à un schéma des trompes de Fallope et de l'utérus tout droit sorti d'un cours de sciences naturelles. Les trompes s'étendent jusqu'à la péninsule nord du Michigan et le cinquième inférieur du Minnesota, tandis que l'utérus se resserre dans le nord de l'Illinois. Cette carte en deux dimensions d'un gisement de grès datant de 400 millions d'années ne laisse pas apparaître une section supplémentaire, enfouie si profondément qu'elle se trouve en dessous des gisements de char-

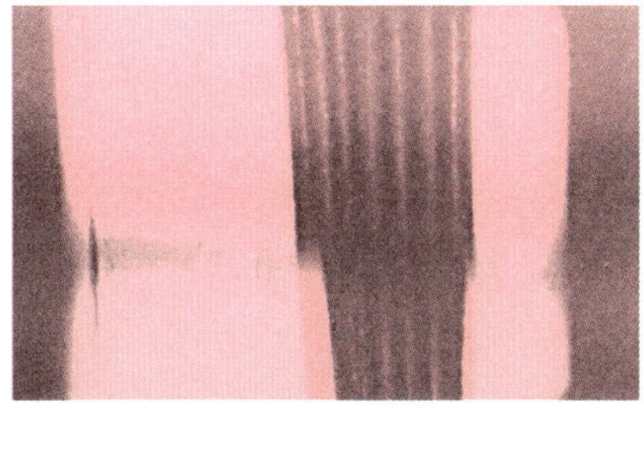

5. Le carbone comme la silicone possèdent quatre électrons dans leur anneau extérieur, et occupent le groupe IV sur la table périodique aux côtés du germanium, de l'étain et du plomb.
6. Eugene G Rochow, *Silicon and Silicones*, Berlin, Heidelberg, Springer Verlag, 1987, p. 155.
7. Franco Nori, Paul Sholtz, Michael Bretz, «Booming Sand», *Scientific American*, vol. 277, n°3, septembre 1997.

bon et d'autres minéraux – elle est si éloignée qu'on ne la tient raisonnablement pas pour existante, du moins en termes commerciaux. Mais dans le Missouri, près de St. Louis, et dans le nord de l'Arkansas, plusieurs extensions du gisement refont surface depuis le fin fond de ces replis profonds. Sur le site de US Silica à Ottawa, dans l'Illinois, le gisement de St. Peter se répand de six centimètres à trois mètres de profondeur, caractéristique qui en fait l'une des opérations minières les moins coûteuses imaginables étant donné le faible volume de terrain à forer. Parfaitement rond et relativement pur, le sable siliceux déposé sur les rives de la mer paléozoïque du Midwest n'est recouvert que par du limon vieux de plusieurs milliers d'années, équivalent géologique de la poussière domestique[8].

« Nous fabriquons du sable », affirma Larry, en charge de me faire visiter US Silica. Pour avoir tant songé au temps géologique nécessaire à la cristallisation indépendante et autopoïétique du quartz, sa formulation me parut quelque peu curieuse. Notre véhicule passa au travers d'un large trou creusé entre 30 et 45 mètres de profondeur, dimensions qui correspondaient à l'épaisseur du gisement de grès. Les ouvriers de US Silica dynamitaient la face du rocher à l'aide d'explosifs dits « de l'attentat d'Oklahoma », surnom donné par les mineurs de tout le pays à ce mélange de nitrate d'ammonium et de carburant diesel, également nommé ANFO. Quasiment friable à la main, la roche se décomposait en une avalanche de particules. Un puissant jet d'eau nettoyait le sable tout en le poussant dans des conduits en PVC. Des pompes acheminaient ce lourd mélange – eau et sable à 50 % – vers l'usine, où il était séché et trié.

Dans l'enceinte de l'usine de silicium, on pouvait observer les différentes étapes de fabrication, réparties sur différents étages, à travers un maillage complexe de cages d'escalier en acier déployées et de plateformes semblables à de la dentelle. On se serait cru dans un dessin de Piranesi. Dans le premier bain, les particules les plus légères étaient soulevées par le remous de l'eau jusqu' à la bouche supérieure, tandis que les plus lourdes se déposaient sur le fond de la cuve et s'en écoulaient. Après ce triage préliminaire permettant de séparer les particules en deux groupes selon leur taille, ces derniers étaient convoyés sur un large tapis roulant et chauffés par en dessous ; à la suite de cette étape, le sable agglutiné et toujours humide rejoignait une cuve hermétique pour être totalement séché puis acheminé vers les trieuses au moyen d'un autre tapis roulant. Pour le triage, l'usine employait un procédé breveté, inaccessible aux visiteurs pour des raisons de propriété industrielle. Larry m'en décrivit le fonctionnement : des ventilateurs soufflaient sur le rideau de particules, lesquelles tombaient dans différentes fentes. Les plus éloignées recueillaient les grains les plus légers. Cette description est en tout point semblable à l'effet du vent sur Hollywood Beach, à ceci près que le procédé industriel est breveté et tenu secret. Une partie des particules de sable les

8. « L'environnement de dépôt du St. Peter fait l'objet de nombreux débats. Il possède les caractéristiques d'une origine éolienne et marine. Il s'agit probablement d'une combinaison des deux, commençant par un champ de dunes massif envahi et modifié par une transgression marine (c'est-à-dire une séquence transgressive de barrière de ban) et transformé en une série de dépôts de cordons littoraux, orientés de nord-est à sud-est. » Missouri Department of Natural Resources, Geological Survey Program, http://www.dnr.mo.gov/geology/geosrv/imac/stpetersandstone.htm, consulté le 08/01/2013.

plus petites était moulue dans un broyeur en une sorte de farine utilisée pour renforcer des résines époxyde et la peinture réfléchissante des marquages routiers. Quelques années avant ma visite, le broyeur était équipé de billes de silex importées de France, mais cette ressource limitée était désormais épuisée. Quelques-uns des derniers silex de la planète demeuraient empilés à l'extérieur de l'usine, aussi rares que des diamants et désormais anachroniques. Adolf Coors, brasseur du Colorado, les remplaça par des billes de céramique parfaitement sphériques afin de broyer le sable d'Ottawa. Dans la salle de contrôle vitrée semblable à un petit laboratoire, un ouvrier assis devant un écran d'ordinateur testait le degré d'impureté dans des échantillons. Vêtu d'une combinaison et d'un masque à oxygène, son collègue quitta la pièce pour examiner des irrégularités à l'intérieur de la machine en mouvement, dont les six cylindres tournaient si lentement qu'on pouvait en compter les rotations.

« Fabriquer du sable » signifie trier et recombiner ce matériau. Le mélange des particules de différentes tailles détermine la valeur marchande du sable et son application commerciale. Très prisé pour sa pureté et sa forme sphérique, le sable d'Ottawa se destine principalement à l'industrie du verre, aux fonderies et à l'industrie pétrolière. Il est également utilisé par un grand nombre d'industries spécialisées de moindre envergure, dont chacune nécessite une combinaison spécifique de sable nettoyé. Le sable chaud était incorporé au mélange requis, puis directement déposé dans le véhicule des clients – camions, trains, ou péniches naviguant sur la rivière Illinois. Le sable était encore chaud – à 65° C – sauf en cas de demande précise, avec une température minimale toutefois fixée à 37° C. Une faible proportion de la production était empaquetée et stockée dans un entrepôt – la majeure partie du sable était constamment en mouvement, du versant de colline dynamité jusqu'à la route, en passant par l'usine et la benne chauffée du camion (doublée d'une couche d'aluminium propre) – sans interruption.

L'âge, la régularité et la pureté du sable d'Ottawa en font le matériau parfait pour colmater les fractures provoquées par l'extraction de pétrole et de gaz. Le « sable de fracturation pétrolière », qui fait la renommée du grès de St. Peter, est injecté à la pompe dans ces cavités. Il comble les vides pour éviter les affaissements, mais permet également au gaz et au pétrole de circuler en plus grandes quantités dans les zones qui entourent chaque grain, permettant ainsi une extraction ininterrompue. Le sable est également utilisé pour le « forage ». Lors de ma visite, US Silica expédiait du sable de fracturation partout dans le monde, jusqu'en Arabie saoudite, où l'on imagine qu'il y a déjà bien assez de sable. On devine la proportion des coûts de livraison. Un tiers de la production de l'usine était consacré à ce marché, et US Silica devait systématiquement établir et répartir des quotas maximums de sable qu'ils pouvaient livrer à chaque cli-

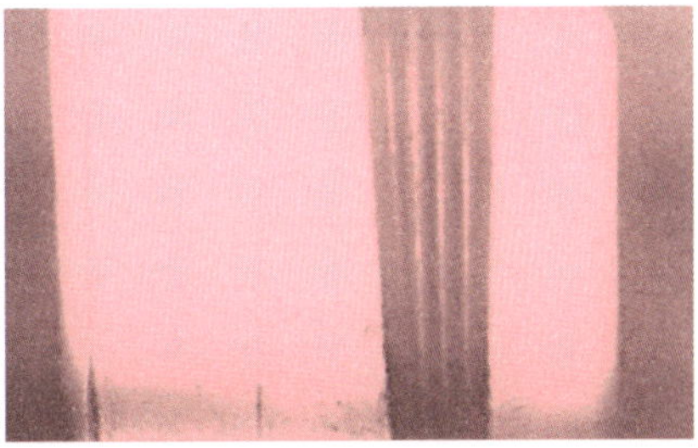

ent. (En 2011, la part de marché principale pour le sable de fracturation revint définitivement aux États-Unis.)

D'anciens puits, vestiges d'un siècle d'extraction de sable, bordaient la route menant au bureau, et présentaient une abondante faune et flore palustre : canards et oies, roseaux verts et fleurs bordaient les pittoresques palissades semblables à des falaises, bien que ces canyons ne fussent pas creusés par l'écoulement d'eau de rivières, mais par notre géophagie collective. À l'époque de ma visite, US Silica exploitait deux mines ; la première avait encore six mois devant elle, la seconde six ans. Il restait néanmoins l'équivalent de 85 ans d'extraction sur l'autre rive de la rivière, où la compagnie possédait plusieurs kilomètres carrés supplémentaires. Cette zone était toujours majoritairement constituée de terrains agricoles, cependant US Silica avait déjà obtenu l'autorisation d'en exploiter un segment, qui incluait plusieurs sites archéologiques potentiels. « Des dizaines de milliers d'Indiens vivaient dans cette région », m'indiqua Larry, « on retrouve des tombeaux partout, mais aucune trace d'ossements humains ». On avait découvert des « outils, des têtes de flèches, des restes de feux de camp, des artefacts… Si l'un d'entre eux présente une importance historique, le site sera soigneusement excavé, et tous les vestiges seront placés dans un musée avant le début des forages ».

Comparés au sable de l'Illinois, les grains de sable déposés sur les plages de Californie du Nord sont énormes. Au milieu des années 1980, j'étais allongée sur une minuscule plage au pied d'une falaise non loin du Golden Gate, aux côtés de Sam, qui étudiait le mouvement de l'eau à travers des aquifères souterrains poreux à Stanford. J'étais serveuse et je découvrais la poétique atomiste de Lucrèce, composée en 55 AEC : « Puisqu'il existe un terme extrême pour le corps premier qui déjà lui-même cesse d'être perceptible à nos sens, ce dernier élément ne peut qu'être dépourvu de parties, et c'est le plus petit corps de la nature ; il n'a jamais existé et n'existera jamais isolé, puisqu'il fait lui-même partie de quelque autre corps à titre d'unité première, à laquelle d'autres et encore d'autres encore s'ajoutent et s'agglomèrent étroitement pour former le corps entier ; […] la nature ne permet pas qu'on puisse soustraire encore quoi que ce soit à ce qu'elle a choisi pour être la semence des choses[9]. » L'océan avait refroidi nos corps tandis que les rayons du soleil chauffaient le sable. Pour Lucrèce, le froid et la chaleur étaient particulaires. Étalés de tout notre long contre le sable chaud, nous espérions que les particules froides s'échappassent de notre corps, qui s'imprègnerait alors des particules chaudes. Dans cette posture quasiment aveugle, nos visages à quelques centimètres du sol, nous ramassions des grains de sable sur notre serviette blanche du bout du doigt, rendu légèrement collant par le sel : lapis-lazuli opaque, noir dense et brillant, violet translucide, vert franc, ambre, jaune strié de rouge.

9. Lucrèce, *De la nature*, traduit du latin par Henri Clouard, Paris, Flammarion, 1964, p. 34.

Dans cette région de la côte Pacifique, le sable est presque totalement constitué de néphrite et de jaspe à Radiolaires. « Radiolaire : Protozoaire actinopode marin, planctonique, flottant, muni d'un élégant squelette siliceux à symétrie sphérique, grillagé, portant des pseudopodes rayonnés pour la capture des proies[10]. » Voici à présent une description de la couleur du jaspe : « Elle est variable [...]. » Ses couleurs les plus répandues vont du « rouge crépuscule au marron sombre tirant sur le rougeâtre [...]. [Cependant] le jaspe rouge et marron devient vert de gris, vert sombre, gris, ou jaune vert tirant sur le gris [...] et peut aussi donner un gris blanc très clair, un orange grisâtre, ou un gris bleu clair [...] souvent moucheté de jaune et de marron [...] ou de noir et de bleu noir [...]. D'autres contiennent des gris et des verts pâles [...]. Rouge, orange, jaune vif [...][11]. »

Ce type de sable ne provient non pas de roches éruptives, mais de la vie sous-marine. À la différence de la plupart des organismes vivants (excepté la prêle, une plante poussant sur les plages, et quelques bactéries), l'organisme des radiolaires est constitué de silicone et non de carbone. Au début des années 1800, Friedrich Wohler (connu pour avoir synthétisé l'urée à partir d'éléments inorganiques) se demandait si la silicone pouvait produire des formes de vie (artificielle). Le rêve d'une silicone douée de vie persiste encore, et nous tentons de nous en rapprocher, une partie du corps après l'autre. Lorsque je constate que ma peau vieillit, je pourrais presque comprendre le désir qu'ont certaines femmes de raffermir leurs seins âgés à l'aide de globules de gel. Mais après une telle opération, les fesses, les bras et les lèvres paraissent bien tristes en comparaison, et c'est alors le corps tout entier qu'il faut remettre à neuf. Pourquoi ne pas s'en tenir à la version originale jusqu'à la fin et se préparer pour le mystère du recommencement ? Un astrobiologiste de la NASA[12] a contesté la possibilité d'une vie basée sur la silicone en raison de l'incapacité de cet élément, à la différence du carbone, à former des chaînes, des anneaux et des associations poly-amoureuses suffisamment variés. Certains composés carbonés contiennent des dizaines de milliers de molécules de carbone, tandis que le plus grand nombre de molécules de silicone jamais observé en réunion ne s'élève qu'à environ six.

La silicone utilisée pour les circuits intégrés est obtenue grâce à la réduction d'un quartz de première qualité dans un four à arc de carbone. Les « éclats » de quartz sont des galettes du même cristal parfait qu'on fait croître à partir de ce produit pré-raffiné au moyen du procédé de Czochraski, qui consiste à faire fondre de la silicone ultra pure dans un creuset de quartz baigné dans une atmosphère gazeuse inerte (comme l'argon ou l'hélium) ; on introduit au mélange un germe monocristallin de silicone placé dans une navette suspendue à une tige qui le tire progressivement vers le haut en le faisant tourner, jusqu'à le faire sortir sous la forme d'un cristal parfait. Ses dimensions sont d'environ vingt centimètres de diamètre

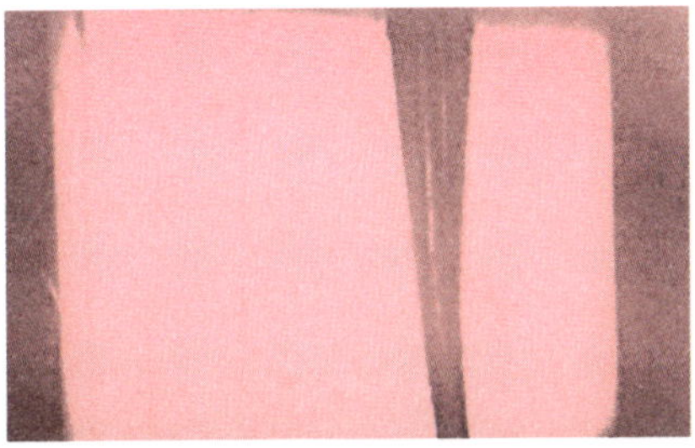

10. Encyclopédie Larousse en ligne.
11. Julius Schlocker, « California Sand : Geology of the San Francisco North Quadrangle, California », Geological Survey Professional Paper 782, 1974.
12. Ben Clark, NASA Astrobiology Institute, « Could life be based on silicon rather than carbon ? », http://nai.arc.nasa.gov/astrobio/feat_questions/silicon_life.cfm (consulté le 27/06/2009).

et un mètre vingt de longueur ; il faut en découper la base, où se log la plupart des impuretés. On le découpe en une galette de 0,751078 millimètres d'épaisseur[13].

Les silicones sont pour leur part des polymères flexibles hydrofuges et perméables au gaz – comme s'ils pouvaient le « respirer ». Ma buanderie renferme un coupe-vent hérité de ma mère ; j'ignore le nom de la matière gris-bleu qui le compose, mais celle-ci n'absorbe pas l'humidité – sa texture est légèrement glissante sans être luisante ; peut-être ce manteau était-il étanche, toujours est-il qu'il ne résiste même plus à l'eau. La matière a vieilli, prenant un aspect légèrement cireux. Le manteau est doté d'une poche avant centrale qu'on referme à l'aide d'une fermeture éclair horizontale. Ma mère y fourrait toutes sortes de végétaux, une poignée de bulbes de fleurs ou de sphaigne – qui donnaient une drôle de forme à sa poitrine, disgracieuse, irrégulière, en plein milieu du manteau. Sur une vieille photo accrochée à la porte de notre réfrigérateur, on voit ma mère le porter : elle porte des lunettes noires à montures épaisses et ses courts cheveux gris sont ébouriffés par le vent. La plus grande partie du cadre est occupée par le mât d'un voilier et un morceau de voile blanche. La poche est gonflée par le vent ; ma mère avait déjà perdu un sein à l'époque, et la forme de sa poitrine paraît indistincte. Lorsque j'ai hérité de ce vêtement, je me suis demandé s'il restait quelque chose dans cette poche, si bien que j'ai mis beaucoup de temps avant de l'ouvrir. La même question m'a taraudée quand j'ai récupéré la veste de chasse de mon père, dotée d'une énorme poche dorsale pouvant abriter un oiseau abattu.

Sur cette plage californienne, Sam m'évoquait son mémoire, qu'il était sur le point de terminer. Il m'expliqua qu'on pouvait décrire avec précision le même phénomène de deux manières différentes, mais toutefois pas simultanément. Statistiquement, ce phénomène pouvait ainsi être ces deux choses à la fois. Sam étudiait la contamination des nappes phréatiques par les déchets nucléaires et le calcul de la rapidité de l'infiltration des eaux contaminées à travers un aquifère. Le temps était une donnée essentielle – il ne s'agissait pas de savoir si cette eau se déplaçait, mais à quel moment, à quelle vitesse et de quelle manière. Son travail mêlait l'incertitude et le déterminisme. Sam était mourant mais ignorait combien de temps il lui restait à vivre – il faudrait encore attendre six ans pour que les inhibiteurs de protéase soient mis au point. Son traitement expérimental était inefficace. L'espace d'un instant, j'ai compris que les statistiques n'étaient pas uniquement une manière par défaut servant à deviner des choses dont nous ne sommes pas encore certains (mais que nous finirons par découvrir dans un univers déterministe) ; elles offraient également un recours au déterminisme pour nous confronter à l'ignorance fondamentale[14].

Si la théorie quantique nous autorise à nous représenter simultanément chaque chose comme ce qu'elle est et comme ce qu'elle n'est pas – particule et onde,

13. L'épaisseur des galettes de silicone varie en fonction de leur diamètre.
14. Roland Omnès, *Philosophie de la science contemporaine*, Paris, Gallimard, 1994, p. 282-283. On peut apparenter un objet à un « système physique », « un certain ensemble de particules dont les interactions sont connues […]. Si l'on considère sous cet angle un objet parfaitement banal, par exemple une bouteille vide, les principes quantiques, qui ne prennent en compte que les particules constituant la bouteille, mettent sur le même pied une multitude d'objets différents. En effet, les atomes de la bouteille pourraient, sans rien changer à leurs interactions, s'assembler de mille manières pour former mille objets divers : deux bouteilles plus petites, six verres à liqueur ou un bloc de verre fondu. On peut également séparer les atomes selon leur nature pour obtenir un peu de sable et de sel. En redistribuant les protons et les neutrons pour transmuter les noyaux des atomes sans rien changer à la nature de leurs interactions, on pourrait aussi obtenir une rose dans une coupe d'or. »

matière et antimatière –, en quoi cela nous aide-t-il ? À cette époque, il m'arrivait souvent de rêver d'explosions nucléaires. Dans l'un de ces songes, je voyais mes deux amants se désintégrer en de microscopiques points scintillants, tels des pixels sur un écran d'ordinateur. Sam, qui n'était pas mon amant, se désintégrait lui aussi mais restait à mes côtés, entier, le regard fixe.

« [...] notre vie se débat dans les ténèbres [.] Car pareils aux enfants qui tremblent et s'effraient de tout dans les ténèbres aveugles, c'est en pleine lumière que, nous-mêmes, parfois nous craignons des périls aussi peu redoutables que ceux dont s'épouvantent les enfants dans les ténèbres [...]. Ces terreurs, ces ténèbres de l'esprit, il faut donc, pour les dissiper, non les rayons du soleil [...], mais l'étude rationnelle de la nature[15]. » Lucrèce trouvait tant de réconfort dans l'explication des choses. Il estimait que la peur était superflue. Les dieux se préoccupaient de leur monde idéal et n'avaient que faire du sort des humains – il était donc inutile de les craindre. Et comme l'au-delà n'existait pas, il ne fallait pas non plus craindre la mort. À quoi bon avoir peur ? Il vaut mieux se consacrer à l'étude des choses de ce monde et en apprécier les textures granulaires. En 2000 EC., le *New York Times* confirma ce que Lucrèce affirmait en 55 AEC : « L'espace n'est pas un continuum infiniment divisible – il n'est pas lisse, mais granuleux, et l'échelle de Planck nous donne la taille de ses grains les plus microscopiques... 10 puissance moins 35 mètres, soit une virgule décimale suivie de 34 zéros puis de un[16]. »

Vers la fin de l'après-midi, Hollywood Beach recueille des corps de types et d'âges très différents. Je remarque deux hommes épuisés, allongés à l'horizontale à plusieurs trentaines de mètres l'un de l'autre. L'un se trouve à ma droite, l'autre à ma gauche. Je les espionne de biais, par-dessus mon épaule, cachée sous le large bord de mon chapeau. Tous deux se sont pliés à une cérémonie funéraire prématurée et se laissent ensevelir par leurs enfants. L'un des deux hommes, allongé sur le dos, les yeux clos, avec un ventre énorme, a perdu son bras, et la tour déjà prodigieuse formée par son ventre était surmontée de flèches gothiques, œuvres d'une fille et d'un garçon versant du sable mouillé à l'aide d'un seau. L'autre homme, allongé sur le ventre, les bras levés au-dessus de la tête, s'est changé en dune à partir des aisselles, et un petit garçon s'est perché au sommet de ce père-montagne sablonneux, sa petite tête tournée dans ma direction, le regard étincelant et victorieux, bien que préoccupé par l'instabilité du terrain sur lequel il trône[17].

Durant le premier demi-million d'années de l'histoire de la Terre, l'ordre séquentiel se voyait régulièrement et violemment réarrangé : les croûtes terrestres s'engouffraient dans le magma liquide, et les roches en fusion rejaillissaient à travers les fissures et au gré des impacts météoriques. Après cette ère de

15. Lucrèce, *De la nature*, *op. cit.*, p. 54.
16. George Johnson, « How Is the Universe Built ? Grain by Grain », *The New York Times*, 7 décembre 1999.
17. Psammophile : « ami du sable ».

l'Archéen, période inintelligible de l'histoire de la Terre, les premières empreintes géologiques ont lentement commencé à s'accumuler à mesure que la Terre se refroidissait et que le tumulte s'apaisait. Cette époque n'était pas paisible pour autant, et chaque couche était toujours sujette à des plis, des étreintes, des réchauffements et des métamorphoses. Dans *The Theory of the Earth* (1795), James Hutton, « père de la géologie moderne », s'est illustré en tenant cette situation pour la preuve d'« un renouveau épisodique », par opposition à une « dégénérescence à court terme et linéaire ». Animée par la reconnaissance que le granite était une roche ignée, la découverte du « temps profond » suggérait l'existence d'une force régénératrice de surrection sans laquelle « le cycle tellurique ne pourrait se perpétuer indéfiniment et la Terre s'acheminerait par érosion jusqu'à la ruine [18] ».

18. Stephen Jay Gould, *Aux racines du temps*, traduit de l'américain par Bernard Ribault, Paris, Grasset, 1994, p. 22.

Nettrice Gaskins

Nettrice Gaskins is a Ph.D. candidate and researcher in Georgia Tech's Digital Media Program and Experimental Game Lab. Her work investigates culturally situated arts-based learning and new media, their invention, and use in underrepresented, creative communities of practice. This includes the use of new media tools and platforms, and existing cultural art forms. She is a writer/columnist for Art21, the producer of the Peabody award-winning PBS series, Art in the Twenty-First Century. *She has other works published online and in* Meet Me at the Fair : A World's Fair Reader, *scheduled to be published by Carnegie Mellon University's ETC Press.*

Nettrice Gaskins est une doctorante et chercheuse au sein du Digital Media Program and Experimental Game Lab de Georgia Tech. Son travail explore l'éducation artistique et culturelle et les nouveaux médias, leur invention et leur usage dans les communautés de pratiques créatives sous-représentées. Elle combine l'utilisation des outils et des plateformes des nouveaux médias à des formes artistiques culturelles existantes. Elle contribue en tant qu'auteure et chroniqueuse à Art21, maison de production à qui l'on doit la série Art in the Twenty-First Century, *lauréate du prix Peabody. Ses autres travaux sont publiés en ligne et dans* Meet Me at the Fair : A World's Fair Reader, *à paraître chez ETC Press (Carnegie Mellon University).*

Translated by
Traduit par

Jean-François Caro

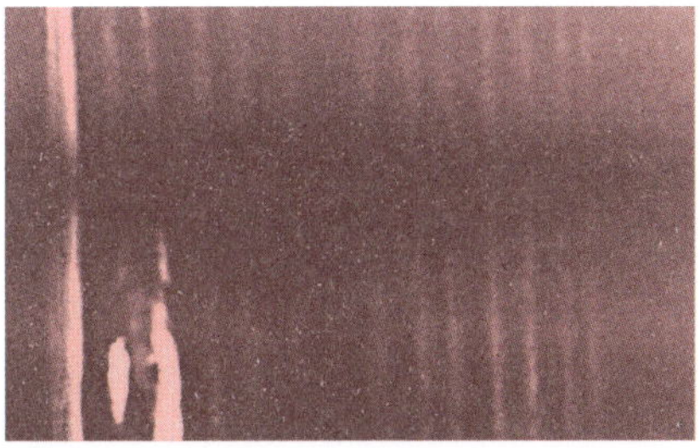

Nettrice Gaskins

Ghost Nature, Art and the Secret Realities of an Object-Oriented Universe

There is a tendency in many circles to view the virtual world as entirely detached from the physical world. Virtual or digital representations are seen as artificial placeholders for "real" things that we interact with as human agents in the world. An agent is one that takes action or produces an effect. According to proponents of Object Oriented Ontology (OOO), agents, both human and not-human are objects. They exist and we orient towards them. Jean Baudrillard makes a distinction between the simulacrum depicting objects that have no reality and the simulation that imitates real world processes. [1] As 3D virtual worlds have become more ubiquitous however, numerous artists have attempted to blur the lines between the physical world and its virtual equivalent, to such an extent that the term *physical* is often interchanged with *real*. This becomes problematic when a user-embodied avatar in a virtual world takes a leap from the top of a mountain; the immersed human user feels a sudden jolt of fright, as if s/he were physically performing this action. Physically, we are not falling or flying but our brains respond as though we are. Artists bend the rules of how we experience reality, create, and interact with objects. [2] In so doing, they are able to evoke the potential for existing and simultaneous worlds that depart from what is usual, and often appear to transcend the laws of nature.

Viewing "nature," in the general sense, as an arbitrary textual signifier, Timothy Morton theorizes artistic representations of the environment as sites for opening ideas of nature to new possibilities. [3] Seeking an aesthetic mode that can account for different characteristics of the environment, Morton proposes a materialist method of analysis, in which a variety of artistic texts are considered in terms of how they manage the space in which they appear, thereby attuning the sensibilities of their audience to forms of representation that counter the idea of nature as a transcendent experience. Morton's analysis of 'ecomimesis' (nature writing) involves an ambient poetics that "suggests something material and physical, though somewhat intangible, as if space itself had a material aspect—an idea that should not, after Einstein, appear strange." [4] Here, I include the sense of materiality in virtual environments that require immersion and interaction — or even in simulations that evoke the ambient presence of an object such as the 3D virtual mountain. According to Morton and other new wave object-oriented ontologists, ambience denotes a sense of a surrounding world. It is the presence of ambience that invokes reality — even within a simulation. Ambiance provides an aesthetic dimension (illusion) that floats in front of or around the periphery of objects. Just as one can inhabit the digital landscape of

1. Jean Baudrillard. *Simulacra and Simulation* (Ann Arbor: University of Michigan Press, 1994).
2. Tara C. Thiagarajana, Maria Lindskoga, Antonio Malgarolib and Richard W. Tsien. "LTP and adaptation to inactivity: overlapping mechanisms and implications for metaplasticity," *Neuropharmacology* 52.1 (January 2007), 156-75.
3. Timothy Morton, *Ecology Without Nature: Rethinking Environmental Aesthetics* (Cambridge:, MA: Harvard University Press, 2007).
4. *Ibid.* 33-34.

video games without encountering its algorithmic bounds, so can one inhabit a piece of performance art whose boundaries are nowhere to be seen. Artists create an illusion of unmediated and unalienated contact with physical and virtual environments. They are able to craft, filter, and animate alternative worldviews proclaiming: "'This environment is real; do not think that there is an aesthetic framework here.'"[5] That crafted worldview is thus naturalized within the artist's constructed frame.

Viewing nature, in the general sense, as an arbitrary textual signifier, contemporary theorists and artists present diverse perspectives of time and space. Historically, in two-dimensional (analog) art such as Salvador Dalí's *The Persistence of Memory*, the syrupy plasticity of the artist's painted objects suggest the possibility of time slowing to sludge in the flow of the invisible river of time.[6] Time is the common element that links all of these concepts and forms, prior to immersion in virtual reality and art. In performance and virtual spaces the duration of an artwork is ephemeral or short-lived. The key revelation enabling artists to push and revise the fundamental constructs of plasticity (brain, space, time, light) is the direction and control of the human or virtual agent. Artists bend the rules of identity or humanness (of agents) in real and virtual worlds to create new situations. They manipulate space in ways that challenge what we know to be true about the world. In short, artists are dealing with numerous ways to question, extend and transform the nature of reality, or the reality of nature.

In this essay I extend the materiality of various artworks to natural environments that require immersion or interaction with simulations that evoke the ambience of natural phenomena. To reiterate, ambience denotes a sense of a surrounding world. I note the distinction between ambience as simply a feeling or mood and Morton's notion of a poetic enactment of a state of awareness that collapses the division between agent and object.[7] In the latter scenario, the world includes the entirety of nature and natural phenomena such as weather, biological and physical processes as well as man-made representations of nature's mesh. Mesh refers to the interconnectedness of all living and non-living things, consisting of "infinite connections and infinitesimal differences."[8] Most of the artworks highlighted in this essay explore the causal dimensions of object-oriented ontology that are illusion-like or magical. These works engage postmodern aesthetics discourse and produce different states of awareness and cultural logics that are reflected in new art forms.

Videogame theorist Ian Bogost noted Timothy Morton's views on an interconnected mesh of life forms.[9] Bogost coined the term 'alien phenomenology,' to describe his own object-oriented ontology that puts things at the center of

5. Kevin Hutchings. "Timothy Morton's Ecology Without Nature: Rethinking Environmental Aesthetics," *Romanticism and Victorianism on the Net* 49 (February 2008).
6. Leonard Shlain. *Art and Physics: Parallel Visions in Space, Time, and Light* (New York City: William Morrow, 1993).
7. Timothy Morton. Realist Magic: Objects, Ontology, Causality (Ann Arbor, MI: MPublishing, University of Michigan Library, 2013).
8. Timothy Morton. *The Ecological Thought* (Cambridge, MA: Harvard University Press, 2010), 16.
9. Ian Bogost. *On Coming Out as a Realist: Morton Joins the OOO Mafia*, http://www.bogost.com/blog/on_coming_out_as_a_realist.shtml, retrieved August 7, 2010.

being, a philosophy in which nothing exists any more or less than anything else; within his framework, humans are elements without being primary to philosophical interest.[10] Bogost's concept takes for granted that all beings interact with, perceive, and experience one another. I argue that this only happens if these beings share a common knowledge base of signs, images, or other cultural and social signifiers. In other words, human cultures use lenses to view the world in order to understand it. Symbols, objects and identities can have double meanings in different cultures. As such, humans can live next to one another in starkly different worlds. The question that preoccupies the object-oriented ontologist — 'what is there?' — does not only have to apply to material bodies, but also their affiliated associations, including, for instance, race. By asking after the presence of an object, one can only answer by establishing its location in specific circumstances: acclimatizing, accustoming, attuning, and aligning the inquirer within a particular reality, experience, or point of view.[11]

The main character in Ralph Ellison's *Invisible Man* (1952) believes that his race renders him invisible and this invisibility owes not to chance but rather the unwillingness of other people to notice him.[12] Thus, the 'invisible' human agent is symbiotic, living within the confines of the World and within a world of his own creation. The object or construct (like race) is like all objects that may have multiple signifiers and, in some instances, may mean nothing at all. The object can become ephemeral, defined either by its absence or by its presence. Race as a social construct exists as real or illusory according to who perceives it. While a racial lens might be an undeniable filter in one world, it would be irrelevant in another — consider an artificially intelligent machine's relationship to racial concerns, for instance. It is the skin, texture, or aura of reality that reveals or conceals a thing. AI has no investment in distinctions that might preoccupy humans. Those same distinctions might preoccupy some humans more than others, depending on their own cultural and personal affiliations. Camille Norment's *Driftglass* (2001 – 2004) demonstrates this dimension. Norment's piece subverts the mirror as a place of self-reflection and creates a site of disappearance. When approaching the object from an angle, visitors simply notice a surface that reflects the environment. It is only when viewing the mirror en face that they see themselves as vague blurs, or ghosts.[13] The viewer's sense of the disappeared image combines with the transient body-image. A tease of presence is defined through immersion and interaction in the absent reflections and sonic feedback of the mirrored surface. This work exemplifies causality as an aesthetic dimension of relations between objects and between simulacrum and simulation. *Driftglass* represents a new perspective of light, sound, time and space.

10. Ian Bogost. *Alien Phenomenology, or What It's Like to Be a Thing* (Minneapolis, MN: University of Minnesota Press, 2012).
11. Robert Jackson. "'What is There?' An Introduction to OOO and Art (Part 1)." Bad At Sports: Contemporary Art Talk, http://badatsports.com/2013/what-is-there-an-introduction-to-ooo-and-art-part-1, retrieved November 18, 2013.
12. Ralph Ellison, *The Invisible Man* (New York, NY: Random House, Inc., 1952).
13. Camille Norment. "Driftglass," 2004, http://norment.net/studio/art/driftglass, retrieved November 15, 2013.

Poetics is the art of writing and artists use the emergent properties of objects (ambience, aura, texture) to write with nature. To describe ambient poetics, Morton quotes Romantic poet William Wordsworth who states, if under any circumstances, the viewer becomes transfixed with an object such as a star in the sky, upon detachment s/he would feel a sense of the infinite connection between all things that would not have been felt otherwise.[14] In this moment, the viewer feels immersed within the 'mesh' of nature. While that mesh exists unequivocally, the viewer still regards it through a subjective lens. In the world of the artist's creation, the object in question can appear to be one thing that is nevertheless experienced differently depending on random parameters, or who interacts with it. Artists can add or remove properties of objects in an environment to convey a concept. Take, for example, John Cage's *4'33"*, a musical composition in which performers are instructed not to play their instruments for the entire duration of the piece. In an effort to hear the silent piece, the listener can hear everything else. It is both the absence of sound and the presence of all other sounds that perform this work. Morton analyzes rap duo P.M. Dawn's "Set Adrift on Memory Bliss" (1991), a song that, for him, represents the last moments of Morton's schizophrenic brother's sanity. The song's "affective state" is as much about what Morton hears as what he doesn't. The aesthetic dimensions that surround the experience of hearing the song transfix the author — such as the "periodic cycling of presence, of a present that is full of absence, hesitation, mourning."[15] Jacolby Satterwhite's *The Matriarch's Rhapsody* uses his mother's "songs of desire" and drawings to create 3D virtual environments as sites for performance.[16] Being "set adrift" in objects and their sensual effects, allows artists and audiences to locate themselves in strange or new circumstances and environments.

Objects can accumulate or obliterate human and nonhuman forms, as three-dimensional or two-dimensional assemblage. Xaviera Simmons, Jacolby Satterwhite and Yayoi Kusama translate their experiences as surreal installations, or portraits that push the capacity of record and memory to effect viewers perceptions. Simmons' self portraits of assemblage objects render the human body almost invisible. These objects merge sculpture, found materials and photographic images. Kusama explores the accumulation of smaller forms on everyday objects. Kusama covers the surfaces of these objects with dry pasta and fabric-covered objects. Satterwhite accumulates drawings influenced by consumer culture, surrealism, math, sex, astrology, philosophy, and other concerns. These works foster in viewers a sense of ambient poetics, or the infinite connections between all things. In physical and virtual worlds, artworks sit between the simulacrum and the simulation. They exist in physical or virtual environments and we orient ourselves towards them.

14. Timothy Morton. "Why Ambient Poetics? Outline for A Depthless Ecology." *The Wordsworth Circle* 33.1 (Winter, 2002), 52-6.
15. Timothy Morton. *Realist Magic: Objects, Ontology, Causality*. (Ann Arbor, MI: MPublishing, University of Michigan Library, 2013).
16. *Ibid.*, 16.

Objects can emit, repel, or attract other objects. The mesh of nature is made up of natural phenomena like visual particles that, when grouped together, simulate 'fuzzy' phenomena — fire, explosions, smoke, moving water, sparks, falling leaves, clouds, fog, snow, dust, meteor tails, stars and galaxies, or abstract visual effects like glowing trails, magic spells, etc. In his photographic series *Phototaxis* (2013), Sebastian Alvarez simulates single moments in time when human beings, like moths, seem to be moving in response to the stimulus of light. The final effect is, in fact, a simulation of ambience. I was struck by a particular image in the series where the primary light source is partly obscured by a cloud of steam being emitted from a nearby pipe. The human is like a moth attracted to light that is simultaneously visible and invisible. I make a distinction between images of humans as moths moving towards the light with a user-embodied avatar leaping from the virtual 3D mountaintop. Both are simulations but the latter feels real. *Phototaxis* can also be compared to Berndnaut Smilde's *Nimbus* (2012), in which the artist generates clouds using a smoke machine and, by carefully monitoring the room's humidity and atmosphere, he gives the clouds life-like forms. Backlighting is used to bring out shadows from within the clouds. Viewing *Phototaxis* and *Nimbus* one gets the sense that there is something more to what is seen: a visual trick or slight-of-hand. We are, if only for a moment, removed from the confines of the real, or, as Ian Bogost notes, the tiny prison (of reality) of our own devising.[17]

Science supports the idea that almost every element on Earth was formed at the heart of a star.[18] We are made of stars, so it might be possible to imagine that we are a part of everything and everything is a part of us, including objects that are both visible and invisible. Katie Paterson uses a confetti canon blast to simulate gamma ray bursts that burn with luminosity 100 billion times that of our sun. The confetti cannons created for *100 Billion Suns* (2011) contain 3,216 pieces of paper whose colors correspond to each of these cosmic events. Every burst of confetti creates a miniature explosion, in just under a second. Agnes Meyer-Brandis' *Cloud Core Scanner* (2010) generates pictures that examine the smallest particles in the clouds' interior — a world we cannot see with our naked human eyes. In *Fireflies on the Water* (2012), Yayoi Kusama depicts a seemingly endless installation, carefully constructed using hundreds of low-energy LED lights, mirrors, and water. Kusama creates a space in which viewers are invited to transcend their sense of self. These artworks transport humans from the limits of the World to the worlds of the artists' creations. Natural, or fuzzy phenomena, simulated by artists, evoke infinite possibilities and embed the viewer in the mesh of nature.

Realist magic is Timothy Morton's play on the genre of magic realism (magic and paradox) in which magical objects are a natural part in an other-

17. Bogost, 2012.
18. "Are we really all made of stardust?", http://www.physics.org/article-questions.asp?id=52, retrieved October 24, 2013.

wise mundane, realistic environment. Morton argues that reality itself is not mechanical or linear when it comes to causality.[19] Artists can conjure up magical elements to capture ambience. Their works invoke ecomimesis in that they immerse viewers in the simulation of nature. Mirrored balls often associated with club music and dancing, produce a magical effect from light reflecting on surfaces that are covered with hundreds or even thousands of small mirrors. As light strikes the object, each tile of its multifaceted façade sends small reflections in all directions. Sanford Biggers uses this effect to play on the Big Bang theory of the origin of the universe. In *Calenda* (2004) a spinning disco ball placed near the floor heightens the sense of dynamic movement as well as suggesting a celestial explosion.

In *Hycide* magazine's video *Black Magic* (2012), dancer Storyboard P wears a sequined shirt that casts reflections on a brick wall as he moves. Dust particles on the ground are disturbed, creating a smoke effect. Storyboard P, a master of a dance form he calls 'mutant,' pops and twirls and contorts his body in the light. Through the movements of his body, fully immersed in his environment, he reveals to us an ambient mode of being. Virtual objects can also give the illusion of emitting or reflecting light particles. In *Reifying Desire 5* (2013), Jacolby Satterwhite constructs his own animated universe, incorporating celestial backdrops that simulate the visual effect of the cosmos. Magical effects allow us to make sensual contact with objects in alien realities or simulations that border the sublime. Morton writes that we can imagine these objects or events as transporters, like in *Star Trek*, or "devices for beaming the alien object into another object's frame of reference."[20]

The works mentioned in this essay present interesting scenarios for understanding how artists use objects and their sensual effects to construct alternate, virtual or augmented realities. The question of 'what is there' or 'what is real' is answered by how artists manage their environments, in which elements appear or disappear, attuning our sensibilities through immersion and interaction with objects. Emergent object properties such as plasticity, visibility and invisibility, accumulation and virtualization help to describe the aesthetic dimensions in which artists explore what is real or unreal in the World they inherit and the self-made worlds of their creation. Objects evoke real or imagined experiences, personal histories, and fantasies. They are transformative in that they leave traces, samples of themselves or small parts of a whole, and memories in their wake.

Morton and Bogost attempt to erase the distinction of the agent and nature, which creates new spaces for experimentation with natural, magical and simulated phenomena. This encourages artists to think outside of the confines of what

19. Morton, 2013.
20. *Ibid.*, 134.

we know to be nature. Morton writes about sampling as a way to write nature, or to capture a cherished object that can be played over and over again. Sampling, a part of improvisation, results in the invention of new practices, structures or symbols, or ways to interact with objects. It shows the ways in which objects transform materially, culturally and personally. In *The Matriarch's Rhapsody*, Satterwhite, whose mother eventually loses her sanity, samples sketches and sounds to create a codex of objects that he reuses in his virtual performances. The artist uses virtual space to bridge texts with an "archive of 3D translated drawings, movements, and narrative tropes."[21] The resulting work is a vortex of floating photos, 3D drawings, the artist dancing and acting, and video footage. It culminates in a video experience that explores the boundaries between reality, narrative, psychology, surrealism and memory. Satterwhite is therefore able to reenact an empathic tableau of a world that is foreign to normative expectations of reality, immersing and transfixing the viewer as Wordsworth's star gazer.

Through ecomimesis artists create (or write) ambient texts in physical and virtual worlds that open the "secret reality of the universe of objects."[22] In this essay I present a culturally diverse roster of contemporary artists, including a few in the *Ghost Nature* exhibition, who create worlds that transport humans and objects from one reality or specific frame of reference to another. We each live within the confines of our world — itself a mash up of the World we inherit and the one we create — yet every now and then we are given an opportunity to glimpse alternate realities. What emerges from this work is a New Aesthetic that has as its core theme the "utilization of technological tools to augment our view of the contemporary world."[23] Morton, Bogost, Ellison and others offer interesting views on the interconnected meshes of human agents and objects within intentionally constructed, artistic worlds. The artworks in *Ghost Nature* challenge the notion of the simulacrum and the simulation, the real and the virtual, and the natural versus the magical or supernatural.

21. "Jacolby Satterwhite," 2013. Retrieved November 8, 2013 from http://thebottomline.drawingcenter.org/2013/11/03/jacolby-satterwhite.
22. Morton, 2013 (134).
23. James. "The New Aesthetic," 2011. Retrieved November 15, 2013 from http://www.riglondon.com/blog/2011/05/06/the-new-aesthetic.

Nettrice Gaskins

Ghost Nature : art et réalités secrètes d'un univers orienté vers l'objet

Pour bon nombre d'entre nous, le monde virtuel est dissocié du monde physique. Les représentations virtuelles ou digitales sont perçues comme des substituts d'objets « réels » avec lesquels nous communiquons en tant qu'agents humains dans notre propre monde. Est défini comme agent ce qui effectue des actions ou produit un effet. Les tenants de l'ontologie orientée vers l'objet (OOO) considèrent les agents, qu'ils soient humains on non humains, comme des objets. Les objets existent, et nous nous orientons vers eux. Jean Baudrillard établit une distinction entre le simulacre, qui renvoie à des objets dépourvus de réalité, et la simulation, qui imite les processus du monde réel[1]. Cependant, face à l'omniprésence croissante des mondes virtuels en trois dimensions, de nombreux artistes cherchent à brouiller les frontières qui séparent le monde physique de son pendant virtuel, à tel point que les termes *physique* et *réel* se voient fréquemment intervertis. L'affaire devient problématique si l'on imagine un monde virtuel dans lequel un avatar incarné par un utilisateur se jette dans le vide depuis le sommet d'une montagne : l'être humain qui se trouve immergé dans cet environnement digital ressent une montée d'adrénaline, comme s'il effectuait cette action dans le monde réel. Bien que nous ne soyons pas physiquement en train de tomber, notre cerveau réagit comme si nous l'étions. Les artistes transgressent les règles qui régissent notre appréhension de la réalité et réinventent nos rapports avec les objets[2]. Ce faisant, ils ouvrent des possibles vers des mondes existants et simultanés, loin du familier, dont bon nombre transcendent les lois de la nature.

Considérant la « nature » dans son acception générale comme un signifiant textuel arbitraire, Timothy Morton théorise les représentations artistiques de l'environnement. Il y perçoit des sites propices à l'invention de nouvelles conceptions de la nature[3]. À la recherche d'une esthétique capable de rendre compte des différentes caractéristiques de notre environnement, Morton propose une méthode d'analyse matérialiste pour étudier une variété de textes artistiques et la manière dont ils traitent leur espace d'où ils émanent, et qui par là sensibilisent leur public à des formes de représentation opposées à une nature conçue comme expérience transcendante. Son analyse de l' « écomimétisme » (ou *nature writing*) implique une poétique « ambiante » qui « suggère une dimension matérielle et physique, quoiqu'à certains égards intangible, comme si l'espace lui-même était doté d'une matérialité – une conception qui, à la lumière des découvertes d'Einstein, ne devrait nullement paraître curieuse[4] ». J'inclus ici le type de matérialité qui, dans les environnement virtuels – voire dans des simulations dont le milieu ambiant est constitué des objets semblables à la montagne virtuelle mentionnée plus haut –, requiert une immersion et de l'interaction. Selon Morton

1. Jean Baudrillard, *Simulacres et simulation*, Paris, Galilée, 1981.
2. Tara C. Thiagarajan, Maria Lindskog, Antonio Malgaroli et Richard W. Tsien, «LTP and adaptation to inactivity : overlapping mechanisms and implications for metaplasticity», *Neuropharmacology*, vol. 52, n° 1, janvier 2007, p. 156-175.
3. Timothy Morton, *Ecology without Nature : Rethinking Environmental Aesthetics*, Cambridge, MA., Harvard University Press, 2007.
4. *Ibid.*, p. 33-34.

et d'autres tenants de la nouvelle vague de l'ontologie orientée vers l'objet, le terme d'« ambiance » renvoie explicitement à l'idée d'un monde qui nous entoure. Par sa présence, l'ambiance convoque la réalité – et ce, même au sein d'une simulation. L'ambiance fournit une dimension esthétique (l'illusion) à la dérive, face aux objets ou autour d'eux. Tout comme on peut habiter le paysage digital d'un jeu vidéo sans jamais en rencontrer les frontières algorithmiques, il est possible d'habiter une performance artistique dépourvue de limites apparentes. Les artistes créent l'illusion d'un contact non médiatisé et spontané avec des environnements physiques et virtuels. Ils sont capables de façonner, de canaliser et de donner vie à des visions du monde alternatives qui proclament : « "Cet environnement est réel ; n'imaginez pas qu'il est animé par un cadre arithmétique." [5] » Cette vision du monde artificielle se voit donc naturalisée au sein du cadre modelé par l'artiste.

Considérant la « nature » au sens général comme un signifiant textuel arbitraire, Timothy Morton théorise les représentations artistiques de l'environnement en tant que sites voués à ouvrir de nouvelles possibilités pour les conceptions de la nature. Cette conception inclut une variété de perspectives spatio-temporelles. Historiquement, dans les œuvres d'art (analogique) bidimensionnelles telles que *La Persistance de la mémoire* de Salvador Dalí, la plasticité sirupeuse des objets peints de l'artiste suggère la possibilité d'un ralentissement temporel capable de solidifier le fleuve invisible du temps[6]. Le temps constitue l'élément commun reliant tous ces concepts et ces formes, et précède la réalité virtuelle immersive et l'art. Dans la performance et les espaces virtuels, la durée d'une œuvre d'art est éphémère, ou du moins de courte durée. La révélation essentielle permettant aux artistes de repousser les limites des constructions fondamentales de la plasticité (cerveau, espace, temps, lumière) et de les reconsidérer, tient dans la direction et le contrôle de l'agent humain. Les artistes transcendent les règles de l'identité ou de l'humanité (des agents) au sein d'univers réels ou virtuels en vue d'élaborer de nouvelles situations. Ils manipulent l'espace au point de remettre en question nos présuppositions sur le monde dans lequel nous vivons. En résumé, les artistes expérimentent avec une quantité d'approches en vue d'interroger, étirer et transformer la nature de la réalité – ou la réalité de la nature.

Dans cet essai, j'étendrai la matérialité de différentes œuvres d'art à des environnements naturels nécessitant une immersion ou une interaction avec des simulations qui évoquent l'ambiance des phénomènes naturels. Le terme d' « ambiance » renvoie à l'idée d'un monde qui nous entoure. Je distinguerai l'ambiance en tant que simple sensation ou humeur et telle que définie par Morton, soit la mise en scène poétique d'un état de conscience qui cesse de faire une différence entre agent et objet[7]. Dans ce dernier cas de figure, le monde

5. Kevin Hutchings, « Timothy Morton's Ecology without Nature : Rethinking Environmental Aesthetics », *Romanticism and Victorianism* on the Net, février 2008.
6. Leonard Shlain, *Art and Physics : Parallel Visions in Space, Time, and Light*, New York, William Morrow, 1993.
7. Timothy Morton, *Realist Magic : Objects, Ontology, Causality*, Ann Arbor, MI., MPublishing, University of Michigan Library, 2013.

inclut la totalité de la nature et des phénomènes naturels tels que le temps, les processus biologiques et physiques et les représentations humaines du maillage de la nature. Le terme « maillage » désigne les liens unissant toute chose, animée comme inanimée, et se constitue « d'infinies connexions et de différences infinitésimales[8] ». La plupart des œuvres abordées dans cet essai explore les dimensions causales qui, dans l'ontologie orientée vers l'objet, relèvent de l'illusion ou de la magie. Ces œuvres engagent un discours esthétique postmoderne et produisent différents états de conscience ainsi que des logiques culturelles relayées par des formes d'art inédites.

L'idée de maillage de formes vivantes interconnectées telle que Morton l'a formulée n'a pas échappé à Ian Bogost[9]. Théoricien des jeux vidéo, ce dernier a inventé le terme de « phénoménologie *alien* » pour décrire sa propre conception de l'ontologie orientée vers l'objet, qui place les choses au cœur de l'être. Dans cette philosophie, toutes les choses ont un degré d'existence égal ; l'être humain fait partie de ce système sans pour autant constituer le principal centre d'intérêt philosophique[10]. Le concept de Bogost tient pour acquis que tous les êtres interagissent entre eux, se perçoivent et s'éprouvent les uns les autres. J'avancerai qu'une telle chose est possible à la seule condition que ces êtres partagent une base de connaissance commune de signes, d'images ou d'autres signifiants culturels et sociaux. En d'autres termes, les cultures humaines appréhendent et comprennent le monde à travers des prismes. Dans différentes cultures, les symboles, objets et identités ont une double signification. C'est pourquoi les humains cohabitent parfois dans des mondes radicalement différents. La question qui préoccupe l'ontologiste orienté vers l'objet – à savoir « qu'est-ce qui est là ? » – ne s'applique pas uniquement aux corps matériels, mais aussi à ce qu'on leur associe, comme la race, par exemple. La question de la présence d'un objet ne peut donc se résoudre qu'en plaçant ce dernier dans des circonstances spécifiques : il faut acclimater, habituer, accorder et aligner le regard de celui qui s'interroge à une réalité, une expérience ou un point de vue particulier[11].

Le protagoniste d'*Homme invisible, pour qui chantes-tu ?* (1952) de Ralph Ellison estime que sa race le rend invisible, et que cette invisibilité ne provient non pas du hasard, mais du refus d'autrui de le remarquer[12]. Ainsi, l'agent humain « invisible » est-il symbiotique et s'inscrit à la fois dans les limites du monde réel et dans un monde de sa propre fabrication. L'objet ou la construction (comme la race) est semblable à tout objet, en ce que tous peuvent posséder plusieurs signifiants et, dans certains cas, sont susceptibles de ne rien signifier du tout. L'objet peut devenir éphémère, défini soit par son absence, soit par sa présence. En tant que construction sociale, la race apparaît comme une donnée réelle ou imaginaire selon celui ou celle qui la perçoit. Si, dans un monde donné,

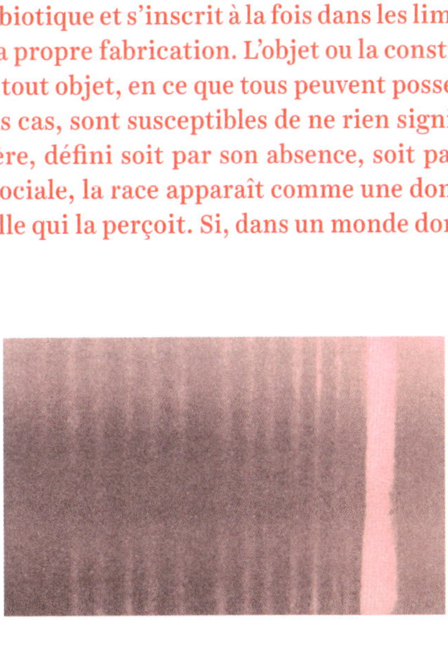

8. Timothy Morton, *The Ecological Thought*, Cambridge, MA., Harvard University Press, 2010.
9. Ian Bogost. «On Coming Out as a Realist: Morton Joins the OOO Mafia», http://www.bogost.com/blog/on_coming_out_as_a_realist.shtml, 2010.
10. Ian Bogost, *Alien Phenomenology, or What It's Like to Be a Thing*, Minneapolis, MN., University of Minnesota Press, 2012.
11. Robert Jackson, « "What is There?" An Introduction to OOO and Art (Part 1) », *Bad At Sports: Contemporary Art Talk*, page consultée le 18 novembre 2013 à l'adresse http://badatsports.com/2013/what-is-there-an-introduction-to-ooo-and-art-part-1.
12. Ralph Ellison, *Homme invisible, pour qui chantes-tu?*, Paris, Grasset, 2002.

un prisme racial peut s'avérer un filtre irréfutable, il sera peut-être hors de propos dans un autre – songez par exemple aux relations que pourrait avoir une machine intelligente avec cette question de race. Une chose peut être révélée ou dissimulée par la peau, la texture ou l'aura de la réalité. L'intelligence artificielle ne s'investit pas dans les distinctions susceptibles de préoccuper les êtres humains. Ces mêmes distinctions préoccupent certains humains davantage que d'autres, selon leurs affiliations culturelles et personnelles. *Driftglass* (2001 – 2004) de Camille Norment démontre cette observation. Cette pièce détourne la surface réfléchissante du miroir pour la changer en un site de disparition. Lorsqu'ils s'approchent de l'objet depuis un certain angle, les spectateurs ne remarquent qu'une surface réfléchissant leur environnement. Mais lorsqu'ils se trouvent en face du miroir, ils n'aperçoivent qu'une silhouette indistincte, semblable à un fantôme[13]. Sous le regard du spectateur, l'image disparue se confond à une image-corps impermanente. On devine une présence en s'immergeant et en interagissant avec l'absence de reflet et le *feedback* sonore du miroir. Cette œuvre offre un exemple de la causalité comme dimension esthétique dans les relations à l'œuvre entre les objets et entre simulacre et simulation. *Driftglass* propose une nouvelle manière d'appréhender la lumière, le son, le temps et l'espace.

La poétique se définit comme l'art d'écrire, et les artistes ont recours aux propriétés émergentes des objets (ambiance, aura, texture) pour écrire avec la nature. Pour décrire la poétique ambiante, Morton cite le poète romantique William Wordsworth, qui affirme que lorsqu'un observateur détourne son regard après avoir fixé intensément un objet – une étoile dans le ciel, par exemple –, il ressentira invariablement le lien absolu qui relie toutes les choses et qui lui aurait échappé le cas échéant[14]. À cet instant, le sujet a l'impression de s'immerger dans le « maillage » de la nature. Bien que l'existence de ce dernier soit univoque, le spectateur le considère toujours à travers le prisme de sa subjectivité. Dans l'univers formé par la création de l'artiste, l'objet peut, malgré la forme qu'il revêt, s'éprouver en fonction de paramètres aléatoires ou de celui ou celle qui interagit avec lui. Il arrive aux artistes d'ajouter ou d'ôter des propriétés à un objet, dans un environnement donné, afin de transmettre un concept. Songeons par exemple à *4'33"* de John Cage, composition musicale dans laquelle les interprètes ont pour consigne de ne pas jouer de leur instrument pendant toute la durée de l'œuvre. En tentant d'écouter cette pièce silencieuse, l'auditeur peut alors entendre tous les bruits qui l'entourent. L'interprétation de cette composition dépend aussi bien de l'absence de son que de la présence de tous les autres. Morton analyse « Set Adrift on Memory Bliss » (1991), chanson du duo de hip-hop P.M. Dawn qui lui évoque les derniers instants avec son frère avant que ce dernier ne sombre définitivement dans la schizophrénie. L' « état affectif » de cette chanson tient autant dans

13. Camille Norment, *Driftglass*, 2004. Consulté le 15 novembre 2013 à l'adresse http://norment.net/studio/art/driftglass/.
14. Timothy Morton, « Why Ambient Poetics ? Outline for a Depthless Ecology », *The Wordsworth Circle*, vol. 33, nº 1, été 2002, p. 52-56.

ce que Morton entend que dans ce qu'il n'entend pas. L'auteur est captivé par les dimensions esthétiques qui accompagnent l'écoute du morceau – comme ce « cycle de présence, d'un présent rempli d'absence, d'hésitation et de chagrin[15] ». Dans *The Matriarch's Rhapsody*, Jacolby Satterwhite utilise les « chants de désir » et les dessins de sa mère pour créer des environnements virtuels en trois dimensions qui sont autant de sites de performance[16]. « Partir à la dérive » en s'abandonnant dans les objets et leurs effets sensoriels permet aux artistes et au public d'accéder à des circonstances et à des environnements étranges ou inédits.

En tant qu'assemblages en deux ou trois dimensions, les objets peuvent accumuler ou effacer les formes humaines et non humaines. Xaviera Simmons, Jacolby Satterwhite et Yayoi Kusama traduisent leurs expériences sous la forme d'installations surréalistes ou de portraits repoussant les limites de la capacité d'enregistrement et de mémoire pour agir sur la perception des observateurs. Obtenus à partir d'objets assemblés mêlant sculpture, matériaux trouvés et images photographiques, les autoportraits de Simmons rendent le corps humain quasiment invisible. Kusama explore l'accumulation de petites formes sur des objets quotidiens dont elle recouvre la surface de pâtes séchées et d'objets recouverts de tissu. Satterwhite accumule des dessins influencés par la culture de la consommation, le surréalisme, les mathématiques, le sexe, l'astrologie, la philosophie et d'autres thèmes. Chez le spectateur, ces œuvres renforcent la sensation de poétique ambiante et l'enjoignent à prendre conscience de l'infinité de connexions reliant les choses. Dans les mondes physiques et virtuels, les œuvres d'art s'immiscent entre le simulacre et la simulation. Elles existent au sein d'environnements physiques ou virtuels, et nous nous orientons vers elles.

Les objets peuvent émettre, rejeter ou attirer d'autres objets. Le maillage de la nature se compose de phénomènes naturels, tels que ces particules visuelles qui, lorsqu'on les réunit, simulent des phénomènes « indistincts » – feu, explosions, fumée, flux aquatique, étincelles, chutes de feuilles, nuages, brouillard, neige, poussière, queues de comètes, étoiles et galaxies, ou encore les effets visuels abstraits des empreintes lumineuses, des tours de magie, etc. Dans sa série photographique *Photoaxis* (2013), Sebastian Alvarez simule des instants dans lesquels les êtres humains semblent se déplacer en réponse à un stimulus produit par la lumière, à la manière des papillons de nuit. L'effet final s'avère en réalité une simulation d'ambiance. Dans l'une de ces images – parmi les plus mémorables de la série à mon sens –, la principale source de lumière est partiellement masquée par un nuage de vapeur s'échappant d'une canalisation toute proche. Les humains des photographies d'Alvarez rappellent des lépidoptères attirés par une lumière à la fois visible et invisible. J'établirai une distinction entre ces humains, que ces photographies apparentent à des insectes attirés par la lumière, et notre avatar

15. Timothy Morton. *Realist Magic : Objects, Ontology, Causality*, *op. cit.*
16. Jacolby Satterwhite, page d'accueil du site de l'artiste, http://jacolby.com/home.html, consultée le 18 novembre 2013.

incarné par un utilisateur qui se jette du sommet d'une montagne virtuelle. Si ces exemples sont tous deux des simulations, le second peut néanmoins s'éprouver comme une expérience réelle. On peut aussi comparer *Photoaxis* à *Nimbus* (2012) de Berndnaut Smilde, qui voit l'artiste fabriquer des nuages grâce à un générateur de fumée. En contrôlant méticuleusement le taux d'humidité et la température de la pièce, il parvient à donner aux nuages l'apparence d'êtres vivants. Un effet de contre-jour fait apparaître les ombres de l'intérieur des nuages. Ces deux œuvres semblent ne pas se donner entièrement à voir, comme s'il restait une illusion d'optique ou un tour de passe-passe à déceler. Ne serait-ce que l'espace d'un instant, nous nous échappons des limites du réel, ou, comme le remarque Ian Bogost, du minuscule cachot (de la réalité) fabriqué par nos propres soins [17].

Les scientifiques affirment que la quasi-totalité des éléments terrestres se sont formés au cœur d'une étoile [18]. Étant donné que nous sommes faits de poussière d'étoiles, il est peut-être possible de nous imaginer comme une partie du tout et d'imaginer en retour ce tout, dont les objets visibles et invisibles, comme faisant partie de nous. Katie Paterson a créé un canon à confettis dont le tir simule des sursauts de rayons gamma dont la luminosité est 100 milliards de fois supérieure à celle du soleil. Chaque canon à confettis créé pour *100 Billion Suns* (2011) contient 3 216 morceaux de papier dont les couleurs correspondent à chacun de ces événements cosmiques. Chaque jaillissement de confettis s'apparente à une explosion miniature d'une durée à peine inférieure à une seconde. *Cloud Core Scanner* (2010) d'Agnes Meyer-Brandis génère des images qui examinent les plus infimes des particules nichées au creux d'un nuage – un univers invisible à l'œil nu. Avec l'installation *Fireflies on the Water* (2012), Yayoi Kusama crée une illusion d'infinité à travers l'agencement soigné d'une centaine de lampes à Led de faible puissance, de miroirs et d'eau. Kusama crée un espace invitant les spectateurs à transcender leur conception du moi. Ces œuvres les transportent hors des limites du monde pour les emporter vers les mondes créés par les artistes. Tournées vers d'infinies possibilités, ces simulations de phénomènes naturels et « instables » plongent le spectateur au cœur du maillage de la nature.

Avec le concept de « magie réaliste », Timothy Morton détourne facétieusement le réalisme magique (qui mêle surnaturel et paradoxe), genre dans lequel l'irruption d'objets magiques dans un environnement banal et réaliste est posée comme naturelle. Lorsqu'il est question de causalité, la réalité elle-même n'est ni mécanique, ni linéaire, avance Morton [19]. Les artistes peuvent invoquer des éléments magiques pour susciter une ambiance. Le recours de leurs œuvres à l'écomimétique se traduit par l'immersion du spectateur dans une nature simulée. Les boules à facettes sont souvent associées aux boîtes de nuit et à la danse ; elles produisent un effet magique à travers la réflexion de la lumière sur des surfaces

17. Ian Bogost, *Alien Phenomenology, or What It's Like to Be a Thing*, op. cit
19. Timothy Morton, *Realist Magic*, op. cit.

recouvertes de centaines voire de milliers de miroirs miniatures. Lorsque cet objet capte la lumière, chaque carreau de sa surface multiple réfracte de petits reflets dans toutes les directions. Sanford Biggers recourt à cet effet pour détourner la théorie du Big-Bang et de l'origine de l'univers. Dans *Calenda* (2004), les tournoiements d'une boule à facettes placée près du sol accentuent l'impression d'un mouvement dynamique tout en suggérant une explosion céleste.

Dans *Black Magic* (2012), vidéo du magazine *Hycide*, le danseur Storyboard P arbore une chemise à paillettes reflétant la lumière contre un mur en briques tandis qu'il effectue des pas de danse. Au sol, le soulèvement des particules de poussière produit un effet de fumée. Les objets virtuels semblent parfois également émettre ou refléter les particules lumineuses. Dans *Reifying Desire 5* (2013), Jacolby Satterwhite fabrique son propre univers animé auquel il incorpore des toiles de fond célestes simulant l'effet visuel du cosmos. Les effets magiques nous permettent d'établir un contact sensoriel avec des objets au sein de réalités qui nous sont étrangères, ou des simulations frisant le sublime. Morton apparente ces objets et ces événements aux « téléporteurs » de *Star Trek* ou à « des appareils voués à transporter l'objet étranger dans le cadre de référence d'un autre objet[20] ».

Les œuvres mentionnées dans cet essai proposent autant de scénarios passionnants qui nous permettent de mieux comprendre la manière dont les artistes utilisent les objets et leurs effets sensoriels afin de construire des réalités alternatives, virtuelles ou augmentées. La réponse à la question « qu'est-ce qui est là ? » ou « qu'est-ce que le réel ? » est fournie par la manière dont les artistes appréhendent leurs environnements, dans lesquels les éléments apparaissent ou disparaissent, mettant nos perceptions à l'unisson à travers notre immersion et notre interaction avec les objets. Les propriétés émergentes des objets, telles que la plasticité, la visibilité et l'invisibilité, l'accumulation et le virtuel, nous aident à décrire les dimensions esthétiques au sein desquelles les artistes explorent ce qui est réel et ce qui ne l'est pas, dans le monde dont ils héritent et dans celui que façonnent leurs créations. Les objets suscitent des expériences réelles ou imaginaires, des histoires personnelles et des fantasmes. Leur pouvoir transformateur naît du fait qu'ils laissent des traces, des échantillons d'eux-mêmes ou d'infimes parties d'un tout, et des souvenirs dans leur sillage.

Morton et Bogost cherchent à effacer la distinction entre agent et nature, démarche donnant lieu à de nouveaux espaces d'expérimentation avec les phénomènes naturels, magiques et simulés. Cela encourage les artistes à développer une réflexion au-delà des limites de ce que nous considérons comme la nature. Morton apparente la technique du *sampling* à une manière d'écrire la nature ou de saisir un objet qui nous est cher pour le réitérer à loisir. Le *sampling*, qui relève en partie de l'improvisation, engendre des pratiques, des structures et des symboles

20. *Ibid.*, p. 134.

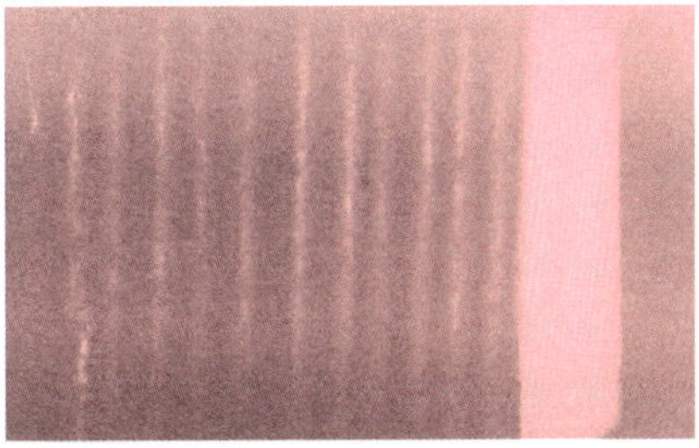

nouveaux, ou encore des manières inédites d'interagir avec les objets. Il dévoile la manière dont les objets se transforment sur les plans matériel, culturel et personnel. Dans *The Matriarch's Rhapsody*, Satterwhite, dont la mère sombre peu à peu dans la folie, produit des samples de croquis et de sons pour créer un codex d'objets qu'il réutilise dans ses performances virtuelles. L'artiste recourt à un espace virtuel pour relier ses textes à « une archive composée de dessins, de mouvements et de tropes narratifs restitués en trois dimensions [21] ». L'œuvre qui en résulte forme un vortex mêlant photographies en flottaison, dessins en trois dimensions, danses et performances théâtrales de l'artiste et rushes vidéo. La pièce culmine avec une expérience vidéo explorant les limites entre réalité, récit, psychologie, surréalisme et mémoire. Satterwhite est ainsi capable de reconstituer un tableau emphatique dépeignant un monde détaché des attentes normatives de la réalité qui immerge et captive un spectateur semblable au chasseur d'étoiles de Wordsworth.

Avec l'écomimétique, les artistes créent (ou écrivent) des textes ambiants et des mondes virtuels qui ouvrent une porte sur « la réalité secrète de l'univers des objets [22] ». Cet essai dresse un panorama culturellement diversifié d'artistes contemporains – dont certains figurent dans l'exposition *Ghost Nature* – qui créent des mondes voués à transporter les humains et les objets d'une réalité ou d'un cadre de référence spécifique à l'autre. Chacun d'entre nous vit dans les limites de son propre monde – mélange du monde dont nous héritons et de celui que nous créons –, cependant, nous avons de temps à autre l'occasion d'entrevoir d'autres réalités. Ce qui émerge de ce travail est une Nouvelle Esthétique dont la thématique centrale tient dans « l'utilisation d'outils technologiques dans le but d'augmenter notre perception du monde contemporain [23] ». Morton, Bogost et Ellison, entre autres, proposent de fascinantes conceptions du maillage qui relie les agents humains et les objets au sein de mondes artistiques fabriqués à dessein. Les œuvres présentées dans *Ghost Nature* défient les notions de simulacre et de simulation, de réel et de virtuel, ainsi que l'opposition entre la nature, la magie et le surnaturel.

21. « Jacolby Satterwhite », entretien avec Marina Caruso, 2013, consulté le 8 novembre 2013 à l'adresse http://thebottomline.drawingcenter.org/2013/11/08/jacolby-satterwhite.
22. Timothy Morton, *Realist Magic*, *op. cit.*, p. 134.
23. James Bridle, « The New Aesthetic », 2011, http://www.riglondon.com/blog/2011/05/06/the-new-aesthetic, consulté le 15 novembre 2013.

João Florêncio

João Florêncio just passed his PhD in Visual Cultures at Goldsmiths, University of London, where he has also been working as an Associate Lecturer. His thesis, entitled "Strange Encounters: Performance in the Anthropocene" drew from performance theory, art history, philosophy, and ecocriticism, and identified a "broader than broad spectrum" for performance and performance studies as a response to the wider ontological and epistemological questions posed by the Ecological Age. João has contributed to edited books and journals such as New Theatre Quarterly, Identities: Journal of Politics, Gender, and Culture, O-Zone: a Journal of Object Oriented Studies, Dance Theatre Journal, JBSP: Journal of the British Society for Phenomenology, *and* Space (Re)Solutions: Interventions and Research in Visual Culture.

João Florêncio vient d'obtenir son doctorat en cultures visuelles à Goldsmiths, University of London, où il est également chargé de cours. Intitulée Strange Encounters: Performance in the Anthropocene, sa thèse puise dans la théorie de la performance, l'histoire de l'art, la philosophie et la critique écologique pour identifier un « spectre étendu » pour la performance et son étude dans le but de répondre aux questions ontologiques et épistémologiques plus vastes que nous pose l'ère écologique. João a contribué à des ouvrages et des revues tels que New Theatre Quarterly, Identities: Journal of Politics, Gender, and Culture, O-Zone: a Journal of Object Oriented Studies, Dance Theatre Journal, JBSP: Journal of the British Society for Phenomenology, *ou* Space (Re)Solutions: Interventions and Research in Visual Culture.

Translated by
Traduit par

Sophian Bourire

João Florêncio

Fucked By Strangers (Dear Lover, Death Hasn't Done Us Part)

A. DEFINITION OF TERMS

1. The word "*fucked*." The event it describes and its violence. Its violence, the violence of crossing borders, of being crossed into, of being pushed in by a foreign territory and its territorial arm(-y). "*Fucked*" as always implying an-other terrain, a new spatial configuration demanding old cartographies to be redrawn:

> Terra*forming*.

2. The *strangers* around us. Those that are never fully present but still breathe in our ears and taste the salt on our skin, sending shivers down our spines. Those presences that linger, that remain, that insist on being there or, at least, on giving that impression. The bodies, material and immaterial, we cling to in order to mourn a time long gone—the pictures on the wall, the history we shared but no longer write. All those uncertain encounters that nonetheless we cannot avoid:

> *All that lies beyond the glossy surface of a mirror.*

B. APHORISMS

1. When, in 1781, James Watt patented a new design for the steam engine that would power the Industrial Revolution, the peoples of the Earth had already been *fucking* for at least 300 years. That is, if one is to trust *Flen Flyys*, the anonymous 15th-century poem that unveiled the secrets of the monks of Ely:[1]

> *Fratres Carmeli navigant in a bothe apud Eli*
> *Non sunt in coeli quia fuccant vvivys of heli*

2. As History goes, the biggest question philosophers have had to answer when meditating on *fucking* and/or getting *fucked* (in all its iterations), has mostly been one of quantity, of how much to *fuck* and of how hard to do so. Or, as those in the business—from Kant to Nietzsche to Heidegger—have put it, in a rather simplified way:

> *The question of the Human and of its promise.*

3. Kant once murmured to himself: "May there be light!"[2]
Since then, the Enlightenment bills haven't stopped increasing.

1. Ely is a small cathedral city in England better known, today, for its medieval architecture rather than the sexual habits of its monks.
2. That, by the way, can't really be proved.

João Florêncio

4. The premise upon which Modernity was developed as a civilizational project assumes the existence of an invincible barrier erected between humans and their nonhuman outside, an a *priori* ontological wall that, due to its insurmountability, is also the guarantor of a dualistic metaphysics grounded on an ideology of human exceptionalism or :

> *Wishful thinking.*

5. Two years after humans started getting used to *fucking* to the rhythm of steam machines, Kant published his *Prolegomena* to *Any Future Metaphysics*. In it, the German philosopher established the universal principle of safe sex, i.e. one can only safely *fuck* that from which one is separated. Or, in a simpler way :

> *"Nature is the existence of things, so far as it is determined according to universal laws. Should nature signify the existence of things in themselves, we could never cognise it either* a priori *or a* posteriori. *"*[3]

6. Safe sex is all about compromise... that is how it works. I say : "I will keep on *fucking* you for as long as you stay away, removed from touch, separated by an all-too-familiar barrier of 1) latex 2) digital interfaces 3) epistemological limits." I say :

> *"I will keep on* fucking *you for as long as I remain myself."*

7. The human is a peculiar kind of animal, one that wraps itself in specially-crafted layers for protection against a) contamination, b) uncertainty, c) death.

8. The most disconcerting thing about strangers like the bogeyman is their mythical nature.

> *For the most dangerous things in life never really fit under the bed.*

9. Scared of those that are awake when humans sleep, and inspired by Aristotle before them, Diderot built walls and Wagner dug a pit under the theatrical bed. Their aim :

> *To keep strangers at bay.*

10. Through his organizing of the first tourist excursions to Cairo in the 1800s, Thomas Cook, the Victorian travel agent, became the quintessential heir of 1)

3. Immanuel Kant, *Prolegomena to Any Future Metaphysics*, trans. James W. Ellington (Indianapolis and Cambridge: Hackett Publishing Company, 2001), 35.

James Watt's steam engine, 2) Immanuel Kant's critical enterprise, and 3) Denis Diderot's theatrical prescription "*jouez comme si la toile ne se levait pas.*" [4] Like them, Cook was also in the business of self-help, having once been heard shouting, "Know thyself!" [5]

> *"Aaah, tudo é diferente*
> *Aaah, no Cairo quente"* [6]

11. Whether in the exoticism of Thomas Cook's Cairo, in the wilderness of Caspar David Friedrich's landscapes, or in the cast-iron and glass glimmer of Joseph Paxton's Crystal Palace, modern spectacle provided its audiences with the safety only felt by those who master their fears, i.e.:

> *Excommunicate all strangers.*

12. You say "Caspar David Friedrich." I say "David Attenborough."

13. In order to better sell their technologies of human emancipation and safely lock all strangers under the bed, Kant and Diderot got together and set up a business selling mirrors. They called it:

> *Modern Times, UnLtd.*

14. Fast forward a couple of centuries and the mirror business is still growing strong. Cf. "The New American Painting," Dorothy C. Miller's touring exhibition for the 1958–59 MoMA International Program. Like all mirrors, "The New American Painting" allowed us to build ourselves in our own image.

15. Reporting for the *New York Times* on the eve of the departure of the MoMA exhibition to the Easternmost part of the Western side of the Iron Curtain, Sanka Knox wrote the following:

"Refrigerators and other fruits of the assembly line are not the only kinds of American products prized overseas." [7]

16. *Look at me... Find yourself.*

17. Caught in the vertigo of a world that constantly returns our gaze, humans have grown to no longer believe in the strangers they once feared.

4. Denis Diderot, "Discours sur la Poésie Dramatique," quoted in Michael Fried, *Absorption and Theatricality: Painting and Beholder in the Age of Diderot* (Chicago and London: The University of Chicago Press, 1988), 95.
5. That, by the way, can't really be proved.
6. See it for yourself: http://youtu.be/JCaD2qQXG8I.
7. Sanka Knox, "Abstract Art Is Going to Europe to Represent American Culture," *New York Times*, 11 March 1958, reproduced in *Salon to Biennial—Exhibitions That Made Art History, Volume I: 1863–1959*, ed. Bruce Altshuler (London and New York: Phaidon Press, 2008), 376.

18. In the final sequence of the 1973 film, *Enter The Dragon*, Bruce Lee realized that in order to defeat the villain he had to first smash the mirrors that surrounded him.[8]

That most needed victory was also to become his last one.

19. Sixteen years after Bruce Lee first cracked the house of mirrors to face the strangers, the Berlin Wall was finally taken down and the Langkawai Declaration on the Environment was signed by the Heads of Government of the Commonwealth Nations. That was also the year of the first dial-up internet connection in North America.

(I am not claiming cause and effect.)

20. The problem with all the strangers humans have heretofore tried to keep under the bed, is that the more we tried to keep them at a distance, the closer and more insistent they became.

To the point that, today, we have rediscovered ourselves enmeshed in sticky stuff that does not wash away.

21. If I were any good at writing haikus, I'd write this one.

22. Since the day we, like Bruce Lee, had to face strangers for the first time, the world has turned into a rather uncertain place. Think:

1) massive oil spills, 2) melting ice caps, 3) unmanned aerial vehicles, 4) high-frequency trading.

23. In the art world (read: "the theater"), holes have started cracking open in the ceiling. They've allowed in: 1) bacteria, 2) flies, 3) rotting meat, 4) dirt and other kinds of noise, 5) dogs and horses, 6) vomit, 7) everyday root vegetables, 8) plastic instruments of pleasure, 9) butterflies 10) the fresh breeze of the seaside.

In no particular order.

24. The elephant in the room some called Postmodernity (for lack of a more convincing name) was the unwillingness of some to recognize the strangers they had been *fucking* with.

All in the name of human emancipation.

8. See it for yourself: http://youtu.be/6urUSWssqYQ.

25. Once the walls fell and the mirrors cracked, weddings became pagan celebrations of the perversion that is intrinsic to the world. As Bruno Latour once wrote:

> *"...the more we forbid ourselves to conceive of hybrids, the more possible their interbreeding becomes..."*[9]

26. In 1974, 72 different items were laid out on top of a table. Amongst them there was a rose, some nails, a hammer, a pair of scissors, a whip, a gun, a bullet, a comb, a saw, some olive oil, a cake, some wire, a knife, and a pinch of sulphur. In the center of the room, the artist, aged 28, stood naked save for an open robe; a nearby sign instructed the audience to use the aforementioned objects on her body as desired. The question, 40 years later, asks:

> *Is a bullet fired by a gun or by a gunman?*

27. As the glaciers of Greenland melt and algorithms mine all our communications, scholarly theories and artistic practices are being forced to deal with the failure of the modern projects of autonomy and emancipation (of art from life; of human 'Culture' from nonhuman 'Nature'). Some pray:

> *May the horse live in me.*[10]

28. Writing about *Pezzo O (due)*, a performance by Maria Donata D'Urso he had witnessed in 2002 at Lisbon's Centro de Arte Moderna, theater scholar Nicholas Ridout wrote:

> *"The human figure, so often the luminous center of the aesthetic experience and the presence with which the spectator may easily identify, is here shadowed and obscured in such a way as to render it utterly strange to all those human figures who sit in the dark and watch it."*[11]

29. One wonders: What happens to the subaltern when Twitter allows her to speak? Could deconstruction have prevented Hurricane Sandy? Is a punch enough to break a window or does the window also need to be made of glass?

30. At a time in which territories are uncertain, boundaries blurred, and borders made for trespassing, fucking and/or being fucked is first philosophy. Or, in Derek Jarman's words:

> *"To be an astronaut of the void, leave the comfortable house that imprisons you with reassurance."*[12]

9. Bruno Latour, *We Have Never Been Modern*, trans. Catherine Porter (Cambridge, MA: Harvard University Press, 1993), 12.
10. See it for yourself: http://youtu.be/yx_E4DUWXbE.
11. Nicholas Ridout, *Theatre & Ethics* (Basingstoke, Palgrave Macmillan, 2009), 69.
12. Derek Jarman, *Blue: Text of a Film* (London: Channel 4 Television and BBC Radio 3, 1993), 16. Palgrave Macmillan, 2009), 69.

B. DIAGRAM (THIS IS WHAT I'VE BEEN TALKING ABOUT)

1770
Bengal famine
1783 Laki eruptio
n **1804** World human p
opulation reaches 1 b
illion **1816** Year With
out a Summer **1883** Kra
katoa eruption **1900**
Galveston Hurricane **1
906** San Francisco earth
quake **1908** Tunguska exp
losion **1912** Itai-itai dis
ease **1918** Spanish Flu
1927 World human popup
ation reaches 2 billio
n **1930s** Dust Bowl **1930
s** Soviet famine **1945** H
iroshima and Nagasaki
1952 The Great Smog **1
956** Minamata disease
1956 Basin F **1957** May
ak nuclear explosion
1957 Windscale fire
1960 World human popu
lation reaches 3 bill
ion **1961** Yokkaichi as
thma **1965** Niigata Mi
namata disease **1974**
World human populati
on reaches 4 billion
1976 Seveso disaster
1980 Mount St. Helens
eruption **1981** First A
IDS patient **1984** Bhopa
l disaster **1986** Sandoz chemical s
pill **1986** Chernobyl disaster **1987** World h
uman population reaches 5 billion **1987**, Goiân
ia accident **1989** Phillips Disaster **1999** World
human population reaches 6 billion **2001** AZF Expl
osion **2005** Jilin chemical plant explosion **2005** C
heakamus River derailment **2005** Hurricane Katrin
a **2005** Hurricane Rita **2005** Hurricane Wilma **2006**
Southeast Asian haze **2006** Côte d'Ivoire toxic
waste dump **2006** Jiyeh Power Station oil spill
2010 Earthquake in Haiti **2010** Earthquake in C
hile **2010** Eyjafjallajökull eruption **2010** De
epwater Horizon oil spill **2011** World huma
n population reaches 7 billion **2011** Gre
at Eastern Japan Earthquake **2011** Fukushi
ma Daiichi nuclear disaster **2012** Hur
ricane Sandy **2013** Supertyphoon Haiyan
[to be continued...]

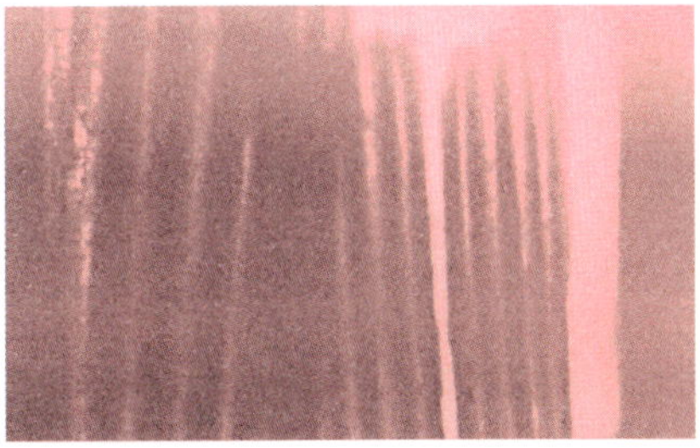

João Florêncio

C. LETTER TO A STRANGER

Dear Lover, death hasn't done us part. Still, as I sit here writing this letter, I struggle to picture the last time we were together. Though I remember knowing you were here, I still cannot remember the exact features of your face; it makes me wonder whether we've ever been truly together. You see, my problem isn't the distance but merely the fact that the world doesn't seem to have been made for the short-sighted...

Way before we actually met, you had already been engraved in my life as a future-certainty, as a promise long anticipated but not yet realized. I remember the way in which you approached me, moving silently and ghost-like from behind. My eyes did not meet yours and yet I knew you there, with me, for the duration of that strangest encounter.

Don't ask me why.

Eventually I felt you prodding at my skin — most reassuring of boundaries — trying your best to venture beneath it, to that innermost place otherwise populated by those that had come before you.

Memory sends shivers down my spine.

It's now Spring and the news hasn't been cheerful since you left. Between the most recent scandal concerning the leaked existence of illegal global surveillance apparatuses whose smooth-running algorithms put any wannabe-007 to shame, to the Summer Arctic ice cap that some expect to fully melt for the first time already this decade; from the bacteria that have become fast learners and now deflect the attacks of the strongest antibiotics, to the torrential Summer rains that have taken the Vlatva and the Danube indoors, the human condition in the first decades of the 21st Century is anything but human. As a species, as one amongst an ever growing number of differently classifiable bodies, humans find themselves increasingly entangled in and conditioned by realities that, for many centuries, we tried to keep at bay, there, where they could be safely mastered.

As you left me, scientists and philosophers were discovering with surprise the increasingly tight enmeshment of realities whose boundaries they could no longer safely guard, and the critical paradigms of scholarly work that had kept the human ego-ideal at the center of the world started becoming increasingly irresponsive. Humans were forced to accept themselves as slippery beings and their knowledge of the world became just another episode in a huge number of encounters that happen every day between bodies of all kinds. Today, one can safely say, along with Bruno Latour, that such a world of cross-taxa entanglements and hybridizations has brought about the realization that, despite all that has gone since Kant and Baudelaire, "we have never been modern." In an age marked by the awareness that the planet's ecosystems have reached tipping points which, in turn, have accelerated the unfolding of a series of global disasters humankind won't be able to control, modern divisions of knowledge into comfortable disciplines are being questioned by the progressive awakening to the contingency of boundaries.

Nevertheless, despite being deeply entangled in one another, bodies still can't fully grasp, let alone master, each other. Relations are always contingent and the ways in which bodies meet as *relata* will always leave body parts untranslated, i.e. unreadable, like sections of limbs one is forced to leave behind in order to cross a border.

As a consequence of the perversion rediscovered in the ways bodies get down with and affect one another, alongside the realization that appearances are always co-created, contingent, and can never overcome the strangeness of the bodies for which they stand in, questions are being raised concerning the nature of what had hitherto been seen as the exclusive domain of the human and of its 'Culture.' If the real underneath the contingencies of all 'worldings' will always remain strange, if there will always be something about the 'in-themselves' that evades inclusion in the 'in-them-for-us,' always a filtration of noise preceding the selection of informational patterns that eventually stand in for bodies; if all encounters depend as much on who or what is encountered as on who or what encounters, as much on who or what is witnessed as on who or what does the witnessing; and if, therefore, all relations are phenomenal entanglements, then the world has once again become *theatrum mundi*.

As theater, the world is a system of bodies that only know one another through the contingency of their personae, a system in which *fucking* becomes the name of the process through which estranged bodies are plugged into one another and create new w/holes whilst being kept at a distance... It brings to mind the way in which neurones communicate with one another whilst being nevertheless separated by the theatrical space of the brain synapses...

... It reminds me of our time together.

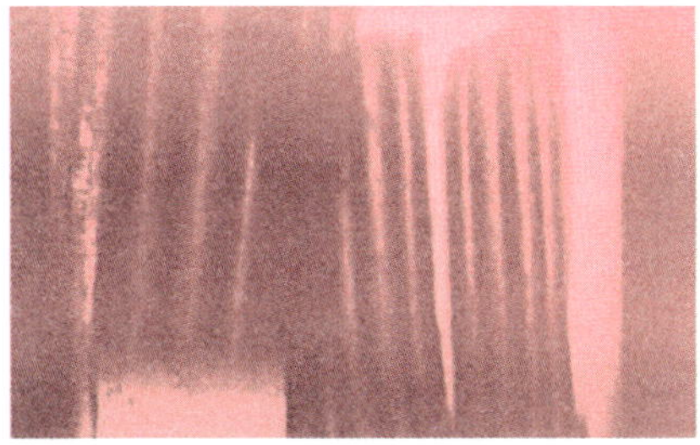

In this *theatrum* of which art is only a small part, bodies are reiterated, emerging anew every time they encounter one another, every time something or someone acts, plays, or functions for something or someone else that watches, witnesses, or is otherwise implicated in that given encounter. In this *theatrum* in which recognition and estrangement are the stuff of all encounters, *fucking* is simultaneously *technē* and *poiēsis*, enactment and mediation; it is both communication and translation, information that is filtered out of noise. What it is not, however, is a marker of the human, as scholars have been claiming since Ancient times in order to secure the center-stage for the human and for its delusions of thespian exceptionalism. *Fucking* is, in the end, the way in which all bodies, human and nonhuman, play themselves to one another whilst always holding something back like bearers of the most sinful of secrets.

I wish you were still here to feel it.

Yours,

j.

João Florêncio

Baisé par des étrangers
(Cher amant, la mort ne nous a pas séparés)

A. QUELQUES DÉFINITIONS

1. Le mot « *baisé* ». Ce qu'il décrit et sa violence. Sa violence, la violence de franchir des frontières, d'être traversé, d'être poussé sur un territoire étranger et confronté à son arm(é)e territoriale. « *Baisé* » toujours associé à une nouvelle configuration spatiale exigeant une révision des cartographies :

Terra formation.

2. Les *étrangers* qui nous entourent. Ceux qui ne sont jamais vraiment là mais que nous entendons respirer, qui nous effleurent et nous font froid dans le dos. Ces présences qui s'attardent, demeurent, s'obstinent à être là ou, du moins, donnent cette impression. Les corps, matériels et immatériels, auxquels nous nous raccrochons pour faire le deuil d'une époque révolue — les photos sur le mur, l'histoire que nous avons partagée mais n'écrivons plus. Toutes ces rencontres incertaines mais néanmoins inévitables :

Tout ce qui se cache derrière la surface brillante d'un miroir.

B. APHORISMES

1. Lorsqu'en 1781, James Watt breveta des améliorations sur la machine à vapeur, qui mettait la Révolution Industrielle en marche, les peuples de la Terre *baisaient* déjà depuis au moins 300 ans. C'est le poème anonyme du XVe siècle, *Flen Flyss*, qui aurait révélé les secrets des moines d'Ely. [1]

Fratres Carmeli navigant in a bothe apud Eli
Non sunt in coeli quia fuccant vvivys of heli [2]

2. L'histoire nous apprend que la plus grande question rencontrée par les philosophes lorsqu'ils se penchaient sur le mot baiser et/ou *se faire baiser* (dans toutes ses acceptions) était principalement quantitative ; en quelle quantité *baiser* et avec quelle intensité ? Ou comme d'autres philosophes — de Kant à Nietzsche en passant par Heidegger — l'ont exprimé de manière relativement simplifiée :

La question de l'humain et de ses espoirs.

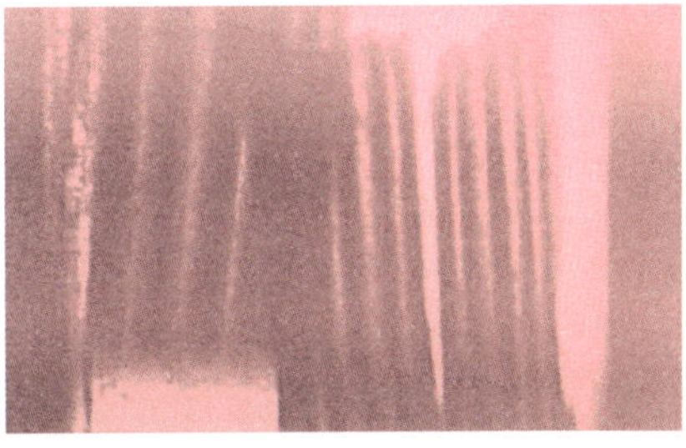

1. Ely est une petite ville anglaise où se trouve une des plus anciennes cathédrales britanniques. Aujourd'hui, elle est plus connue pour son architecture que pour les pratiques sexuelles de ses moines.
2. Extrait du poème *Flen Flyys* écrit autour de 1475 contenant la première occurrence écrite du verbe « fuck » (« fuccant » en latin) (NdT).
3. Ce qui, au passage, ne peut pas vraiment être prouvé.

3. Kant s'est un jour murmuré : « Que la lumière soit ! [3] »

À partir de là, les déclarations des Lumières n'ont cessé de se multiplier.

4. Les prémisses sur lesquelles la modernité s'est construite en tant que projet de civilisation supposent l'existence d'une barrière inébranlable érigée entre les humains et leur environnement non humain, un mur ontologique *a priori* qui, en raison de son caractère insurmontable, est aussi le garant d'une métaphysique basée sur une idéologie de l'exceptionalisme humain, autrement dit :

L'idéalisme.

5. Deux ans après que les humains se sont habitués à *baiser* au rythme des machines à vapeur, Kant publia *Prolégomènes à toute métaphysique future*. Le philosophe allemand y établit le principe universel des relations sexuelles protégées, à savoir que l'on ne peut que baiser en sécurité la personne dont on est séparé. Ou, plus simplement :

« La nature, c'est l'existence des choses, en tant qu'elle est déterminée selon des lois universelles. Si la nature devait désigner l'existence des choses en elles-mêmes, nous ne pourrions jamais la connaître, ni a priori *ni* a posteriori [4]. »

6. Tout, dans les relations sexuelles protégées, est compromis… il s'agit là de l'essence du concept. Je dis : « Je continuerai à te baiser tant que tu resteras à distance, hors de portée, séparé par une barrière bien trop familière 1) de latex 2) d'interfaces numériques 3) de limites épistémologiques. » Je dis :

« Je continuerai à te baiser tant que je resterai moi-même. »

7. L'humain est une espèce animale particulière, une espèce qui s'enveloppe dans des couches conçues spécialement pour se protéger a) de la contamination, b) de l'incertitude, c) de la mort.

8. L'aspect le plus déconcertant d'étrangers tels que le croque-mitaine réside dans leur caractère mythique.

Parce que dans la vie les choses les plus dangereuses ne peuvent jamais véritablement se glisser sous le lit.

4. Emmanuel Kant, *Prolégomènes à toute métaphysique future*, traduit de l'allemand par Louis Guillermit, Paris, Librairie Philosophique J.Vrin, 1986, p. 61.

9. Terrifiés par ceux qui veillent lorsque les hommes dorment et inspirés par Aristote, Diderot avait érigé des murs et Wagner avait creusé un trou sous le lit théâtral. Leur objectif :

Tenir les étrangers à l'écart.

10. En organisant les premières excursions touristiques au Caire dans les années 1800, Thomas Cook, le voyagiste de l'époque victorienne, est devenu l'héritier parfait de 1) la machine à vapeur de James Watt, 2) l'entreprise critique de Kant, et 3) la recommandation théâtrale de Diderot : « Jouez comme si la toile ne se levait pas. »[5] Comme eux, Thomas Cook versait dans le développement personnel. On l'aurait un jour entendu crier : « Connais-toi toi-même ![6] »

« Aaah, tudo é diferente
Aaah, no Cairo quente[7] *»*

11. Que ce soit dans l'exotisme du Caire de Thomas Cook, dans les grands espaces de Caspar David Friedrich ou dans la fonte et le verre du Crystal Palace de Joseph Paxton, les spectacles modernes offraient à leur public la sécurité que seuls ceux qui maîtrisent leurs peurs pouvaient ressentir :

Excommuniez tous les étrangers.

12. Vous dites « Caspar David Friedrich ». Je dis « David Attenborough ».

13. Afin de mieux écouler leurs technologies d'émancipation humaine et de s'assurer que tous les étrangers soient confinés sous le lit, Kant et Diderot se sont associés pour vendre des miroirs. Ils ont baptisé leur société :

Temps modernes, Société à responsabilité illimitée

14. Environ deux siècles plus tard, le marché du miroir continue sa croissance. Voir « The New American Painting », exposition itinérante de Dorothy C. Miller dans le cadre du programme international des années 1958 – 59 du MoMA. Comme tous les miroirs, « The New American Painting » nous a permis de nous façonner à notre image.

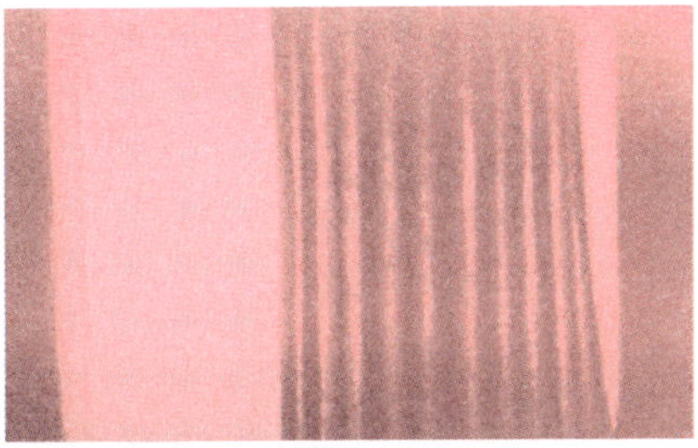

5. Denis Diderot, *Discours sur la Poésie Dramatique*, cité dans l'ouvrage de Michael Fried, *La Place du spectateur. Esthétique et origines de la peinture moderne*, Paris, Gallimard, 1990, 98.
6. Ce qui, au passage, ne peut pas vraiment être prouvé.
7. Vérifiez par vous-même : http://youtu.be/JCaD2qQXG8I.

15. Correspondante pour le *New York Times* à la veille du déménagement de l'exposition du MoMA à l'extrémité la plus à l'est du côté ouest du rideau de fer, Sanka Know écrit :

> *« Les réfrigérateurs et autres fruits de la production à la chaîne ne sont pas les seuls produits américains appréciés à l'étranger*[8]*. »*

16. *Regarde-moi… Trouve ta voie.*

17. Saisis par le vertige d'un monde qui retourne sans cesse leur regard, les humains ont appris à ne plus croire aux étrangers dont ils avaient jadis peur.

18. Dans la dernière séquence du film de 1973, *Opération Dragon*, Bruce Lee se rend compte que pour vaincre son ennemi, il doit d'abord briser les miroirs qui l'entourent[9].

> *Cette victoire bien nécessaire allait aussi être sa dernière.*

19. Seize ans après que Bruce Lee détruisit la maison des miroirs, le mur de Berlin fut finalement détruit et la déclaration de Langkawi sur l'environnement fut signée par les chefs de gouvernement des pays du Commonwealth. 1989 fut également l'année de la première connexion internet bas débit en Amérique du Nord.

> *(Je n'insinue pas là de lien de causalité.)*

20. Le problème avec tous les étrangers que nous, êtres humains, avons essayé de garder sous nos lits jusqu'à présent, est que plus nous avons tenté de les tenir à distance, plus ils se sont rapprochés et se sont montrés insistants.

> *À tel point que nous nous rendons aujourd'hui compte que nous sommes empêtrés dans une mélasse qui refuse de disparaître.*

21. Si j'étais doué pour écrire des haïkus, j'écrirais ça.

22. Le jour où, comme Bruce Lee, nous avons pour la première fois eu à confronter des étrangers, le monde est devenu plutôt incertain. Envisageons les termes suivants :

> *1) déversements de pétrole massifs, 2) fonte des calottes glaciaires, 3) drones, 4) trading à haute fréquence.*

8. Sanka Knox, *Abstract Art Is Going to Europe to Represent American Culture*, *The New York Times*, 11 mars 1958, repris dans *Salon to Biennial–Exhibitions That Made Art History, volume I : 1863-1959*, dirigé par Bruce Altshuler, Londres et New York, Phaidon Press, 2008, p. 376.

9. Vérifiez par vous-même : http://www.youtube.com/watch?v=ppq7f35IgvY.

João Florêncio

23. Dans le monde de l'art (comprendre : « le théâtre »), des trous commencent à se former au plafond. S'y sont logés : 1) des bactéries, 2) des mouches, 3) de la viande faisandée, 4) de la saleté et autres types de bruits, 5) des chiens et des chevaux, 6) du vomi, 7) des légumes racines ordinaires, 8) des instruments de plaisir en plastique, 9) des papillons, 10) les embruns de la mer.

Dans aucun ordre particulier.

24. L'éléphant dans la pièce, que certains appellent la post-modernité (faute de terme plus convaincant), représentait le refus pour certains de reconnaître les étrangers qu'ils *baisaient*.

Tout cela au nom de l'émancipation humaine.

25. Une fois que les murs et les miroirs se sont craquelés, les mariages se sont mués en célébrations païennes de la perversion intrinsèque au monde. Comme l'a un jour écrit Bruno Latour :

« …plus on s'interdit de penser les hybrides, plus leur croisement devient possible… [10] *»*

26. En 1974, 72 objets différents furent étalés sur une table. Parmi ceux-ci, une rose, des clous, un marteau, une paire de ciseaux, un fouet, un pistolet, une balle, un peigne, une scie, de l'huile d'olive, un gâteau, du fil, un couteau, et une pincée de soufre. Au milieu de la salle, l'artiste, âgée de 28 ans, se tenait debout, avec pour seule parure un peignoir ouvert ; un panneau enjoignait le public à utiliser les objets sur son corps comme bon lui semblait. Quarante ans plus tard, la question est la suivante :

Une balle est-elle tirée par un pistolet ou par un tireur ?

27. Alors que les glaciers du Groenland fondent et que les algorithmes dissèquent toutes nos communications, les théories savantes et les pratiques artistiques sont contraintes de faire face à l'échec des projets modernes d'autonomie et d'émancipation (de l'art sur la vie ; ou de la « culture » humaine sur la « nature » non humaine. Certains prient :

Que le cheval vive en moi [11].

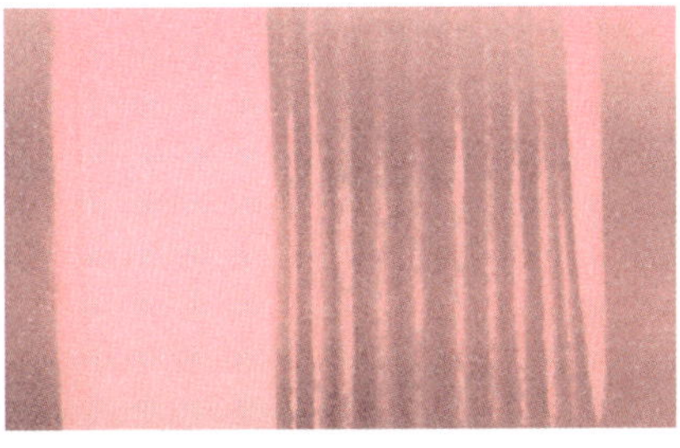

10. Bruno Latour, *Nous n'avons jamais été modernes : Essais d'anthropologie symétrique*, Paris, La Découverte, 1991, 22.
11. Voir vidéo : http://youtu.be/yx_E4DUWXbE.

28. Nicholas Ridout, spécialiste du théâtre, évoque *Pezzo 0 (due)*, une performance de Maria Donata D'Urso à laquelle il a assisté en 2002 au *Centro de Arte Moderna* de Lisbonne :

> *« Le visage humain, qui forme si souvent le centre lumineux de l'expérience esthétique, et présence à laquelle le spectateur peut aisément s'identifier, se voit ici jeté dans l'ombre et obscurci au point de paraître tout à fait étrange aux yeux de toutes ces silhouettes humaines assises dans le noir en spectateurs*[12]. »

29. On s'interroge : Que se passe-t-il lorsque la subalterne peut s'exprimer grâce à Twitter ? La déconstruction aurait-elle pu faire éviter la tempête Sandy ? Un coup de poing suffit-il à casser une fenêtre ou faut-il de surcroît que la fenêtre soit en verre ?

30. À une époque où les territoires sont incertains, les limites brouillées et les frontières faites pour être franchies, *baiser* et/ou *être baisé* constitue la philosophie première. Ou, pour reprendre Derek Jarman :

> *« Pour être astronaute du vide, quittez la maison confortable dont le réconfort vous retient captif.* »[13]

12. Nicholas Ridout, *Theatre & Ethics*, Basingstoke, Palgrave Macmillan, 2009, 69.
13. Derek Jarman, *Blue: Text of a Film*, Londres, Channel 4 Television et BBC Radio 3, 1993, 16.

João Florêncio

B. SCHÉMA (C'EST CE DONT J'AI PARLÉ JUSQUE-LÀ)

1770
Famine du Ben
gale **1783** Éruption
n du Laki **1804** La po
pulation humaine atte
int le milliard **1816** A
nnée sans été **1883** Éru
ption du Krakato **1900**
Ouragan de Galveston
1906 Tremblement de t
erre de San Francisco **1**
908 Explosion de la Toun
gouska **1912** Maladie Itai-
Itai **1918** Grippe espagno
le **1927** La population
mondiale atteint les 2
milliards Années **1930**
Dust bowl Années **1930**
Famine soviétique **1945**
Hiroshima et Nagasaki
1952 Le «grand smog»
de Londres **1956** Mal
adie de Minamata **19**
56 Basin F **1957** Accid
ent nucléaire de Maïak
1957 Incendie de Wind
scale **1960** La popula
tion mondiale attein
t les 3 milliards 19
1961 Asthme de Yokka
ichi **1965** Maladie de
Niigata Minamata **1974**
La population mondiale
atteint 4 milliards **19**
76 Catastro phe de Seveso **1980** Éru
ption du mont Saint Helens **1981** Premier cas
de Sida **1986** Catastrophe de Schweizerhalle **1**
986 Catastrophe nucléaire de Tchernobyl **1987**
La population mondiale atteint 5 milliards **1987**
Accident nucléaire de Goiânia **1989** Phillips Disa
ster **1999** La population mondiale atteint 6 mill
iards **2001** Explosion de l'usine AZF **2005** Catas
trophe de l'usine pétrochimique de Jilin **2005**
Déraillement de Cheakamus 2005 Ouragan Katrina
2005 Ouragan Rita **2005** Ouragan Wilma **2006** Bro
uillard en Asie du Sud-Est **2006** Affaire du Probo
Koala **2006** Marée noire de Jiyeh **2010** Séisme
en Haïti **2010** Séisme au Chili **2010** Éruption
de l'Eyjafjöll **2010** Explosion de Deepwater
Horizon **2011** La population mondiale
atteint 7 milliards **2011** Séisme de la côte
pacifique du Tōhoku **2011** Accident nucléaire
de Fukushima **2012** Ouragan Sandy **2013**
Typhon Haiyan
[à suivre...]

João Florêncio

C. LETTRE À UNE ETRANGÈRE

Chère amante, la mort ne nous a pas séparés. Pourtant, alors que j'écris cette lettre, je peine à me remémorer notre dernière rencontre. Bien que je me souvienne de ta présence, je ne parviens toujours pas à revoir les traits de ton visage avec précision et cela m'amène à me demander si nous avons déjà vraiment formé un couple. Mon problème, vois-tu, n'est pas la distance mais le simple fait que ce monde ne semble pas avoir été conçu pour les malvoyants...

Lors de notre premier rendez-vous, je te désirais depuis le jour où on t'avait présentée à moi avec la certitude à venir d'une promesse. Je me souviens de la façon dont tu m'as approché, te déplaçant en silence tel un fantôme dans mon dos. Nos regards ne se sont pas croisés mais pourtant, je savais que tu étais là, avec moi, le temps de cette rencontre étrange.

Ne me demande pas pourquoi.

Au bout d'un moment, j'ai senti ta main sur ma peau — la plus rassurante des limites — faisant de ton mieux pour t'aventurer au-delà, vers cet endroit le plus intime normalement peuplé par tes prédécesseuses.

Ces souvenirs me donnent des frissons.

C'est le printemps, et les nouvelles n'ont pas été très gaies depuis ton départ. Entre le scandale des instruments de surveillance électronique mondiale dont les algorithmes fluides feraient rougir les aspirants James Bond, la calotte glaciaire Antarctique qui pour certains aura au cours de cette décennie complètement fondue pour la première fois, les bactéries super intelligentes désormais capables de contrer les attaques des antibiotiques les plus puissants, et les pluies d'été diluviennes qui ont fait déborder la Vlatva et le Danube, la condition de l'homme dans les premières décennies du XXIe siècle est tout sauf humaine. En tant qu'espèce faisant partie des corps dont le nombre ne cesse d'augmenter, les humains se retrouvent emprisonnés et conditionnés par des réalités qu'ils ont, pendant des siècles, tenté de garder à distance, là où elles pouvaient être maîtrisées sans risque.

Au moment où tu m'as quitté, les scientifiques et philosophes découvraient avec surprise l'enchevêtrement de plus en plus solide des réalités qu'ils ne pouvaient plus maîtriser, et les paradigmes critiques des travaux universitaires qui avaient permis de conserver l'idéal d'ego humain au centre du monde étaient de moins en moins réactifs. Les humains ont été contraints de se reconnaître en tant qu'êtres bancals et leur connaissance du monde s'est transformée en un simple nouvel épisode venant s'ajouter aux nombreuses rencontres quotidiennes entre des corps de tous types. On peut aujourd'hui dire avec assurance, comme Bruno Latour, qu'un tel monde d'implications inter-taxa et d'hybrides nous a amenés à nous rendre compte que malgré tout ce qui a pu se passer depuis Kant et Baudelaire, « nous n'avons jamais été modernes ». À une époque où l'on prend conscience que les écosystèmes ont atteint leurs limites, accélérant ainsi le déploiement d'une série de catastrophes mondiales que l'homme ne pourra maîtriser, les séparations modernes de connaissance en des disciplines confortables sont remises en question par la prise de conscience progressive du caractère imprévisible des limites.

Pourtant, même s'ils sont étroitement entremêlés, les corps ne parviennent toujours pas à se comprendre et encore moins à se maîtriser. Les relations sont toujours conditionnées et les manières dont les corps se rencontrent laisseront toujours des parties de corps non traduites, c'est à dire illisibles, comme des membres qu'il faut sectionner pour franchir une frontière.

En raison de cette perversion redécouverte dans la manière dont les corps se comportent et s'affectent mutuellement, parallèlement à la prise de conscience que les apparences sont toujours créées conjointement, dépendantes, et ne peuvent jamais surpasser l'étrangeté des corps dont elles font partie, des questions se posent concernant la nature de ce qui jusque-là était perçu comme le domaine exclusif de l'homme et de sa « Culture ». Si au fond toutes les sortes de « constitution de mondes » resteront toujours étranges, qu'il y aura toujours un aspect « introspectif » qui rejette le côté « introspectif pour le bien de tous », que la sélection de modèles informatifs qui finalement stagnent dans nos corps sera toujours précédée d'une filtration de bruit ; si toutes les rencontres dépendent autant de la personne ou de l'objet rencontré que de la personne ou de l'objet qui rencontre, autant de la personne ou de l'objet témoin que de la personne ou de l'objet qui témoigne ; et si, par conséquent, toutes les relations sont des participations phénoménales, alors le monde s'est de nouveau transformé en theatrum mundi.

En tant que théâtre, le monde est un système de corps qui ne se connaît qu'à travers la contingence de leur personae, un système dans lequel baiser devient le nom du processus par lequel les corps séparés sont imbriqués, créant ainsi de nouveaux ensembles tout en restant à distance... Cela rappelle la façon dont les neurones communiquent tout en étant séparés par l'espace théâtral des synapses du cerveau...

João Florêncio

... Cela me rappelle les moments que nous avons partagés.

Dans ce *theatrum* dont l'art ne représente qu'une infime partie, des corps sont répétés, naissant à nouveau chaque fois qu'ils se rencontrent, chaque fois que quelque chose ou que quelqu'un agit, joue, ou fonctionne pour quelque chose ou quelqu'un d'autre qui observe, témoigne, ou est impliqué d'une façon ou d'une autre dans cette rencontre. Au sein de ce théâtre dans lequel la reconnaissance et la séparation sont l'objet de toutes les rencontres, *baiser* est à la fois *technè* et *poïétique*, mise en œuvre et médiation, à la fois communication et traduction, information filtrée du bruit. Ce n'est cependant pas la marque de l'homme, comme les intellectuels le prétendent depuis l'Antiquité afin d'assurer une place centrale à l'Homme et à ses illusions d'exceptionnalisme thespien. *Baiser* est, en définitive, la façon dont tous les corps, humains et non humains, jouent leur rôle tout en conservant une retenue comme s'ils portaient les secrets les plus honteux.

Je voudrais que tu sois encore là pour le ressentir.

Bien à toi,

j.

SEBASTIAN ALVAREZ *is a San Francisco Bay Area-based interdisciplinary artist and independent researcher. Working across diverse media, including film, audio, performance, and installation, his artistic practice explores the interrelation and fragmentation of human systems. With a focus on ritualistic performance, Alvarez draws upon notions of intimacy and estrangement, and employs the use of silence and the musicality of "untranslated" language. He received a BFA (2009), and MFA (2011) in Performance Art from the School of the Art Institute of Chicago, and has performed, curated, and presented work internationally at such venues and institutions as Yerba Buena Center for the Arts (San Francisco), Museum of Contemporary Art (Chicago), Hyde Park Art Center, Chicago Cultural Center, South Side Community Art Center, Whitney Biennial (NYC), Postgarage (Graz, Austria), Townhouse Gallery (Cairo, Egypt) and the Festival Internacional de Cine de Barichara (Barichara, Colombia).* **SEBASTIAN ALVAREZ** *est un artiste multidisciplinaire et chercheur indépendant basé dans la Bay Area de San Francisco. Déployée sur différents médiums, dont le film, l'audio, la performance et l'installation, sa pratique artistique explore les relations et la fragmentation des systèmes humains. Se concentrant particulièrement sur la performance rituelle, Alvarez s'inspire des notions d'intimité et d'aliénation tout en ayant recours au silence et à la musicalité du langage « non traduit ». Il a obtenu un BFA (2009) et un MFA (2011) en performance à la School of the Art Institute of Chicago. Performeur, curateur et artiste international, son travail a figuré dans des lieux et des institutions tels que le Yerba Buena Center for the Arts (San Francisco), le Museum of Contemporary Art (Chicago), le Hyde Park Art Center, le Chicago Cultural Center, le South Side Community Art Center, la Whitney Biennial (NYC), Postgarage (Graz, Autriche), la Townhouse Gallery (Le Caire, Égypte) et le Festival Internacional de Cine de Barichara (Barichara, Colombie).*

Founded in 1991, **ART ORIENTÉ OBJET** *(Marion Laval-Jeantet and Benoît Mangin) place the scientific interrogation of ecology and human existence at the center of their art practice. Working across installation, performance, video and photography, they conduct ongoing experiments in which biology, psychology and ethnology intersect. Solo exhibitions include* Plutôt que tout, *La Maison Populaire, Montreuil, France, 2011;* L'Alalie, *Le Magasin, Grenoble, France, 2010; and* Le Pensador, *Palais de Tokyo, Paris, 2006. Group exhibitions include* Second Life, *Casino Luxembourg, Luxembourg, 2011;* Synth-ethic, *Naturhistorisches Museum, Wien, Autriche, 2011; and* CyberArts 2011, *Prix Ars Electronica, Linz, Austria, 2011.* *Fondé en 1991,* **ART ORIENTÉ OBJET** *(Marion Laval-Jeantet et Benoît Mangin) mettent l'écologie, comprise comme la science interrogeant nos conditions d'existence, au cœur de leur démarche artistique. Travaillant l'installation, la performance, la vidéo et la photographie ils abordent la biologie, la psychologie et l'ethnologie. Leurs expositions individuelles incluent* Plutôt que tout, *La Maison populaire, Montreuil, France, 2011;* L'Alalie, *Le Magasin, Grenoble, France, 2010;* et Le Pensador, *Palais de Tokyo, Paris, 2006. Leur expositions collectives comprennent* Second Life, *Casino Luxembourg, Luxembourg, 2011;* Synth-ethic, *Naturhistorisches Museum, Vienne, Autriche, 2011; et* CyberArts 2011, *Prix Ars Electronica, Linz, Autriche, 2011.*

JEREMY BOLEN *is a Chicago-based artist and educator interested in site specific, experimental modes of documentation and presentation. Much of Bolen's work involves rethinking systems of recording in an attempt to observe invisible presences that remain from various scientific experiments and human interactions with the earth's surface. Bolen received his MFA from the University of Illinois at Chicago in 2012 and is a recent recipient of a Center for Land Use Interpretation Residency in Wendover, Utah and the Provost Award for Graduate Research from the University of Illinois at Chicago. His work has been exhibited at various venues, including Galerie Zürcher, Paris; Andrew Rafacz, Chicago; Salon Zürcher, New York; The Drake, Toronto; Untitled, Miami; Gallery 400, Chicago; DePaul University Art Museum, Chicago; Hyde Park Art Center, Chicago; and Roots and Culture, Chicago.* **JEREMY BOLEN** *est un artiste et éducateur basé à Chicago. Il s'intéresse aux modes de documentation et de présentation in situ et expérimentaux. Son travail engage notamment une réévaluation des systèmes d'enregistrement dans le but d'observer les présences résiduelles invisibles résultant de différentes expériences scientifiques et interactions humaines avec la surface de la Terre. Bolen a obtenu son MFA à la University of Illinois à Chicago en 2012 et a récemment obtenu une résidence auprès du Center for Land Use Interpretation à Wendover, Utah, ainsi que le Provost Award for Graduate Research, décerné par l'University of Illinois de Chicago. Son travail a été exposé dans différents lieux, parmi lesquels la Galerie Zürcher, Paris; Andrew Rafacz, Chicago; Salon Zürcher, New York; The Drake, Toronto; Untitled, Miami; Gallery 400, Chicago; DePaul University Art Museum, Chicago; Hyde Park Art Center, Chicago; et Roots and Culture, Chicago.*

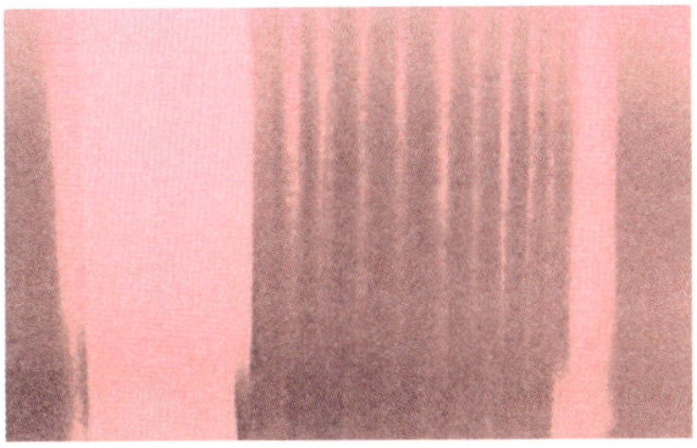

IRINA BOTEA *(b. Ploiesti, Romania) is a visual artist, whose works combine* cinéma vérité *and direct cinema with reenactment strategies, auditions and rehearsals. Solo and group shows include: New Museum, New York; MUSAC (Museum of Contemporary Art of Castilia and León), Galerie nationale du Jeu de Paume, Paris; Kunsthalle Winterthur; Reina Sofia National Museum, Madrid; Gwangju Biennale 2010; U-Turn Quadriennial, Copenhagen; 51st Venice Biennale; Prague Biennale; Kunst-Werke, Berlin; Casa Encendida, Madrid; Salzburger Kunstverein; HMKV Halle, Dortmund; Casino de Luxembourg; Kunstforum, Vienna; Foksal Gallery, Warsa; Argos Center for Art and Media, Brussels; MNAC (National Museum of Contemporary Art), Bucharest; Museum of Contemporary Art, Szczecin, Poland; Center for Contemporary Art Ujazdowki Castle, Warsaw. Festivals: Artefact Festival, Leuven; Rotterdam Film Festival, Impakt Panorama, Utrecht; Polis Adriatic Europe Festival. Awards: Impakt Film Festival Silver Award, International Residence at Recollets, Cité des arts, Paris; Constantin Brancusi Fellowship; AAUW International Fellowship; PEO, International Peace Fellowship.* **IRINA BOTEA** *(Ploiesti, Roumanie) est une artiste visuelle dont les œuvres conjuguent le cinéma vérité et le cinéma direct à des stratégies de réinterprétation, des auditions et des répétitions. Ses expositions individuelles et collectives incluent notamment: le New Museum, New York; le MUSAC (Musée d'art contemporain de Castille-et-León); la Galerie nationale du Jeu de Paume, Paris; Kunsthalle Winterthur; Reina Sofia National Museum, Madrid; Biennale de Gwangju 2010; U-Turn Quadriennial, Copenhague; 51e Biennale de Venise; Prague Biennale; Kunst-Werke, Berlin; Casa Encendida, Madrid; Salzburger Kunstverein, HMKV Halle, Dortmund; Casino de Luxembourg; Kunstforum, Vienne; Foksal Gallery, Varsovie, Argos Centre for Art and Media, Bruxelles; le MNAC (Musée national d'art contemporain), Bucarest; Musée d'art contemporain, Szczecin, Pologne; Centre d'art contemporain Zamek Ujazdowki, Varsovie. Festivals: Artefact Festival, Leuven; Rotterdam Film Festival, Impakt Panorama, Utrecht; Polis Adriatic Europe Festival. Récompenses: Impakt Film Festival Silver Award, International Residence at Recollets, Cité des arts, Paris; Constantin Brancusi Fellowship; AAUW International fellowship; PEO, International Peace Fellowship.*

ROBERT BURNIER *is an artist and writer who lives and works in Chicago. He is an MFA candidate in Painting and Drawing at The School of the Art Institute of Chicago and holds a B.S. in Computer Science from Shippensburg University of Pennsylvania. He is currently represented by Andrew Rafacz Gallery, Chicago, and has shown his work in numerous exhibitions in Chicago, New York, Miami and Los Angeles. He is also a writer for Bad at Sports and Chicago Artist Writers, appearing additionally as an occasional lecturer at several Chicago area universities.* **ROBERT BURNIER** *est un artiste et auteur vivant et travaillant à Chicago. Candidat à un MFA en peinture et dessin à la School of the Art Institute of Chicago, il a obtenu un BS en sciences informatiques à la Shippensburg University of Pennsylvania. Ses expositions récentes incluent The Horseless Carriage à la Andrew Rafacz Gallery, Salon Zürcher à la Galerie Zürcher, New York, la Evanston and Vicinity Biennial (commissariat: Shannon Stratton) et Some Dialogue (commissariat: Sarah Krepp et Doug Stapleton), à l'Illinois State Museum, Chicago.*

MARCUS COATES *(b. 1968, London) received the Paul Hamlyn Foundation Award for Artists (2008) and was the winner of the Daiwa Foundation Art Prize (2009) for his video work* Intelligent Design *(2008), which he made during his Galápagos residency. Another Galápagos work,* Human Report *(2008), entered the British Council Collection and has been presented at several international galleries. Coates' solo exhibitions include Tomio Koyama Gallery, Tokyo (2009); Kunsthalle Zurich (2009); Fundació Joan Miró, Barcelona (2010); and Serpentine Gallery, London (2011). He has also participated in many group exhibitions, in venues including Tate Britain, London (2009), and Museum of Contemporary Art, Tokyo (2010).* **MARCUS COATES** *(Londres, 1968) a reçu le Paul Hamlyn Foundation Award for Artists (2008) et est lauréat du Daiwa Foundation Art Prize (2009) pour son œuvre vidéo Intelligent Design (2008), créée durant sa résidence à Galápagos. Produit durant ce même séjour, Human Report (2008) a intégré la British Council Collection et a été présenté dans plusieurs galeries internationales. Les expositions individuelles de Coates comprennent la Tomio Koyama Gallery, Tokyo (2009); la Kunsthalle Zurich (2009); la Fondation Joan-Miró, Barcelone (2010); et la Serpentine Gallery, Londres (2011). Il a également participé à de nombreuses expositions collectives, entre autres à la Tate Britain, Londres (2009) et au Musée d'art contemporain de Tokyo (2010).*

EVERY HOUSE HAS A DOOR *Lin Hixson and Matthew Goulish, after a twenty-year collaboration as cofounders of Goat Island, formed Every house has a door to create performances that assemble a team of* specialists for each project, inviting emerging as well as internationally recognized artists. Beginning with a historically or critically neglected subject, the finished work often absents that subject from the responsive performance it has generated. **EVERY HOUSE HAS A DOOR** Après une collaboration de vingt ans en tant que cofondateurs de Goat Island, Lin Hixson et Matthew Goulish on formé Every House has a door dans le but de créer des performances regroupant pour chaque projet une équipe de spécialistes, et invitant des artistes émergents ou internationalement reconnus. Prenant pour point de départ un sujet négligé par l'histoire ou la critique, le travail final évacue fréquemment ce sujet de la performance qu'il a générée en réaction à ce dernier.

ASSAF EVRON's photographs and photo-based works focus on the structures and forms of the overlooked, and reveal it as a visual state of simultaneous, excess and deficiency. He earned his MFA from the School of the Art Institute of Chicago and received various awards including The Gérard Lévy Prize for a Young Photographer awarded by the Israel Museum in Jerusalem (2012), and The Israeli Ministry of Culture and Education Prize for Young Artists (2010). His works can be found in a range of private and public collections, including those of the Israel Museum in Jerusalem, Tel Aviv Museum of Art, Haifa Museum of Art. Evron graduated from the department of General History at Tel Aviv University, and is currently finishing his MA studies at The Cohn Institute for the History and Philosophy of Science and Ideas at Tel Aviv University, working on his thesis, Linear Perspective — Construction and Being. Les photographies et les œuvres basées sur ce médium d'**ASSAF EVRON**'s se concentrent sur les structures et les formes de l'insignifiant, qu'il révèle sous la forme d'un état visuel marqué par la simultanéité, l'excès et la déficience. Evron a obtenu son MFA à la School of the Art Institute of Chicago et est lauréat de plusieurs prix, dont le Prix Gérard Lévy pour un jeune photographe décerné par le Musée d'Israël à Jérusalem (2012) et le Prix du jeune artiste délivré par le ministère israélien de la Culture et de l'Éducation (2010). Ses œuvres figurent dans différentes collections privées et publiques, dont les collections du Musée d'Israël à Jérusalem, du Musée d'art de Tel Aviv et du Musée d'art d'Haïfa. Evron a reçu un diplôme d'histoire générale à l'Université de Tel Aviv, et achève actuellement son Master au Cohn Institute for the History and Philosophy of Science and Ideas à l'Université de Tel Aviv, où il rédige un mémoire intitulé Linear Perspective – Construction and Being.

CARRIE GUNDERSDORF is an artist based in Brooklyn, NY. Gundersdorf's paintings and drawings use various modes of abstraction and observation to explore the idea of discovery and wonder, what is attainable through empirical knowledge, and where our own resources both limit and expand our experience. Motion, space and time are re-translated from astronomical photographs through the process of painting and drawing. She has had solo exhibitions at the Museum of Contemporary Art, Chicago, IL; Julius Caesar, Chicago, IL; Shane Campbell Gallery, Chicago, IL and Gahlberg Gallery at the College of Dupage, Glen Ellyn, IL. She has also participated in group exhibitions at Regina Rex, Brooklyn, NY; Marc Foxx Gallery, Los Angeles, CA; Proof Gallery, Boston, MA; the Loyola Museum of Art, Hyde Park Art Center, Western Exhibitions, Kavi Gupta Gallery, Tony Wight Gallery, Chicago, IL and SWINGR (Vienna), among others. Gundersdorf was the recipient of the Artadia Award and the Bingham Fellowship from the Skowhegan School of Painting and Sculpture. She has a B.A. from Connecticut College and a M.F.A. from the School of the Art Institute of Chicago. **CARRIE GUNDERSDORF** est une artiste basée à Brooklyn (New York). Ses peintures et ses dessins emploient différents modes d'abstraction et d'observation pour explorer la notion de découverte et d'émerveillement, déterminer ce que le savoir empirique nous permet d'atteindre, et établir comment nos propres ressources limitent et étendent simultanément notre expérience. Le mouvement, l'espace et le temps se voient retraduits à partir de photographies astronomiques par le biais de la peinture et du dessin. Gundersdorf a fait l'objet d'expositions individuelles au Museum of Contemporary Art, Chicago ; à Julius Caesar, Chicago, IL ; Shane Campbell Gallery, Chicago ; et à la Gahlberg Gallery du College of Dupage, Glen Ellyn, IL. Elle a également participé à des expositions collectives, notamment à Regina Rex, Brooklyn, NY ; Marc Foxx Gallery, Los Angeles ; Proof Gallery, Boston ; the Loyola Museum of Art, Hyde Park Art Center, Western Exhibitions, Kavi Gupta Gallery, Tony Wight Gallery, Chicago ; et SWINGR (Vienne). Gundersdorf a obtenu le Artadia Award et le Bingham Fellowship décerné par la Skowhegan School of Painting and Sculpture. Elle est détentrice d'un BA délivré par le Connecticut College et d'un MFA par la School of the Art Institute of Chicago.

ROBERT ZHAO RENHUI (b. 1983) works mainly with photography, but often adopts a multi-disciplinary approach by presenting images together with documents and objects. Renhui's work include textual and

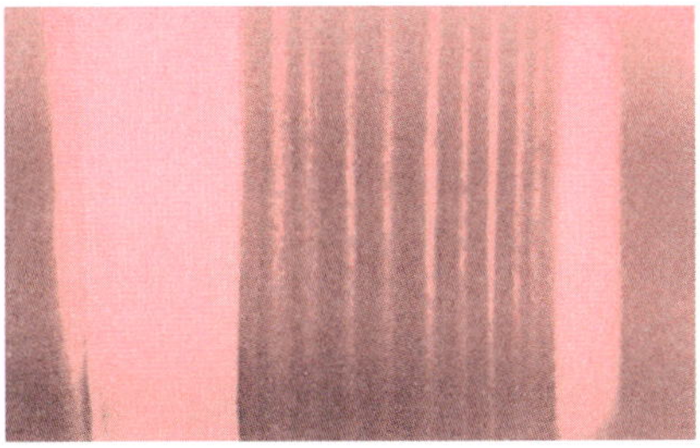

media analysis, video, performance and photography projects. His recent exhibitions include the Singapore Biennale 2013, President's Young Talents 2013, The Institute of Critical Zoologists at Chapter Arts Centre (UK), Photoquai 2013, International Festival of Photography at Mineiro Museum (Brazil), and Engaging Perspectives at CCA (Singapore). He has exhibited in Noorderlicht Photo Festival, Format Festival, Lianzhou International Photo Festival, Fukuoka Asian Art Museum (Japan), Photo Levallois (Paris), Seoul Arts Center (Korea), GoEun Museum of Photography (Korea), The Zabludowicz Collection (London), Shanghart (Shanghai) and PPOW (New York). **ROBERT ZHAO RENHUI** (1983) travaille principalement la photographie mais adopte fréquemment une approche multidisciplinaire en présentant ses images accompagnées de documents et d'objets. Renhui mène également des projets d'analyse textuelle et médiatique, de vidéo, de performance et de photographie. Ses expositions récentes incluent la Biennale de Singapour 2013, President's Young Talents 2013, The Institute of Critical Zoologists au Chapter Arts Centre (GB), Photoquai 2013, Festival international de photographie du Musée Mineiro (Brésil), et Engaging Perspectives au CCA (Singapour). Il a exposé au Noorderlicht Photo Festival, au Format Festival, au Lanzhou International Photo Festival, au Fukuoka Asian Art Museum (Japan), à Photo Levallois (Paris), au Seoul Arts Center (Korea), au GoEun Museum of Photography (Korea), à la Zabludowicz Collection (Londres), à Shanghart (Shanghai) et à PPOW (New York).

JENNY KENDLER is a multimedia artist and environmental activist, whose work has been exhibited nationally and internationally. Her practice seeks to complicate the space between Nature and Culture, in order to re-enchant human beings' relationship with the natural world. She asks us to reexamine the idea of "nature" as something outside ourselves, making space to welcome the radical, transformative otherness of our bio-diverse Earth. She is currently artist-in-residence with NRDC, and is based in Chicago and Los Angeles. **JENNY KENDLER** est une artiste multimédia et une activiste pour l'environnement dont le travail a été exposé au niveau national et international. Sa pratique cherche à complexifier l'espace entre la nature et la culture afin de susciter un nouvel enchantement dans les relations entre les êtres humains et le monde naturel. Elle nous enjoint à réexaminer l'idée de « nature » en tant qu'élément extérieur et à accepter et accueillir l'altérité radicale et transformative de notre Terre dans toute sa biodiversité. Elle effectue actuellement une résidence avec la NRDC, et est basée à Chicago et à Los Angeles.

DEVIN KING is an artist working in Chicago. He teaches in the Liberal Arts department at The School of the Art Institute of Chicago and is the Poetry Editor at the Green Lantern Press. A new chapbook, These Necrotic Ethos Come the Plains, is out from Holon Press. **DEVIN KING** est un artiste travaillant à Chicago. Il enseigne au sein du département Liberal Arts à la School of the Art Institute of Chicago et dirige la collection poésie de Green Lantern Press. Son nouveau recueil, These Necrotic Ethos Come the Plains, a paru chez Holon Press.

STEPHEN LAPTHISOPHON is a multimedia artist and writer whose work investigates how language and mark-making are linked to the formation of self-identity and language. His installations incorporate everyday objects such as furniture and foodstuffs as a means to break down the barriers between the work of art and daily life. Legally blind since 1994, the inclusion of food materials such as rosemary, saffron, or bacon fat mixed with pigments challenges ideas of permanence, skill, and process as they relate to art making. His solo show, Concentrations 56: Stephen Lapthisophon—coffee, seasonal fruit, root vegetables, and "Selected Poems, is currently on view at the Dallas Museum of Art, where he is represented by Conduit Gallery. Lapthisophon's work has exhibited nationally and internationally in London, Barcelona and Berlin. **STEPHEN LAPTHISOPHON** est un artiste et auteur multimédia dont le travail explore les liens qu'entretiennent le langage et les inscriptions avec la formation d'un langage de l'identité de soi. Ses installations incorporent des objets quotidiens tels que des meubles et des aliments dans le but de faire tomber les barrières entre l'œuvre d'art et la vie quotidienne. Légalement aveugle depuis 1994, il mélange des aliments tels que le romarin, le safran ou la couenne de bacon à des pigments pour remettre en question les notions de permanence, de compétences et de processus dans le contexte de la production d'œuvres d'art. Son exposition individuelle, Concentrations 56: Stephen Lapthisophon – coffee, seasonal fruit, root vegetables and « Selected Poems » se tient actuellement au Dallas Museum of Art, où il est représenté par Conduit Gallery. Le travail de Lapthisophon a été présenté au niveau national et international, notamment à Londres, Barcelone et Berlin.

MILAN METTHEY was born in Paris in 1988 after which he moved to Belgium where he spent most of his youth. He then went on to study in the UK in Goldsmiths College and thereafter completed an MA in De-

sign Interactions at the Royal College of Art. His work has been exhibited in various places such as London and Milan. While he considers himself a product of modern society, his work focuses on the attempt to approach nature and its systems using the tools readily at hand in his urban surroundings. His main aim is to explore tolerance levels between animals and humans using technology as a translator and mediator. More recently he has been working on musical projects as well as self-publishing his first comic strip book, Aigre-Doux. **MILAN METTHEY** *est né à Paris en 1988, puis a déménagé en Belgique où il a passé la plus grande partie de sa jeunesse, avant de partir étudier au Goldsmiths College au Royaume-Uni. Il a ensuite obtenu un Master en Design numérique au Royal College of Art. Son travail a été notamment exposé à Londres et à Milan. S'il estime être un produit de la société moderne, son travail se concentre quant à lui sur les tentatives d'approcher la nature et ses systèmes en recourant aux outils offerts par son environnement urbain. Utilisant la technologie à la manière d'un traducteur et d'un médiateur, il explore les niveaux de tolérance entre les animaux et les humains. Plus récemment, il a travaillé sur des projets musicaux et a publié à compte d'auteur sa première bande dessinée,* Aigre-Doux.

REBECCA MIR GRADY *is a Chicago based artist, by way of Alaska and Maine. When she was too little to walk, she was pulled around on a sled by a German Shepherd called Namer. Her work is primarily concerned with the perplexing character of interactions with nature. Grady received her MFA from the University of Illinois at Chicago and a BFA from the School of the Art Institute of Chicago. She has exhibited widely around the US and internationally, at the University of Chicago, Columbia College, Carthage College, Illinois State University, Pittsburgh Center for the Arts and Prosjektrom Normanns, among others.* **REBECCA MIR GRADY** *est une artiste basée à Chicago après un détour par l'Alaska et le Maine. Lorsqu'elle ne savait pas encore marcher, elle était traînée sur une luge par un berger allemand nommé Namer. Son travail se penche principalement sur le caractère intriguant des interactions avec la nature. Grady a obtenu son MFA à l'University of Illinois de Chicago et son BFA à la School of the Art Institute of Chicago. Son travail a été largement exposé, au niveau national et international, notamment à l'University of Chicago, au Columbia College, au Carthage College, à l'Illinois State University, au Pittsburgh Center for the Arts et à Prosjektrom Normanns.*

HEIDI NORTON *(b 1977, America) received her BFA from University of Maryland, Baltimore (1999), her MFA from The School of the Art Institute of Chicago (2002), and currently teaches at Northwestern University and the School of the Art Institute of Chicago. Norton has had solo exhibitions at the Museum of Contemporary Art as part of their "Chicago Works" series in 2012 and at Northeastern Illinois University Fine Art Center in 2011. Her exhibition* To Threptikon *is currently on view at Monique Meloche Gallery in Chicago. Norton has had other group exhibitions at the Contemporary Museum in Baltimore, Chicago Cultural Center, Dominican University Chicago and The Knitting Factory in New York. Norton is developing a major site-specific installation for Elmhurst Art Museum, where she will be the artist-in-residence this summer. Her work is in the collections of the Midwest Photography Project at the Museum of Contemporary Photography, the Art Institute of Chicago, and the Joyce Foundation.* **HEIDI NORTON** *(États-Unis, 1977) a obtenu un BFA auprès de l'University of Maryland, Baltimore (1999), son MFA auprès de la School of the Art Institute of Chicago (2002), et enseigne actuellement à la Northwestern University et à la School of the Art Institute Chicago. Norton a présenté son travail lors d'expositions individuelles au Museum of Contemporary Art dans le cadre du cycle « Chicago Works » en 2012, ainsi qu'au Northeastern Illinois University Fine Art Center en 2011. Son exposition To Threptikon se tient actuellement à la Monique Meloche Gallery à Chicago. Norton a participé à des expositions collectives au Contemporary Museum de Baltimore, au Chicago Cultural Center, à la Dominican University Chicago et la Knitting Factory à New York. Elle développe actuellement une installation in situ d'envergure pour le Elmhurst Art Museum, au sein duquel elle effectuera une résidence cet été. Son travail a rejoint les collections du Midwest Photography Project au Museum of Contemporary Photography, l'Art Institute of Chicago et la Joyce Foundation.*

AKOSUA ADOMA OWUSU *(b. 1985, Ghana) received her Masters from CalArts. At 29, her work has been exhibited worldwide including at Berlinale, MoMA, Rotterdam Film Festival, Viennale, Toronto, and London Film Festival. Owusu participated in the Berlinale Talent Campus, Durban Talent Campus, and Produire au Sud. Her critically acclaimed short film,* ME BRONI BA (My White Baby) *exhibited at over 80 international film festivals, including Le Pavillion Les Cinémas du Monde at the Cannes Film Festival. Last year she directed,* Split Ends, I Feel Wonderful *(2012) and the year before that,* Drexciya *(2011) that made its world premiere at the Rotterdam Film Festival. This year she directed a fiction short,*

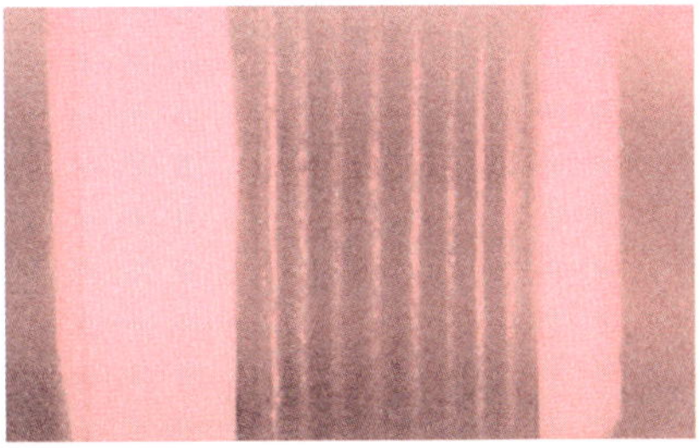

KWAKU ANANSE, supported by the Focus Features Africa First award. The film had its world premiere at the Berlinale Shorts, 2013 Golden Bear Competition and recently won the Africa Movie Academy Award for Best Short Film. **AKOSUA ADOMA OWUSU** (Ghana, 1985) a reçu son Master à CalArts. Elle est âgée de 29 ans, et son travail a été exposé au niveau international, notamment à la Berlinale, au MoMA, au Festival du film de Rotterdam, à la Viennale, à Toronto, et au London Film Festival. Owusu a participé à la Berlinale Talent Campus, au Durban Talent Campus, et à Produire au Sud. Salué par la critique, son court-métrage ME BRONI BA (Mon bébé blanc) a été projeté lors de plus de 80 festivals du film, dont Le Pavillon Les Cinémas du Monde au Festival de Cannes. L'année dernière, elle a réalisé Split Ends, I Feel Wonderful (2012) et Drexciya l'année précédente, qui a été présenté en première mondiale au Festival du film de Rotterdam. Cette année, elle a réalisé un court-métrage de fiction, KWAKU ANANSE, soutenu par le Prix Focus Features Africa First. Le film a été présenté en première mondiale à la Berlinale Shorts 2013, en compétition officielle pour l'Ours d'or, et a récemment été reçu le prix du Meilleur court-métrage aux Africa Movie Academy Awards.

TESSA SIDDLE is an artist and curator whose films, videos, installations, performances, and texts explore themes of gender, sexuality, embodiment, animals, magic, fairy tales, and alternate realities. They co-curate the GAZE Screening Series and are a curator of installations at Artist's Television Access. They currently live and work in San Francisco, CA. **TESSA SIDDLE** est artiste et commissaire d'exposition. Ses films, vidéos, installations, performances et textes explorent les thèmes du genre, de la sexualité, de l'incarnation, des animaux, de la magie, des contes de fées et des réalités alternatives. Siddle est co-commissaire du cycle de projections GAZE et commissaire d'installations à Artist's Television Access. Il/elle vit et travaille à San Francisco.

XAVIERA SIMMONS received her BFA from Bard College (2004) after spending two years on a walking pilgrimage retracing the transatlantic slave trade with Buddhist monks. She completed the Whitney Museum's Independent Study Program in Studio Art (2005) while simultaneously completing a two-year actor-training conservatory with The Maggie Flanigan Studio. Simmons has exhibited nationally and internationally where major exhibitions and performances include: The Museum of Modern Art, MoMA PS1, The Studio Museum in Harlem, The Contemporary Arts Museum Houston, The Public Art Fund, and The Sculpture Center. Selected solo and group exhibitions for 2013–2014 include Archive As Impetus at The Museum Of Modern Art; Underscore at The Aldrich Contemporary Art Museum; Open at David Castillo Gallery; Rehearsals at The Savannah College Of Art and Design; and Radical Presence" at The Studio Museum In Harlem among many others. Her works are in major museum and private collections including Deutsche Bank, UBS, The Guggenheim Museum, The Agnes Gund Art Collection, The Museum of Contemporary Art Chicago, The Studio Museum in Harlem, MOCA Miami, and Perez Art Museum Miami. **XAVIERA SIMMONS** a obtenu son BFA au Bard College (2004) après avoir effectué un pèlerinage à pied de deux ans sur les traces de la traite transatlantique des esclaves en compagnie de moines bouddhistes. Elle a intégré le programme d'études indépendantes du Whitney Museum (2005) tout en suivant pendant deux ans des cours de théâtre au Maggie Flanigan Studio. Simmons a exposé son travail à l'échelle nationale et internationale. Ses expositions et performances majeures incluent : le Museum of Modern Art, MoMA PS1, le Studio Museum in Harlem, le Contemporary Arts Museum Houston, le Public Art Fund et le Sculpture Center. Ses expositions individuelles et collectives en 2013-2014 comprennent Courtesy of the artist au Museum of Modern Art; Underscore à l'Aldrich Contemporary Art Museum; Open à David Castillo Gallery; Rehearsals au Savannah College of Art and Design; et Radical Presence au Studio Museum in Harlem parmi bien d'autres. Ses œuvres ont intégré des collections privées et de musées de premier plan, dont celles de Deutsche Bank, d'UBS, du Guggenheim Museum, de la Agnes Gund Art Collection, du Museum of Contemporary Art Chicago, du Studio Museum in Harlem, du MOCA Miami et du Perez Art Museum Miami.

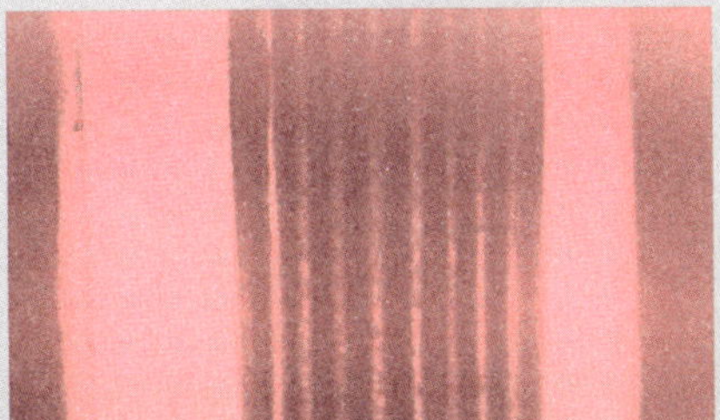

Colophon

The *Ghost Nature* project was included in the 2014 Curatorial Residency Program at La Box, École Nationale Supérieure d'Art de Bourges, in France. This catalogue and its affiliated French exhibitions are produced with the support of the French Ministry of Culture and Communication, the Regional Director of Cultural Affairs Center, the Central Regional Council and the Urban Community Bourges Plus.

Ghost Nature at Gallery 400 is supported by the Andy Warhol Foundation for the Visual Arts; the School of Art and Art History, College of Architecture and the Arts, University of Illinois at Chicago; and a grant from the Illinois Arts Council, a state agency. Howard and Donna Stone and Jeff Stokols and Daryl Gerber Stokols provide general support to Gallery 400 programs.

Special thanks to Stéphane Beaudonnet, Érik Bullot, Damien Chaillou, Manon Chavigny, Olivier Ciré, Stéphane Doré, Véronique Frémiot, Laurent Gautier, Alex Gordon, Éric Guérin, Chris Hammes, Stephen Hess, Devin King, Le Laboratoire du contemporaine, Ingrid Luche, Chloé Nicolas, Lily Robert-Foley, Sonnenzimmer, Anthony Stepter, Lorelei Stewart, Pinar Uner, Shane Ward, and Marie-Jeanne Zenetti, without whom this project would not have been possible.

Colophon

Le projet *Ghost Nature* a été intégré au programme de résidence curatoriale de 2014 à La Box, École Nationale Supérieure d'art de Bourges, en France. Ce catalogue et les expositions françaises qu'il concerne ont été produits avec le soutien du Ministère de la Culture et de la Communication, de la Direction régionale des affaires culturelles du Centre, du Conseil régional du Centre et de la Communauté d'agglomération Bourges Plus.

Le projet *Ghost Nature*, à la Gallery 400, est soutenu par la fondation Andy Warhol pour les arts visuels, l'École d'art et d'histoire de l'art, le College of Architecture and the Arts, de l'université d'Illinois à Chicago et une subvention de l'Illinois Arts Council, agence d'État. Howard et Donna Stone, Jeff Stokols et Daryl Gerber Stokols soutiennent les programmes de la Gallery 400.

Un grand merci à Stéphane Beaudonnet, Érik Bullot, Damien Chaillou, Manon Chavigny, Olivier Ciré, Stéphane Doré, Véronique Frémiot, Laurent Gautier, Alex Gordon, Éric Guérin, Chris Hammes, Stephen Hess, Devin King, Le Laboratoire du contemporaine, Ingrid Luche, Chloé Nicolas, Lily Robert-Foley, Sonnenzimmer Anthony Stepter, Lorelei Stewart, Pinar Uner, Shane Ward, et Marie-Jeanne Zenetti, sans qui ce projet n'aurait pas été possible.

PUBLISHED BY
GREEN LANTERN PRESS
2337 NORTH MILWAUKEE AVENUE
CHICAGO, IL 60647
USA
WWW.PRESS.THEGREENLANTERN.ORG

FIRST EDITION
FIRST PRINTING, EDITION OF 1500

PUBLICATIONS DIRECTOR AND EDITOR
CAROLINE PICARD
EDITORIAL ASSISTANCE
SOPHIAN BOURIRE, JEAN-FRANÇOIS CARO, JEANNE TROMBETTA AND STEPHEN WRIGHT.
PHOTOGRAPHY
GHOST NATURE AT GALLERY 400, CHICAGO, BY TOM VANECKYE; *GHOST NATURE* AT LA BOX, BOURGES, BY PASCAL VANNEAU
BOOK CONCEPT, PAGE DESIGN, FILM ANIMATION
SONNENZIMMER
TYPEFACES
LEKTON, NEUZEIT GROTESK, HARRIET; TYPEFACE DESIGN (HARRIET): THE OKAY TYPE FOUNDRY, CHICAGO

ISBN 978-0-9884185-4-7
PRINTED IN CHINA

PUBLIÉ PAR
GREEN LANTERN PRESS
2337 N MILWAUKEE AVENUE
CHICAGO, ILLINOIS 60647
USA
WWW.PRESS.THEGREENLANTERN.ORG

PREMIÈRE ÉDITION
PREMIER TIRAGE IMPRIMÉ À 1500 EXEMPLAIRES

DIRECTRICE DE LA PUBLICATION ET ÉDITRICE
CAROLINE PICARD
ASSISTANTS ÉDITORIAUX
SOPHIAN BOURIRE, JEAN-FRANÇOIS CARO, JEANNE TROMBETTA ET STEPHEN WRIGHT
PHOTOGRAPHIE
GHOST NATURE (GALLERY 400, CHICAGO): TOM VAN ECKYE; *GHOST NATURE* (LA BOX, BOURGES): PASCAL VANNEAU
CONCEPT ÉDITORIAL, MISE EN PAGE, ANIMATION DU FILM
SONNENZIMMER
CARACTÈRES
LEKTON, NEUZEIT GROTESK, HARRIET; CONCEPTION TYPOGRAPHIQUE (HARRIET): THE OKAY TYPE FOUNDRY, CHICAGO

ISBN 978-0-9884185-4-7
IMPRIMÉ EN CHINE

GALLERY 400

la box _bourges

école nationale supérieure d'art
de bourges

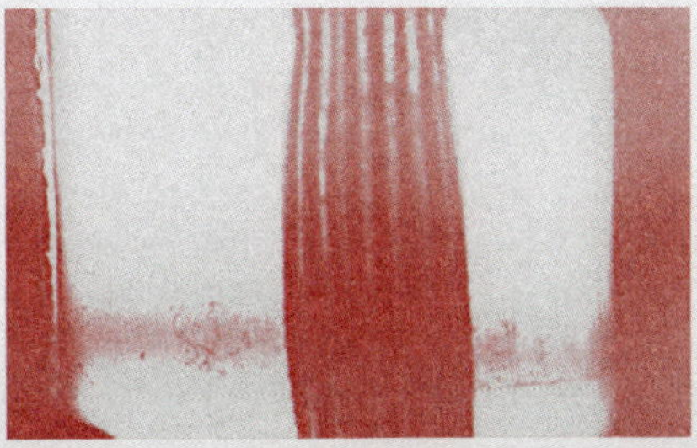